福建省中等职业学校学生学业水平考试

会计基础一本通

中职会计教学研讨组 编

北京理工大学出版社
BEIJING INSTITUTE OF TECHNOLOGY PRESS

版权专有　侵权必究

图书在版编目（CIP）数据

会计基础一本通 / 中职会计教学研讨组编. -- 北京：北京理工大学出版社，2024.1

ISBN 978-7-5763-3447-0

Ⅰ.①会… Ⅱ.①中… Ⅲ.①会计学-中等专业学校-教材 Ⅳ.①F230

中国国家版本馆 CIP 数据核字（2024）第 033447 号

责任编辑：王晓莉　　**文案编辑**：王晓莉
责任校对：刘亚男　　**责任印制**：边心超

出版发行 / 北京理工大学出版社有限责任公司
社　　址 / 北京市丰台区四合庄路 6 号
邮　　编 / 100070
电　　话 / (010) 68914026（教材售后服务热线）
　　　　　　(010) 68944437（课件资源服务热线）
网　　址 / http://www.bitpress.com.cn

版 印 次 / 2024 年 1 月第 1 版第 1 次印刷
印　　刷 / 定州市新华印刷有限公司
开　　本 / 889 mm×1194 mm　1/16
印　　张 / 16
字　　数 / 438 千字
定　　价 / 59.00 元

图书出现印装质量问题，请拨打售后服务热线，负责调换

前言 PREFACE

福建省中等职业学校学业水平考试是根据国家教育部颁布的中等职业学校教学标准和省教育厅下发的中等职业学校学生毕业要求，由福建省教育厅组织的统一考试。该考试成绩是中职生办理毕业证书的关键因素，也是职教高考录取的重要依据，是高校科学选拔人才的基础。

为帮助考生全面理解和掌握《福建省中等职业学校学业水平考试《会计基础》课程考试大纲》（2021版），更好的复习备考并取得优异成绩，我社特邀请了一批长期从事一线教学工作、具有丰富《会计基础》教学经验的专业带头人和骨干教师在精心研读中职学业水平考试大纲，认真分析近几年《会计基础》学业水平考试试题的基础上，编写了这本中职《会计基础》复习指导用书。

本书主要特色：

1. 紧扣考纲，知识层次分明。每章考试大纲以思维导图的形式呈现了解、理解、掌握三大模块内容，学习目标在各知识点明确标注，有助于考生迅速抓住各章复习重点。

2. 夯实基础，提升学生学习能力。本复习用书在注重基础知识的同时，以补充内容的方式拓展学生知识面，提升学生学习能力，培养学生终身学习理念，突出育人导向。

3. 聚集考点，典型例题来明确、习题精选来强化。本复习用书聚焦各章节高频考点，以历年真题的方式让考生明确各知识点的考试题型，以习题精选的方式强化巩固考生对知识点的掌握。

4. 评价成果，模拟试卷来检测。本复习用书配套合格性试卷、等级性试卷各8份，有助于检测学生复习成果、插漏补缺，在综合复习阶段模拟考场，训练考生考场经验。

编写者水平有限，编写时间紧迫，书中如有疏漏和不当之处，敬请指正。

中职会计教学研讨组
2023年10月

目录 CONTENTS

第一章　会计基础概述 ⋯⋯⋯⋯⋯⋯⋯⋯⋯⋯⋯⋯⋯⋯⋯⋯⋯⋯⋯⋯⋯⋯⋯⋯⋯⋯⋯⋯⋯ 1
　　第一节　会计的基本知识 ⋯⋯⋯⋯⋯⋯⋯⋯⋯⋯⋯⋯⋯⋯⋯⋯⋯⋯⋯⋯⋯⋯⋯⋯⋯⋯ 1
　　第二节　企业的经济业务和会计对象 ⋯⋯⋯⋯⋯⋯⋯⋯⋯⋯⋯⋯⋯⋯⋯⋯⋯⋯⋯⋯⋯ 5
　　第三节　会计基本前提和会计基础 ⋯⋯⋯⋯⋯⋯⋯⋯⋯⋯⋯⋯⋯⋯⋯⋯⋯⋯⋯⋯⋯⋯ 7
　　第四节　会计信息质量要求 ⋯⋯⋯⋯⋯⋯⋯⋯⋯⋯⋯⋯⋯⋯⋯⋯⋯⋯⋯⋯⋯⋯⋯⋯⋯ 10
　　第五节　我国会计法规体系和会计工作的管理体制 ⋯⋯⋯⋯⋯⋯⋯⋯⋯⋯⋯⋯⋯⋯⋯ 12
　　第六节　会计档案管理制度 ⋯⋯⋯⋯⋯⋯⋯⋯⋯⋯⋯⋯⋯⋯⋯⋯⋯⋯⋯⋯⋯⋯⋯⋯⋯ 14

第二章　会计要素与会计等式 ⋯⋯⋯⋯⋯⋯⋯⋯⋯⋯⋯⋯⋯⋯⋯⋯⋯⋯⋯⋯⋯⋯⋯⋯⋯ 29
　　第一节　会计要素 ⋯⋯⋯⋯⋯⋯⋯⋯⋯⋯⋯⋯⋯⋯⋯⋯⋯⋯⋯⋯⋯⋯⋯⋯⋯⋯⋯⋯⋯ 29
　　第二节　会计要素的相互关系与会计平衡关系 ⋯⋯⋯⋯⋯⋯⋯⋯⋯⋯⋯⋯⋯⋯⋯⋯⋯ 34

第三章　会计账户和复式记账 ⋯⋯⋯⋯⋯⋯⋯⋯⋯⋯⋯⋯⋯⋯⋯⋯⋯⋯⋯⋯⋯⋯⋯⋯⋯ 48
　　第一节　会计科目与账户 ⋯⋯⋯⋯⋯⋯⋯⋯⋯⋯⋯⋯⋯⋯⋯⋯⋯⋯⋯⋯⋯⋯⋯⋯⋯⋯ 48
　　第二节　复式记账与借贷记账法 ⋯⋯⋯⋯⋯⋯⋯⋯⋯⋯⋯⋯⋯⋯⋯⋯⋯⋯⋯⋯⋯⋯⋯ 52
　　第三节　会计分录及试算平衡 ⋯⋯⋯⋯⋯⋯⋯⋯⋯⋯⋯⋯⋯⋯⋯⋯⋯⋯⋯⋯⋯⋯⋯⋯ 54

第四章　会计凭证 ⋯⋯⋯⋯⋯⋯⋯⋯⋯⋯⋯⋯⋯⋯⋯⋯⋯⋯⋯⋯⋯⋯⋯⋯⋯⋯⋯⋯⋯⋯⋯ 71
　　第一节　会计凭证概述 ⋯⋯⋯⋯⋯⋯⋯⋯⋯⋯⋯⋯⋯⋯⋯⋯⋯⋯⋯⋯⋯⋯⋯⋯⋯⋯⋯ 71
　　第二节　原始凭证 ⋯⋯⋯⋯⋯⋯⋯⋯⋯⋯⋯⋯⋯⋯⋯⋯⋯⋯⋯⋯⋯⋯⋯⋯⋯⋯⋯⋯⋯ 72
　　第三节　记账凭证 ⋯⋯⋯⋯⋯⋯⋯⋯⋯⋯⋯⋯⋯⋯⋯⋯⋯⋯⋯⋯⋯⋯⋯⋯⋯⋯⋯⋯⋯ 77
　　第四节　会计凭证的传递、装订和保管 ⋯⋯⋯⋯⋯⋯⋯⋯⋯⋯⋯⋯⋯⋯⋯⋯⋯⋯⋯⋯ 80

第五章 会计账簿 …… 96
- 第一节 会计账簿概念和种类 …… 96
- 第二节 会计账簿的使用规则 …… 99
- 第三节 会计账簿设置和登记 …… 101
- 第四节 对账与结账 …… 106
- 第五节 错账更正方法 …… 109
- 第六节 会计账簿的更换与保管 …… 112

第六章 主要经济业务的核算 …… 124
- 第一节 企业筹集资金的核算 …… 124
- 第二节 供应过程的核算 …… 126
- 第三节 企业生产过程的核算 …… 130
- 第四节 企业销售过程的核算 …… 135
- 第五节 利润的形成和分配的核算 …… 140
- 第六节 成本计算 …… 146

第七章 财产清查 …… 158
- 第一节 财产清查概述 …… 158
- 第二节 财产清查的方法 …… 161
- 第三节 财产清查结果的处理 …… 166

第八章 会计核算程序 …… 185
- 第一节 会计核算程序的概念与选择 …… 185
- 第二节 记账凭证核算程序 …… 187
- 第三节 科目汇总表核算程序 …… 192

第九章 财务会计报告 …… 202
- 第一节 财务会计报告概述 …… 202
- 第二节 资产负债表的编制 …… 204
- 第三节 利润表的编制 …… 210
- 第四节 财务会计报告的报送和审批 …… 214

第一章 会计基础概述

考纲要求

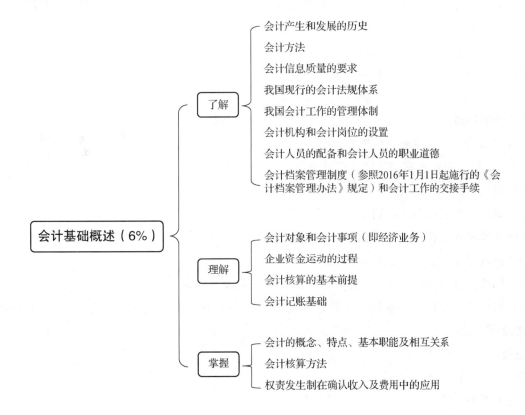

第一节 会计的基本知识

一、会计产生和发展的历史 ■了解

1. 据史籍记载,我国早在西周时代就设有专门核算官方财赋收支的官职——司会,并对财物收支采取了"月计岁会"(零星算之为计,总合算之为会)的办法。

2. 宋代官厅中,办理钱粮报销或移交,要编造"四柱清册",通过"旧管+新收=开除+实在"的平衡公式进行结账,结算本期财产物资增减变化及其结果。

3. 明末清初的龙门账以"进(各种收入)-缴(各种费用)=存(各种资产)-该(负债和资本)"平衡公式进行核算,龙门账中的"进缴表"相当于现在的利润表,"存该表"相当于资产负债表。龙门账标志单式记账向复式记账的转变。清代"四脚账"是一种较为成熟的复式记账法,又称"天地合账"。

4. 起源于意大利的复式记账原理是近代会计形成的标志。成本会计的出现和完善,以及在此基础上管理会计的形成并与财务会计相分离是现代会计的开端。

5. 会计是适应人类生产实践和经济管理的客观需要而产生的,并随着生产的不断发展而发展。

6. 任何社会的经济管理活动都离不开会计,经济越发展,管理越要加强,会计就越重要。

二、会计的概念、特点、基本职能及相互关系 ●掌握

(一)会计的概念

会计是经济管理的重要组成部分,它是以货币计量为基本形式,运用专门的方法,对经济活动进行核算和监督的一种管理活动。

1. 会计是一种管理活动——会计的本质。
2. 对经济活动进行核算和监督——会计的基本职能。
3. 以货币计量为基本形式——会计的主要特点。

(二)会计的特点

1. 会计是以货币作为主要计量尺度。

会计常用的计量单位有实物量度、劳动量度和货币量度。

2. 会计具有连续性、系统性、综合性和全面性的特点。
3. 会计具有一整套科学实用的专门方法。

(三)会计的基本职能(即会计核算和会计监督职能)

1. 会计管理是通过会计的职能来实现的。
2. 会计的职能就是会计在经济管理中固有的、内在的客观功能。
3. 马克思曾经将会计的基本职能概括为"对过程的控制和观念的总结",简言之,就是对经济业务活动过程的反映和监督。

(1)过程的控制——核算。

(2)观念的总结——监督。

4. 会计的核算职能(亦称会计的反映职能):

(1)会计的核算职能是指会计以货币为主要计量单位,通过确认、计量、记录、报告等环节,对特定主体的经济活动进行记账、算账、报账,为各有关方面提供会计信息的功能,它贯穿于经济活动的全过程。

(2)从核算的时间看,包括事后的核算,也包括事前、事中的核算。

(3)从核算的内容看,包括记账、算账、报账,又包括预测、分析和考核。

(4)从会计工作的现状看,会计核算的职能主要是事后核算,它是会计的基础工作。

(5)记账、算账、报账、分析、考核是会计执行事后核算的主要形式。

(6)事前核算的主要形式是进行预测,参与计划,参与决策。

(7)事中核算的主要形式是在计划执行过程中,对经济活动进行控制,使过程按计划或预期的目标

进行。

5. 会计的监督职能(亦称会计的控制职能)：

(1)对经济活动进行会计核算的过程，也就是实行会计监督的过程。

(2)会计监督就是会计人员通过会计工作对经济活动进行监督。

(3)监督的核心就是要干预经济活动，使之遵守国家法令、法规，保证财经制度的贯彻执行，同时还要从本单位的经济效益出发，对每项经济活动的合理性、有效性进行事前、事中监督，以防止损失浪费。

(4)会计监督的具体内容：

①以国家的财经政策、财经制度和财经纪律为准绳，对即将进行或已经进行的经济活动的合法性进行监督。

②从单位内部提高经济效益出发，将监督贯穿于经济活动全过程，以评价各项经济活动是否有效，能否提高经济效益。

③对贪污盗窃、营私舞弊等违法犯罪活动进行监督，以保护国家财产的安全完整。

(四)会计核算和会计监督的关系

1. 会计核算和会计监督两项职能关系十分密切，两者是相辅相成的。

2. 核算是监督的基础，没有核算就无法进行监督，只有正确地核算，监督才有真实可靠的依据。

3. 监督是核算的延续和深化，如果只有核算而不进行监督，就不能发挥会计应有的作用，只有严格地进行监督，核算所提供的数据资料才能在经济管理中发挥更大的作用。

补充内容

会计要素的计量

1. 会计计量属性及其构成。会计计量属性是指会计要素的数量特征或外在表现形式，反映了会计要素金额的确定基础，主要包括历史成本、重置成本、可变现净值、现值和公允价值等。

(1)历史成本(原来买的时候花了多少钱)：又称为实际成本，是指为取得或制造某项财产物资时所实际支付的现金或其他等价物。在历史成本计量下，资产按照购置时支付的现金或者现金等价物的金额，或者按照购置资产时所付出的对价的公允价值计量。

(2)重置成本(现在再买一个需要花多少钱)：又称现行成本，是指在当前市场条件下，重新取得同样一项资产所需支付的现金或现金等价物金额。

在重置成本计量下，资产按照现在购买相同或者相似资产所需支付的现金或者现金等价物的金额计量。

(3)现值(将它投入生产，增加的净现金流量按资金成本折现后的价值)：是指对未来现金流量以恰当的折现率进行折现后的价值，是考虑资金时间价值的一种计量属性。在现值计量下，资产按照预计从其持续使用和最终处置中所产生的未来净现金流入的折现金额计量。

(4)公允价值：熟悉交易信息的双方或多方自愿接受的价格。

公允价值是指市场参与者在计量日发生的有序交易中，出售一项资产所能收到或者转移一项负债所需支付的价格。

(5)可变现净值(现在把它卖了，扣除费用和交的税，剩多少钱)：是指在正常生产经营过程中，以预计售价减去进一步加工成本和预计销售费用以及相关税费后的净值。其实质就是该资产在正常经营过程中可带来的预期净现金流入或流出(不考虑资金时间价值)。

2. 计量属性的运用原则。企业在对会计要素进行计量时，一般应当采用历史成本；采用重置成本、可变现净值、现值、公允价值计量的，应当保证所确定的会计要素金额能够取得并可靠地计量。

三、会计方法 ■了解

1. 会计的方法是履行会计职能、完成会计任务、实现会计目标的方式，是会计管理的手段。
2. 会计的方法具体包括会计核算方法、会计分析方法和会计检查方法，其中会计核算方法是会计方法体系中最基本的方法。

四、会计核算方法 ●掌握

会计核算方法是对经济业务进行全面、连续、系统的记录和计算，为经营管理提供必要的信息所采用的方法，它是整个会计方法体系的基础，如表1-1所示。

表1-1 会计核算方法的内容

会计核算方法	概　念
设置账户	设置账户是指对会计对象要素的具体内容进行归类、核算和监督的一种专门方法
复式记账	复式记账是指对每一项经济业务以相等的金额，在两个或两个以上相互联系的账户中进行登记的一种专门方法
填制和审核会计凭证	填制和审核会计凭证是指为了保证会计记录完整、可靠，审查经济活动是否合理合法而采用的一种专门方法
登记账簿	登记账簿是指在账簿中连续地、完整地、科学地记录和反映经济活动及财务收支的一种专门方法
成本计算	成本计算是指按照一定的成本对象，对生产经营过程中所发生的成本、费用进行归集，以确定各对象的总成本和单位成本的一种专门方法
财产清查	财产清查是指通过盘点实物、核对往来款项，以查明财产实有数的一种专门方法
编制财务会计报告	编制财务会计报告是指以书面报告的形式，定期总括反映生产经营活动的财务状况和经营成果的一种专门方法

这七种方法相互联系，缺一不可，构成一个完整、科学的方法体系。

典型例题

【例题1·单项选择题·2023年真题】下列各项中，属于现代会计产生的标志是(　　)。
A. 复式记账法的产生　　　　　　　　B. 管理会计的形成并与财务会计相分离
C. 计算机的广泛使用　　　　　　　　D. 英国工业革命的兴起
答案：B
解析：考查会计发展的历史，近代会计产生的标志是复式记账法的产生，现代会计产生的标志是成本会计的出现和完善，以及在此基础上管理会计的形成并与财务会计相分离。

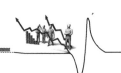

【例题2·单项选择题·2021年真题】会计核算使用的主要计量尺度是(　　)。
A. 实物量度　　　　B. 货币量度　　　　C. 时间量度　　　　D. 劳动量度
答案：B
解析：考查会计的特点，会计的特点之一是以货币作为主要计量尺度。

【例题3·单项选择题·2020年真题】会计的基本职能是(　　)。
A. 控制与监督　　　B. 考核与分析　　　C. 反映与核算　　　D. 核算与监督
答案：D
解析：考查会计的基本职能，包括核算和监督。

【例题4·多项选择题·2022年真题】下列选项中，属于会计核算方法的有(　　)。
A. 复式记账　　　　B. 试算平衡　　　　C. 登记账簿　　　　D. 编制财务预算
答案：AC
解析：考查会计核算方法，包括设置会计科目和账户、复式记账、填制和审核会计凭证、登记账簿、成本计算、财产清查和编制财务会计报告。

【例题5·判断题】会计核算和监督两项基本职能是相辅相成、辩证统一的关系，会计核算是会计监督的基础和保障，没有核算所提供的各种信息，监督就失去了依据。（　　）
答案：×
解析：考查会计基本职能的关系，会计核算和会计监督两项职能关系十分密切，两者是相辅相成的；核算是监督的基础，没有核算就无法进行监督，只有正确地核算，监督才有真实可靠的依据；监督是核算的延续、深化和保障，所以"会计核算是会计监督的基础和保障"这句话是错误的。

第二节　企业的经济业务和会计对象

一、会计对象和会计事项(即经济业务)　◆理解

(一)企业的经济业务
经济业务：是指通过会计来核算和监督的经营活动和财务收支的具体事项，又称会计事项。
经济事项：是指企业内部发生的具有经济影响的各类事项，如计提折旧、领料等。

(二)会计对象
企业的各项经济活动都与会计工作相关，但相关的内容并不都是会计工作的内容。
通常，凡是特定对象中能够以货币表现的经济活动，都是会计对象，它是会计核算和监督的内容。以货币表现的经济活动通常又称为资金运动或价值运动，如签订合同是一项经济活动，但不是会计对象。

二、企业资金运动的过程　◆理解

企业是按照市场需求自主组织生产经营，以提高经济效益、劳动生产率和实现资产保值增值为目的的社会经济组织。
资本金是指各种投资者以实现盈利和社会效益为目的，为进行企业生产经营而投入的资金，在我国

也就是指企业在工商行政管理部门登记的注册资金。

企业的资金运动,通常表现为资金投入、资金运用和资金退出三个过程。

资金循环与周转过程分为供应—生产—销售三个经营过程。

工业企业的资金在供应—生产—销售三个经营过程中呈现四种占用形态:

1. 货币资金形态(库存现金和银行存款等)。
2. 储备资金(原材料等生产物资)。
3. 生产资金(在产品)。
4. 成品资金(库存商品)。

资金从货币形态开始,沿着供应、生产、销售这三个过程周而复始地不断循环,就是资金的周转,如图1-1所示。

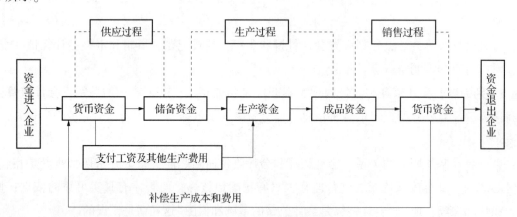

图1-1 企业资金周转过程图

典型例题

【例题1·单项选择题·2023年真题】 下列不属于会计核算经济业务内容的是( )。

A. 支付财务人员工资　　　　　　　　　B. 签订销售合同

C. 购买原材料　　　　　　　　　　　　D. 生产领料

答案:B

解析:考查经济业务事项。经济业务是指通过会计来核算和监督的经营活动和财务收支的具体事项,又称会计事项。企业的各项经济活动都与会计工作相关,但相关的内容并不都是会计工作的内容。B选项不属于会计核算的经济业务内容。

【例题2·多项选择题·2021年真题】 下列经济活动中,属于经济业务事项的有( )。

A. 购建厂房　　　B. 购买原材料　　　C. 签订销售合同　　　D. 分配利润

答案:ABD

解析:考查经济业务事项。同例题1。

【例题3·判断题·2023年真题】 会计对象是社会再生产过程中的全部经济活动。　　　　　　　( )

答案:×

解析:考查会计对象,是指凡特定对象中能够以货币表现的经济活动,都是会计对象,而不是全部经济活动。

【例题4·单项选择题】 工业企业资金循环与周转的最初和最终环节的资金形态是( )。

A 货币资金/储备资金　　　　　　　　　B. 储备资金/生产资金

C. 生产资金/成品资金　　　　　　　D. 货币资金/货币资金

答案：D

解析：考查企业资金运动的过程，资金从货币形态开始，又回到货币资金，这是一个资金循环过程。

第三节　会计基本前提和会计基础

一、会计核算的基本前提　◆理解

会计核算的基本前提：也称会计核算的基本假设，是对会计工作的空间和时间范围以及核算内容与形式所作的规定，以保证会计核算的正常进行和会计信息的质量。

根据我国《企业会计准则》规定，会计核算前提包括四个方面，即会计主体、持续经营、会计分期和货币计量。

(一)会计主体

会计主体是指会计所核算和监督的特定单位或者组织，它界定了从事会计工作和提供会计信息的空间范围。

一般来说，凡拥有独立的资金、自主经营、独立核算收支、盈亏并编制会计报表的企业或单位就构成了一个会计主体。会计核算应当以某一范围内发生的经济业务为对象，记录和反映该范围本身的各项经济活动，并为该范围的经营管理者提供必要的信息，将本范围内的经济业务与其他范围的经济业务严格地区分开，即将特定主体的经济活动与该主体所有者及职工个人的经济活动区别开来，将该主体的经济活动与其他单位的经济活动区别开来。

会计主体不同于法律主体。一般来说，法律主体必然是会计主体，例如××有限公司(包括母公司、子公司)、××股份有限公司(一般是强制要求会计核算的)；但是，会计主体不一定是法律主体，例如分公司、集团、分厂、车间、事业部、办事处(一般是根据内部需要进行会计核算的)。

(二)持续经营

持续经营是指在可预见的将来，企业将会按当前的规模和状态继续经营下去，不会停业，也不会大规模削减业务。

会计确认、计量和报告应当以企业持续、正常经营活动为前提。

企业是否持续经营，对会计方法影响很大。一旦能够判定企业不符合持续经营前提，就应当改变会计核算方法。

企业存在下列情况之一，通常表明企业处于非持续经营状态：

1. 企业已在当期进行清算或停止营业；
2. 企业已经正式决定在下一个会计期间进行清算或停止营业；
3. 企业已确定在当期或下一个会计期间没有其他可供选择的方案而被迫进行清算或停止营业。

明确这一基本假设，就意味着会计主体将按照既定的用途使用资产，按照既定的合约条件清偿债务，会计人员就可以在此基础上选择会计政策和估计方法。

(三)会计分期

会计分期是指将一个会计主体持续经营的生产经营活动人为地划分为一个个连续的、长短相同的期间，以便分期结算账目，计算盈亏和编制财务会计报告，从而及时向报告使用者提供信息。

由于会计分期，才产生了当期和以前期间、以后期间的差别，才使不同类型的会计主体有了记账的基准（权责发生制和收付实现制），进而出现了折旧、摊销等会计处理方法。

会计期间一般以年度为标准，因此又称为会计年度。我国现行会计制度采用公历年度，会计期间通常分为年度和中期。中期是短于一个完整会计年度的报告期间，又可以分成半年度、季度和月度。

会计分期的划分，有利于企业及时结算账目，编制会计报表；有利于及时反映企业经营情况的财务信息，能够及时满足企业内部加强经营管理及其他方面进行决策的需要。

(四) 货币计量

货币计量是指会计主体在进行会计确认、计量和报告时以货币计量，反映会计主体的财务状况、经营成果和现金流量。

1. 货币计量以货币价值不变、币值稳定为条件。
2. 我国会计核算以人民币作为记账本位币。
3. 业务收支以外币为主的单位，可选定其中一种外币作为记账本位币，但是在编制财务报告时应当折算为人民币。
4. 在境外设立的中国企业，向国内报送财务报告时应当折算为人民币。
5. 根据《中华人民共和国会计法》规定，会计记录的文字应当使用中文，民族自治地方和我国境内的外国组织可以同时使用另外一种文字。

二、会计记账基础 ◆理解

1. 会计记账基础的概念。是指在确认和处理一定会计期间收入和费用时，选择的处理原则和标准，其目的是对收入和支出进行合理配比，进而作为确认当期损益的依据。运用的会计处理基础不同，对同一企业，同一期间的收入、费用和财务成果，会计核算出现的结果也不同。

2. 会计基础有两种，一种叫收付实现制或实收实付制，或叫现金收付基础；一种叫权责发生制或叫应收应付制，或叫应计制。

(1) 收付实现制：它是以本期款项的实际收付作为确定本期收入、费用的基础。不论款项是否属于本期，只要在本期实际发生，即作本期的收入和费用。所以又叫收付实现制，实收实付制。

(2) 权责发生制（权责发生制在确认收入及费用中的应用）（●掌握）：按照权责发生制原则，凡是当期已经实现的收入和已经发生或应当负担的费用，无论款项是否收付，都应当作为当期的收入和费用，计入利润表；凡是不属于当期的收入和费用，即使款项已经在当期收付，也不应当作为当期的收入费用。

《企业会计准则——基本准则》规定，企业会计的确认、计量和报告应当以权责发生制为基础。

目前，我国的行政单位会计采用收付实现制，事业单位会计除经营业务可以采用权责发生制外，其他大部分业务也采用收付实现制。

典型例题

【例题1·单项选择题·2020年真题】下列关于会计主体在表述中，不正确的是（　　）。

A. 会计主体就是法律主体
B. 会计主体规范了会计工作的空间范围
C. 会计主体是指会计核算和监督的特定单位或组织

D. 会计主体可以是单一企业，也可以是由几个企业组成的集团公司

答案：A

解析：考查会计主体相关内容。

【例题2·单项选择题】形成权责发生制和收付实现制不同的记账基础，进而出现折旧、摊销等会计处理方法所依据的会计基本假设是（　　）。

  A. 会计主体   B. 持续经营   C. 会计分期   D. 货币计量

答案：C

解析：考查会计分期。由于会计分期，才产生了当期和以前期间、以后期间的差别，才使不同类型的会计主体有了记账的基准（权责发生制和收付实现制），进而出现了折旧、摊销等会计处理方法。

【例题3·单项选择题·2021年真题】某公司今年4月份销售甲产品一批，货款600 000元，下月才能收回；4月份销售乙产品一批，货款300 000元，款项已收讫；4月份收回上月销售的乙产品货款500 000元；4月份预收销货款200 000元。按照权责发生制，该公司4月份应确认的收入为（　　）。

  A. 800 000元   B. 900 000元   C. 1 000 000元   D. 1 600 000元

答案：B

解析：考查权责发生制在确认收入及费用中的应用，按照权责发生制原则，凡是当期已经实现的收入和已经发生或应当负担的费用，无论款项是否收付，都应当作为当期的收入和费用；凡是不属于当期的收入和费用，即使款项已经在当期收付，也不应当作为当期的收入费用，因此权责发生制下的收入＝600 000+300 000＝900 000（元）。另外，在2020年、2022年、2023年均考查了这个内容。

【例题4·判断题】会计分期是指将一个会计主体持续经营的生产经营活动划分为一个个连续的、长短相同的期间，以便与公历年度保持一致。（　　）

答案：×

解析：考查会计分期的概念，是指将一个会计主体持续经营的生产经营活动人为地划分为一个个连续的、长短相同的期间，以便分期结算账目，计算盈亏和编制财务会计报告，从而及时向报告使用者提供信息，而不是便于与公历年度保持一致。

【例题5·多项选择题】关于货币计量，下列说法正确的是（　　）。

A. 在境外设立的中国企业向国内报送的财务报告，应当折算为人民币

B. 业务收支以外币为主的单位可以选择某种外币作为记账本位币

C. 会计核算过程中采用货币为主要计量单位

D. 我国企业的会计核算只能以人民币为记账本位币

答案：ABC

解析：考查货币计量的内容。我国会计核算以人民币作为记账本位币。业务收支以外币为主的单位，可选定其中一种外币作为记账本位币，但是在编制财务报告时应当折算为人民币。在境外设立的中国企业，向国内报送财务报告时应当折算为人民币。D选项的"只能"错误，是"应当"。

第四节　会计信息质量要求

一、会计信息质量的要求　■了解

1. 可靠性(客观性)：企业应当以实际发生的交易或者事项为依据进行会计确认、计量和报告，如实反映符合确认和计量要求的各项会计要素及其他相关信息，保证会计信息真实可靠、内容完整。（做真账，不做假账）

2. 相关性：企业提供的会计信息应当与财务会计报告使用者的经济决策需要相关，有助于财务会计报告使用者对企业过去、现在或者未来的情况做出评价或者预测。

3. 可理解性(明晰性)：企业提供的会计信息应当清晰明了，便于财务会计报告使用者理解和使用。

4. 可比性：企业提供的会计信息应当具有可比性。

(1)同一企业不同时期发生的相同或者相似的交易或者事项，应当采用一致的会计政策，不得随意变更。确需变更的，应当在附注中说明。（纵向可比）

(2)不同企业发生的相同或者相似的交易或者事项，应当采用规定的会计政策，确保会计信息口径一致、相互可比。（横向可比）

5. 实质重于形式：企业应当按照交易或者事项的经济实质进行会计确认、计量和报告，不应仅以交易或者事项的法律形式为依据。（典例：将融资租入固定资产视为企业自有资产入账、对融资租入的资产计提折旧）

6. 重要性：企业提供的会计信息应当反映与企业财务状况、经营成果和现金流量等有关的所有重要交易或者事项。

重要的——必须按照规定的方法、程序进行处理；

次要的——可以适当合并、简化处理。

重要性的应用需要依赖职业判断，企业应当根据所处环境和实际情况，从项目的性质和金额大小等方面加以判断。

7. 谨慎性：企业对交易或者事项进行会计确认、计量和报告应当保持应有的谨慎，不应高估资产或者收益、低估负债或者费用，不允许企业设置秘密准备。（典例：对应收账款计提坏账准备、计提资产减值准备、固定资产折旧采用加速折旧法）

8. 及时性：企业对于已经发生的交易或者事项，应当及时进行会计确认、计量和报告，不得提前或者延后；及时收集、处理和传递会计信息。（典例：我国上市公司需要按时公开披露年度财务报告的同时，还需要按季披露季度财务报告，这就是会计信息及时性的具体体现。）

二、会计信息的使用者

会计信息的使用者主要包括投资者、债权人、企业管理者、政府及其相关部门和社会公众等。

其中，对投资者而言，侧重了解其投资的完整性和投资报酬、企业资本结构的变化、未来的获利能力和利润分配政策等；

对债权人而言,侧重了解企业的偿债能力,了解其债权的保障和利息的获取,以及债务人是否有足够的能力按期偿付债务;

对政府及其机构而言,通过阅读和分析会计报表,可了解企业的经营活动、社会资源的分配情况,以作为决定税收等经济政策和国民收入等统计资料的基础;

对潜在的投资者和债权人而言,侧重了解企业的发展趋势、经营活动的范围,为选择投资和贷款方向提供依据。

典型例题

【例题 1·单项选择题·2020 年真题】企业对可能发生的资产减值损失计提资产减值准备,它所体现的会计信息质量要求是( )。

A. 可比性　　　B. 相关性　　　C. 重要性　　　D. 谨慎性

答案:D

解析:考查谨慎性的典例。

【例题 2·多项选择题】下列属于会计信息使用者的是( )。

A. 股东　　　B. 债务人　　　C. 政府与有关部门　　　D. 社会公众

答案:ACD

解析:考查会计信息使用者,主要包括投资者、债权人、企业管理者、政府及其相关部门和社会公众等。不包括债务人。

【例题 3·判断题】为了满足会计信息可比性要求,企业不得变更会计政策。　　( )

答案:×

解析:考查可比性信息质量要求,是指同一企业不同时期发生的相同或者相似的交易或者事项,应当采用一致的会计政策,不得随意变更,而不是"不得变更会计政策"。

【例题 4·单项选择题·2021 年真题】会计核算应当以实际发生的交易或事项为依据,如实反映企业的财务状况、经营成果和现金流量,它所体现的会计核算原则是( )。

A. 客观性原则　　　B. 相关性原则　　　C. 重要性原则　　　D. 可比性原则

答案:A

解析:考查可靠性信息质量要求,也称客观性原则,是指企业应当以实际发生的交易或者事项为依据进行会计确认、计量和报告,如实反映符合确认和计量要求的各项会计要素及其他相关信息,保证会计信息真实可靠、内容完整。

【例题 5·多项选择题·2020 年真题】下列选项中,属于会计信息质量要求的有( )。

A. 及时性　　　B. 可靠性　　　C. 可理解性　　　D. 实质重于形式

答案:ABCD

解析:考查会计信息质量要求。共有 8 点,包括客观性、相关性、可理解性、可比性、实质重于形式、重要性、谨慎性和及时性原则。

第五节 我国会计法规体系和会计工作的管理体制

一、我国现行的会计法规体系 ■了解

我国会计法律规范体系由会计法律(第一层次)、会计法规(第二层次)和会计规章(第三层次)三个层次构成。

(一)会计法律

会计法律即会计法,是指调整社会经济生活关系中会计关系的法律总规范。由全国人大及其常委会经过一定立法程序制定的有关会计工作的法律。

会计法是我国会计法规体系的最高层次,是制定其他会计法律的依据,也是指导会计工作的最高准则,是会计机构、会计工作、会计人员的根本大法。

(二)会计法规

根据我国法规体系的构成,按照制定或批准机关不同,会计法规可分为会计行政法规、地方性会计法规和自治会计法规。

会计行政法规由国务院制定发布或者由国务院有关部门拟定经国务院批准发布,是会计法律的补充和具体化,在法律效力上仅次于会计法。

地方性会计法规由省、自治区、直辖市人大及其常委会制定发布,制定的依据是会计法,并要求与会计行政法规不相抵触。

(三)会计规章

会计规章主要是指由主管全国会计工作的行政机关——财政部,就会计工作中的某些方面所制定的规范性文件。

国务院其他各部门依据其职责制定的有关会计工作的规范性文件也属于会计规章,但必须报财政部审核或者备案。

会计规章的制定依据是会计法律和会计行政法规。

根据调整对象和内容的不同,会计规章可分为会计核算制度、会计监督制度、会计机构和会计人员制度以及会计工作制度。

二、我国会计工作的管理体制 ■了解

国务院财政部门主管全国的会计工作(统一领导),县级以上地方各级人民政府的财政部门管理本行政区域内的会计工作(分级管理)。

财政部设置会计事务管理司管理全国会计工作。

我国的会计工作管理体制贯彻"统一领导,分级管理"的原则。

三、会计机构和会计岗位的设置 ■了解

(一)会计机构的设置

会计机构是企业、行政事业单位组织处理会计工作的职能部门。

各企业、行政事业单位都应按照《中华人民共和国会计法》的规定设置会计机构，或者在有关机构中设置会计人员并指定会计主管人员。

企业一般设置财务处、财务科、财务组，在厂长和经理的直接领导下，依据会计工作的基本规范具体办理企业的财务会计工作。

按国家规定，在大中型企业、事业单位执行总会计师制度，建立总会计师责任制。

总会计师是在厂长、经理领导下，主管财会工作的负责人，按规定应由具有中级会计师以上技术职称的人员担任。

(二)会计机构设置原则

应根据企业单位的规模大小、会计工作的繁简及管理的要求来确定会计机构的设置形式。

会计机构的设置应建立在科学组织、合理分工的基础上。

应按"内部牵制"的原则做好会计机构的内部分工。

在企业进行会计核算的每一个环节，必须坚持"内部牵制"原则。

会计核算工作一般可分为集中核算和非集中核算两种组织形式

1. 集中核算：是指企业的主要会计核算工作集中在企业的财务会计部门来进行，企业内部的各生产车间、工段、各职能部门一般不进行单独核算。

2. 非集中核算：也叫分散核算，是指企业的各个生产车间、各职能部门对自身所发生的各项经济业务进行比较全面的会计核算。

四、会计人员的配备　■了解

(一)会计机构的设置

在我国，各单位都必须根据会计业务的需要设置会计机构，或者在有关机构中设置会计人员并指定会计主管人员。

(二)会计岗位的设置

根据《会计基础工作规范》规定，各单位应当根据会计业务需要设置会计工作岗位。

1. 会计工作岗位一般可分为会计机构负责人或者会计主管人员、出纳、财产物资核算、工资核算、成本费用核算、财务成果核算、资金核算、往来结算、总账报表、稽核、会计档案管理。

注意：内部审计、仓库记账员(保管员)、医院收费员、商场收银员、档案部门负责保管会计档案等岗位不属于会计工作岗位。

2. 会计工作岗位，可以一人一岗、一人多岗或者一岗多人(不能多岗多人)，应视企业大小及业务繁简情况而定，但要符合"内部牵制"原则。

3. 出纳人员不得兼任稽核、会计档案保管和收入、支出、费用、债权债务账目的登记工作，出纳除负责登记库存现金和银行存款日记账外，还可兼任固定资产明细账(固定资产卡片账)的登记工作。

五、会计人员的职业道德　■了解

(一)概念

会计人员的职业道德就是指会计人员从事会计工作应当遵循的道德标准。

(二)会计人员的职业道德主要内容

会计人员的职业道德包括爱岗敬业、诚实守信、廉洁自律、客观公正、坚持准则、提高技能、参与管理和强化服务。

典型例题

【例题1·单项选择题·2021年真题】 在我国会计法规制度体系中，属于最高层次地位的是（　　）。

A.《会计监督管理方法》　　　　　　　　B.《企业财务会计报告条例》

C.《中华人民共和国会计法》　　　　　　D.《会计基础工作规范》

答案：C

解析：考查我国现行的会计法规体系。会计法是我国会计法规体系的最高层次，是制定其他会计法律的依据，也是指导会计工作的最高准则，是会计机构、会计工作、会计人员的根本大法。

【例题2·单项选择题】 在会计机构内部，不得兼任稽核、会计档案保管和收入、支出、费用、债权债务账目登记工作的是（　　）。

A. 会计主管人员　　　B. 记账人员　　　C. 出纳人员　　　D. 成本核算人员

答案：C

解析：考查会计机构和会计岗位的设置。出纳人员不得兼任稽核、会计档案保管和收入、支出、费用、债权债务账目的登记工作，出纳除负责登记库存现金和银行存款日记账外，还可兼任固定资产明细账（固定资产卡片账）的登记工作。

【例题3·单项选择题】 未设立档案机构的单位，会计档案的保管部门和人员应是（　　）。

A. 人事部门的相关人员　　　　　　　　B. 会计部门的出纳人员

C. 会计部门的非出纳人员　　　　　　　D. 会计部门的任何人员

答案：C

解析：考查会计机构的设置原则。应按"内部牵制"的原则做好会计机构的内部分工。出纳人员不得兼任稽核、会计档案保管和收入、支出、费用、债权债务账目的登记工作，出纳除负责登记库存现金和银行存款日记账外，还可兼任固定资产明细账（固定资产卡片账）的登记工作。

【例题4·单项选择题】 不弄虚作假，（　　）是人们最基本的道德规范，也是会计职业道德的精髓。

A. 爱岗敬业　　　B. 诚实守信　　　C. 廉洁自律　　　D. 客观公正

答案：B

解析：考查会计职业道德的内容。其中，诚实守信对会计人员的具体要求是做老实人，说老实话，办老实事，执业谨慎，不弄虚作假；不为利益所诱惑，保密守信，信誉至上。

第六节　会计档案管理制度

一、会计档案管理制度　■了解

（参照2016年1月1日起施行的《会计档案管理办法》规定）

（一）会计档案

会计档案是记录和反映企业、行政事业单位所发生经济业务事项的重要历史资料和证据，一般包括会计凭证、会计账簿、财务会计报告和其他会计核算资料，企业、行政事业单位必须建立健全会计档案的管理制度。

其中，会计凭证包括原始凭证、记账凭证；

会计账簿包括总账、明细账、日记账、固定资产卡片及其他辅助性账簿；

财务会计报告包括月度、季度、半年度、年度财务会计报告；

其他会计资料包括银行存款余额调节表、银行对账单、纳税申报表、会计档案移交清册、会计档案保管清册、会计档案销毁清册、会计档案鉴定意见书及其他具有保存价值的会计资料。

(二)会计档案的保管

会计档案由会计机构按归档要求，负责装订成册、立卷保存。

《会计档案管理办法》规定，当年形成的会计档案，在会计年度终了后，可由单位会计管理机构临时保管1年，再移交单位档案管理机构保管。因工作需要确需推迟移交的，应当经单位档案管理机构同意。单位会计管理机构临时保管会计档案最长不超过3年。临时保管期间，会计档案的保管应当符合国家档案管理的有关规定，且出纳人员不得兼管会计档案。

会计档案的重要程度不同，其保管期限也有所不同。会计档案的保管期限，根据其特点，分为永久、定期两类。永久档案即长期保管，不可以销毁的档案；定期档案根据保管期限一般分为10年和30年两种。会计档案的保管期限，从会计年度终了后的第一天算起。

会计档案管理表如表1-2所示。

表1-2 会计档案管理表

序号	会计档案的内容	保管期限
一	会计凭证	
1	原始凭证	30年
2	记账凭证	30年
二	会计账簿	
3	总账	30年
4	明细账	30年
5	日记账	30年
6	固定资产卡片	固定资产报废清理后保管5年
7	其他辅助性账簿	30年
三	财务会计报告	
8	月度、季度、半年度财务会计报告	10年
9	年度财务会计报告	永久
四	其他会计资料	
10	银行存款余额调节表	10年
11	银行对账单	10年
12	纳税申报表	10年
13	会计档案移交清册	30年
14	会计档案保管清册	永久
15	会计档案销毁清册	永久
16	会计档案鉴定意见书	永久

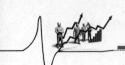

二、会计工作的交接手续　■了解

(一) 会计档案的调阅和移交

单位保存的会计档案一般不得对外借出，确因工作需要且根据国家有关规定必须借出的，应当严格按照规定办理相关手续；其他单位如有特殊原因，确实需要使用单位会计档案时，经本单位会计机构负责人、会计主管人员批准，可以复制。向外单位提供的会计档案复制件，应在专设的登记簿上登记，并由提供人员和收取人员共同签名或者盖章。

单位会计管理机构在办理会计档案移交时，应当编制会计档案移交清册，并按照国家档案管理的有关规定办理移交手续。

(二) 会计档案的销毁

新《会计档案管理办法》增加了鉴定销毁环节，要求"单位应当定期对已到保管期限的会计档案进行鉴定，并形成会计档案鉴定意见书。经鉴定，仍需继续保存的会计档案，应当重新划定保管期限；对保管期满，确无保存价值的会计档案，可以销毁"。

单位档案管理机构编制会计档案销毁清册，列明拟销毁会计档案的名称、卷号、册数、起止年度、档案编号、应保管期限、已保管期限和销毁时间等内容。

单位负责人、档案管理机构负责人、会计管理机构负责人、档案管理机构经办人、会计管理机构经办人在会计档案销毁清册上签署意见。

单位档案管理机构负责组织会计档案销毁工作，并与会计管理机构共同派员监销。监销人在会计档案销毁前，应当按照会计档案销毁清册所列内容进行清点核对；在会计档案销毁后，应当在会计档案销毁清册上签名或盖章。

单位应当严格遵守会计档案的保管期限要求，保管期满前不得任意销毁。会计档案达到保管期限的，单位应当组织对到期会计档案进行鉴定。经鉴定，仍需继续保存的会计档案，应当重新划定保管期限；对于保管期满，确无保存价值的会计档案，可以销毁；保管期满但未结清的债权债务会计凭证和涉及其他未了事项的会计凭证不得销毁，纸质会计档案应当单独抽出立卷电子会计档案单独转存，保管到未了事项完结时为止。

典型例题

【例题 1·单项选择题·2019 年真题】 下列各会计档案中，属于永久性保存的是(　　)。

A. 会计档案保管清册　　　　　　　　B. 总账
C. 银行存款日记账　　　　　　　　　D. 原始凭证

答案：A

解析：考查会计档案保管期限。BCD 都是保管 30 年。

【例题 2·多项选择题·2021 年真题】 会计档案包括(　　)。

A. 会计凭证　　　B. 会计账簿　　　C. 会计报表　　　D. 其他会计资料

答案：ABCD

解析：考查会计档案的内容。会计档案是记录和反映企业、行政事业单位所发生经济业务事项的重要历史资料和证据，一般包括会计凭证、会计账簿、财务会计报告和其他会计核算资料。

【例题3·判断题】对于保管期满但未结清的债权债务原始凭证和涉及其他未了事项的原始凭证不得销毁。 ( )

答案：√

解析：考查会计档案销毁的内容。保管期满但未结清的债权债务会计凭证和涉及其他未了事项的会计凭证不得销毁，纸质会计档案应当单独抽出立卷电子会计档案，进行单独转存，保管到未了事项完结时为止。

习题精选

一、单项选择题

1. 下列各项中，属于近代会计产生的标志是( )。
   A. "司会"的设立
   B. 《证券法》和《证券交易法》的颁布
   C. 英国工业革命的兴起
   D. 复式记账法的产生和"簿记论"的问世

2. 会计是以( )为主要计量单位，反映和监督一个单位经济活动的经济管理工作。
   A. 商品 B. 实物 C. 劳动 D. 货币

3. 关于会计的说法错误的是( )。
   A. 会计是一项经济管理活动
   B. 会计的主要工作是核算和监督
   C. 会计的对象针对的是某一主体平时所发生的能以货币表现的经济活动
   D. 货币是会计唯一计量单位

4. 会计按其报告的对象不同，可以分为( )。
   A. 财务会计与成本会计
   B. 财务会计与管理会计
   C. 管理会计与成本会计
   D. 管理会计与经营决策会计

5. (2020年真题)会计的基本职能是( )。
   A. 考核与分析 B. 控制与监督 C. 核算与监督 D. 反映与核算

6. 会计是以货币为主要计量单位，通过确认、计量、记录、报告等环节，对特定主体的经济活动进行记账、算账、报账，为各有关方面提供会计信息的功能称为( )。
   A. 会计监督职能 B. 参与经济决策职能 C. 会计预测职能 D. 会计核算职能

7. 下列各项不属于会计核算职能的是( )。
   A. 确定经济活动是否应该或能够进行会计处理
   B. 审查经济活动是否违背内部控制制度的要求
   C. 将已经记录的经济活动内容进行计算和汇总
   D. 编制财务会计报表提供特定主体的经济信息

8. 确定某一项目、交易或事项应否、应在何时以及如何列作一项会计要素进行会计处理的过程称为( )。
   A. 计量 B. 确认 C. 报告 D. 记录

9. 会计执行事后核算职能的主要形式是( )。
   A. 预测、计划、决策
   B. 记账、算账、报账

C. 预算、控制、计划　　　　　　　　　　D. 预测、决策、控制

10. 会计人员在进行会计核算的同时，对特定主体经济业务的合法性、合理性进行审查称为(　　)。
   A. 会计核算职能　　　　　　　　　　　B. 评价经营业绩职能
   C. 会计监督职能　　　　　　　　　　　D. 预测经济前景职能

11. （2019年真题）下列选项中，不属于会计方法体系的是(　　)。
   A. 会计核算方法　　B. 会计检查方法　　C. 会计分析方法　　D. 会计决策方法

12. （2019年真题）下列各选项中，不属于会计核算方法的是(　　)。
   A. 设置账户　　　　B. 试算平衡　　　　C. 复式记账　　　　D. 编制会计报表

13. （2020年真题）下列选项中，不属于会计核算方法的是(　　)。
   A. 复式记账　　　　B. 成本计算　　　　C. 错账更正　　　　D. 财产清查

14. （2023年真题）对会计对象要素具体的内容进行归纳，核算和监督的会计核算方法是(　　)。
   A. 成本计算　　　　B. 设置账户　　　　C. 复式记账　　　　D. 登记账簿

15. 将分散的零星的日常会计资料归纳整理为更集中、更概括的会计资料、以总括反映企业财务状况和经营成果的核算方法是(　　)。
   A. 编制会计凭证　　B. 编制记账凭证　　C. 编制会计报表　　D. 登记会计账户

16. 会计的对象就是特定主体的(　　)。
   A. 经济活动　　　　B. 资金运动　　　　C. 现金流量　　　　D. 财产物资

17. 资金的循环和周转分为供应、生产、销售三个阶段，下列业务活动中，属于生产阶段的是(　　)。
   A. 消耗原材料　　　　　　　　　　　　B. 支付采购材料的运输费
   C. 收回销售货款　　　　　　　　　　　D. 交纳销售税金

18. (　　)是指在企业与其他单位和个人之间发生的各种经济利益的交换，如购买材料、产品销售等。
   A. 经济事项　　　　B. 经济环境　　　　C. 经济业务　　　　D. 会计对象

19. 下列属于资金运动起点的是(　　)。
   A. 对外销售产品　　B. 向所有者分配利润　C. 购置固定资产　　D. 接受投资

20. 企业将产成品出售，收回现金或银行存款，这是(　　)。
   A. 货币资金转化为成品资金形态　　　　B. 货币资金转化为生产资金形态
   C. 生产资金转化为货币资金形态　　　　D. 成品资金转化为货币资金形态

21. 资金运动不包括(　　)。
   A. 资金的投入　　　B. 财务预算　　　　C. 资金循环和周转　　D. 资金的退出

22. 界定了从事会计工作和提供会计信息的空间范围的会计基本前提是(　　)。
   A. 会计账户　　　　B. 会计分期　　　　C. 持续经营　　　　D. 会计主体

23. 企业会计分期的基础是(　　)。
   A. 会计主体　　　　B. 权责发生制　　　C. 持续经营　　　　D. 货币计量

24. 由于(　　)的存在，才产生了本期与其他期间的差异，从而出现了权责发生制和收付实现制。
   A. 会计主体　　　　B. 持续经营　　　　C. 会计分期　　　　D. 货币计量

25. 为了及时获得会计信息，充分发挥会计的反映和监督职能，应当根据(　　)的前提合理划分会计期间。

A. 会计主体　　　　　B. 持续经营　　　　　C. 会计分期　　　　　D. 货币计量

26. 会计四项基本假设中,明确了会计核算的时间范围,为企业进行会计要素的确认和计量、选择会计处理方法提供了基本前提的是(　　)。

A. 货币计量　　　　　B. 会计主体　　　　　C. 持续经营　　　　　D. 会计分期

27. 企业厂房、汽车、机器设备等固定资产可以按照其价值和使用情况,确定采用某一方法计提折旧,它所依据的会计核算的基本前提是(　　)。

A. 持续经营　　　　　B. 会计分期　　　　　C. 会计主体　　　　　D. 货币计量

28. 下列各项中,关于会计基础的说法不正确的是(　　)。

A. 凡是当期已经实现的收入和已经发生或者应当负担的费用,无论款项是否收付,都应当作为当期的收入和费用,属于权责发生制

B. 凡是不属于当期的收入和费用,即使款项已在当期收付,也不应当作为当期的收入和费用,属于权责发生制

C. 企业可以选择按权责发生制或收付实现制进行会计核算,一经确定,不得变更

D. 政府会计中的预算会计核算采用收付实现制,国务院另有规定的除外

29. (　　)是指将一个会计主体持续的生产经营活动划分为若干相等的会计期间,以便分期结算账目和编制财务会计报告。

A. 会计分期　　　　　B. 货币计量　　　　　C. 会计主体　　　　　D. 持续经营

30. 根据《企业会计制度》的规定,会计期间分为年度、半年度、季度和月度,它们均按(　　)确定。

A. 农历起讫日期　　　　　　　　　　　B. 公历起讫日期
C. 企业自行制定的日期　　　　　　　　D. 公历或农历起讫日期

31. 会计核算过程中,会计处理方法前后各期(　　)。

A. 应当一致,不得随意变更　　　　　　B. 可以变动,但须经过批准
C. 可以任意变动　　　　　　　　　　　D. 应当一致,不得变动

32. 关于会计基本假设,下列说法中,正确的是(　　)。

A. 持续经营明确了会计核算的空间范围

B. 会计主体界定了会计确认、计量报告的时间范围

C. 会计分期是为了结算账目和编制会计报告

D. 货币计量片面地反映会计主体的生产经营和业务收支等情况

33. 在中国境外设立的中国企业向国内报送的财务会计报告,应当以(　　)反映。

A. 所在国货币　　　　　　　　　　　B. 人民币
C. 所在国货币或人民币二者择一　　　D. 所在国货币和人民币二者同时

34. 企业的会计核算应当以(　　)为基础。

A. 实质重于形式　　B. 权责发生制　　C. 可比性　　D. 收付实现制

35. 会计的确认、计量和报告应当以收付实现制为基础的是(　　)。

A. 小型企业　　　　B. 大型企业　　　C. 商业企业　　D. 行政单位

36. 某企业10月份销售A产品一批,价款20 000元,款未收;销售B产品一批,取得转账支票一张,价款8 000元;收到9月份所欠货款5 000元。按权责发生制确定该企业10月份销售收入应为(　　)元。

A. 25 000　　　　　B. 28 000　　　　　C. 8 000　　　　　D. 5 000

37. 某企业 2022 年 3 月发生了如下经济业务：①预付下季度房租 20 000 元；②收到 3 月份销售商品货款 25 000 元，款项已存入银行；③购买 1 000 元的办公用品；④预收购货方定金 12 000 元，货物尚未发送。以权责发生制为计算基础时，3 月份的收支净额为(　　)元。

　　A. 24 000　　　　　　B. 16 000　　　　　　C. 4 000　　　　　　D. 36 000

38. 某企业 1 月份发生下列支出：①支付本年度保险费 4 800 元；②支付本月管理部门水电费 6 000 元；③支付前欠货款 3 000 元，按权责发生制原则，应记入 1 月份的费用为(　　)元。

　　A. 6 400　　　　　　B. 9 400　　　　　　C. 10 800　　　　　　D. 13 800

39. (2019 年真题)2018 年 9 月 20 日采用赊销方式销售产品 8 000 元，11 月 16 日收到货款存入银行，按权责发生制核算时，该项收入应属于的会计期间是(　　)。

　　A. 2018 年 9 月　　　B. 2018 年 10 月　　　C. 2018 年 11 月　　　D. 2018 年 12 月

40. (2020 年真题)本月经营性租入大型设备应付租金共 50 万元，其中 30 万元已用银行存款支付，其余的 20 万元暂欠，按照权责发生制和收付实现制本月应确认的费用分别是(　　)。

　　A. 30 万元、20 万元　　　　　　　　　　B. 30 万元、50 万元
　　C. 50 万元、30 万元　　　　　　　　　　D. 50 万元、50 万元

41. (2022 年真题)某企业 6 月份发生下列业务：①预付第三季度厂房租金 30 000 元；②支付本季度计算机软件维护费 9 000 元(前两个月已预提 6 000 元)；③支付上月固定资产修理费 2 000 元。按照权责发生制，该企业本月应确认的费用为(　　)。

　　A. 3 000 元　　　　　B. 11 000 元　　　　　C. 35 000 元　　　　　D. 41 000 元

42. 符合权责发生制的会计基础是(　　)。

　　A. 将预收货款作为本期收入
　　B. 将本期及以后各期应分摊的费用作为本期费用
　　C. 将本期发生的收益性支出作为本期费用
　　D. 将本期发生的资本性支出作为本期费用

43. (2019 年真题)下列选项中，应当作为企业会计核算基础的是(　　)。

　　A. 永续盘存制　　　B. 实地盘存制　　　C. 收付实现制　　　D. 权责发生制

44. (2021 年真题)企业处理会计业务的方法和程序在不同会计期间要保持前后一致，不得随意变更，所体现的会计信息质量要求是(　　)。

　　A. 可比性　　　　　B. 相关性　　　　　C. 重要性　　　　　D. 谨慎性

45. 企业在每年年末对"应收账款"计提坏账准备是根据(　　)的会计信息质量要求。

　　A. 实质重于形式要求　　B. 谨慎性要求　　　C. 及时性要求　　　D. 重要性要求

46. 固定资产采用加速折旧法计提折旧体现(　　)的会计信息质量要求。

　　A. 实质重于形式要求　　B. 谨慎性要求　　　C. 可靠要求　　　　D. 重要性要求

47. 在会计核算原则中，要求合理核算可能发生的费用和损失的原则是指(　　)。

　　A. 可靠性原则　　　B. 谨慎性原则　　　C. 及时性原则　　　D. 权责发生制原则

48. 企业销售商品时，如果没有将商品所有权上的风险和报酬转移给购货方，即使已经将商品交付给购货方，也不应当确认销售收入，体现了会计信息质量(　　)的基本要求。

　　A. 谨慎性　　　　　B. 实质重于形式　　　C. 相关性　　　　　D. 重要性

49. 某企业发出材料的计价方法前半年采用先进先出法，后半年随意改为加权平均法，违背了会计信息质量要求中的(　　)。

A. 谨慎性原则　　　　B. 可比性原则　　　　C. 相关性原则　　　　D. 重要性原则

50. (2019 年真题)将融资租赁租入的资产视为本企业资产进行核算，符合的会信息质量要求是(　　)。

A. 可靠性原则　　　　　　　　　　　　B. 重要性原则
C. 权责发生制原则　　　　　　　　　　D. 实质重于形式原则

51. (2019 年真题)下列选项中，指导我国会计工作的最高法规层次是(　　)。

A. 中华人民共和国会计法　　　　　　　B. 总会计师条例
C. 企业会计准则　　　　　　　　　　　D. 企业会计制度

52. 根据会计法律制度的规定，"理万金分文不沾""常在河边走，就是不湿鞋"，这两句话体现的会计职业道德的内容是(　　)。

A. 参与管理　　　　B. 廉洁自律　　　　C. 提高技能　　　　D. 强化服务

53. 对本单位财务会计报告的真实性和完整性负责的是(　　)。

A. 会计机构负责人　　B. 单位负责人　　　C. 记账会计人员　　D. 总会计师

54. 根据《会计档案管理办法》的规定，当年形成的会计档案在年度终了后，可暂由会计部门保管(　　)。

A. 1 年　　　　　　B. 3 年　　　　　　C. 5 年　　　　　　D. 10 年

55. 不需要永久保留会计档案的是(　　)。

A. 年度财务报告　　B. 会计档案保管清册　　C. 现金日记账　　D. 会计档案销毁清册

56. 以下会计资料中，不属于会计档案的是(　　)。

A. 财政总预算　　　B. 会计移交清册　　　C. 借款合同　　　D. 会计档案鉴定意见书

57. 企业的"会计档案保管清册"保管期限为(　　)。

A. 30 年　　　　　　B. 永久　　　　　　C. 10 年　　　　　　D. 5 年

58. 下列项目中，(　　)不属于会计核算须经历的环节。

A. 记录　　　　　　B. 确认　　　　　　C. 报告　　　　　　D. 报账

59. 下列关于会计对象的表述错误的是(　　)。

A. 凡是特定主体能够以货币表现的经济活动，都是会计核算和监督的内容，也就是会计的对象

B. 资金运动具有客观性，体现在任何单位的资金都要经过资金的投入、资金的循环与周转和资金退出、经法定程序减少资本这样一个运动过程

C. 资金的投入，即来自所有者投入的资本

D. 资金的退出是资金运动的终点，主要包括偿还各项债务、依法交纳各种税费，以及向所有者分配利润、按法定程序减少资本等

60. 下列各项属于会计事前监督的是(　　)。

A. 对正在发生的经济活动过程及其核算资料进行审查

B. 对未来经济活动是否符合法规、政策的规定进行分析判断

C. 对已经发生的经济活动及其核算资料进行审查

D. 纠正经济活动过程中的偏差和失误

61. (　　)要通过企业的会计信息，侧重了解企业的偿债能力，了解其债权的保障和利息的获取，以及债务人是否有足够的能力按期偿付债务。

A. 政府　　　　　　B. 社会公众　　　　C. 债权人　　　　　D. 投资者

二、多项选择题

1. 下列有关会计的说法中，正确的包括(　　)。
   A. 本质上是一种经济管理活动
   B. 对经济活动进行核算和监督
   C. 以货币为主要计量单位
   D. 会计具有连续性、系统性、综合性和全面性的特点

2. (2019年真题)下列选项中，属于会计在核算和监督中运用的计量尺度是(　　)。
   A. 货币量度　　　　B. 实物量度　　　　C. 劳动量度　　　　D. 空间量度

3. 会计计量属性主要包括(　　)。
   A. 重置成本　　　　B. 历史成本　　　　C. 可变现净值　　　D. 公允价值

4. 下列各项中，属于会计的基本职能的有(　　)。
   A. 会计核算职能　　B. 会计监督职能　　C. 参与经济决策　　D. 预测经济前景

5. 下列各项中，属于会计职能的有(　　)。
   A. 评价经营业绩　　B. 实施会计监督　　C. 预测经济前景　　D. 参与经济决策

6. 会计核算职能是指会计以货币为主要计量单位，通过(　　)环节，对特定主体的经济活动进行记账、算账、报账。
   A. 确认　　　　　　B. 记录　　　　　　C. 计量　　　　　　D. 报告

7. 下列各项关于会计核算和会计监督之间的关系说法正确的是(　　)。
   A. 两者之间存在着相辅相成、辩证统一的关系
   B. 会计核算是会计监督的基础
   C. 会计监督是会计核算的保障
   D. 会计监督和会计监督没有什么必然的联系

8. 会计的两项基本职能是相辅相成、辩证统一的关系，下列说法正确的是(　　)。
   A. 会计监督是会计核算的基础
   B. 会计监督是会计核算质量的保证
   C. 没有核算所提供的信息，监督就失去依据
   D. 会计还具有预测经济前景、参与经济决策、评价经营业绩等功能

9. 对单位的交易或事项进行连续、系统、全面地核算所运用的专门方法包括(　　)。
   A. 成本计算　　　　B. 财产清查　　　　C. 设置账户　　　　D. 复式记账

10. 下列活动中，不需要进行会计核算的有(　　)。
    A. 订立经济合同　　　　　　　　　　B. 确定企业投资方案
    C. 制订财务收支计划　　　　　　　　D. 以实物形式发放职工福利

11. 下列(　　)属于会计核算的内容。
    A. 赊购机器设备　　　　　　　　　　B. 制定下年度管理费用开支计划
    C. 赊购货物　　　　　　　　　　　　D. 结转完工产品成本

12. (2021年真题)资金循环过程中资金的形态包括(　　)。
    A. 储备资金　　　　B. 生产资金　　　　C. 产品资金　　　　D. 货币资金

13. 下列各项属于资金退出的有(　　)。
    A. 上交税金　　　　B. 归还银行借款　　C. 购买原材料　　　D. 向投资者分配利润

14. 下列业务中,属于资金循环过程的有( )。
   A. 购买原材料
   B. 将原材料投入产品生产
   C. 销售商品
   D. 向投资者分配净利润

15. (2022年真题)下列选项中,对会计对象表述正确的有( )。
   A. 社会再生产过程中的经济活动
   B. 能以货币表现的经济活动
   C. 社会再生产过程中的资金运动
   D. 会计核算和监督的内容

16. (2020年真题)下列选项中,属于会计假设的有( )。
   A. 会计要素   B. 持续经营   C. 会计分期   D. 货币计量

17. (2022年真题)下列关于会计核算基本前提的表述中,正确的有( )。
   A. 会计主体是会计确认、计量和报告的空间范围
   B. 持续经营和会计分期界定会计核算的时间范围
   C. 货币计量为会计核算提供必要手段
   D. 法律主体必然是一个会计主体

18. 在下列组织中,可以作为会计主体的是( )。
   A. 事业单位   B. 分公司   C. 生产车间   D. 销售部门

19. 作为一个会计主体,必须具备的条件主要有( )。
   A. 具有独立资金
   B. 必须为法人单位
   C. 实行自主经营
   D. 独立核算收支

20. 下列关于会计核算的基本前提的描述正确的有( )。
   A. 会计核算的四项基本前提具有相互依存、相互补充的关系
   B. 没有会计主体,就不会有持续经营
   C. 没有持续经营,就不会有会计分期
   D. 没有货币计量,就不会有现代会计

21. 下列说法正确的有( )。
   A. 会计人员只能核算和监督所在主体的经济业务,不能核算和监督其他主体的经济业务
   B. 会计主体可以是企业内部的某一个单位或企业中的一个特定部分,也可以是几个企业组成的企业集团
   C. 会计主体一定是法律主体
   D. 会计主体假设界定了从事会计工作和提供会计信息的空间范围

22. 根据《企业会计制度》的规定,会计期间分为( )。
   A. 年度   B. 半年度   C. 季度   D. 月度

23. 会计中期包括( )。
   A. 年度   B. 半年度   C. 季度   D. 月度

24. 下列关于货币计量的描述,正确的有( )。
   A. 货币计量是指会计主体在会计核算过程中,采用货币作为统一的计量单位
   B. 在境外设立的中国企业向国内报送的财务报告,应当折算为人民币
   C. 业务收支以人民币以外的货币为主的企业,也可以选择其中一种货币作为记账本位币
   D. 我国企业的会计核算只能以人民币为记账本位币

25. 中华人民共和国境内的企业,会计记录文字( )。

A. 应当使用中文 B. 或同时使用当地通用的一种文字
C. 或同时使用一种外国文字 D. 只能使用中文

26. 下列表述中，正确的有（　　）。
A. 业务收支以外币为主的单位可以选择某种外币作为记账本位币
B. 会计核算过程中采用货币作为主要计量单位
C. 我国企业的会计核算只能以人民币作为记账本位币
D. 在境外设立的中国企业向国内报送的财务报表，应当折算为人民币

27. 关于货币计量的表述中，正确的有（　　）。
A. 货币计量是指会计核算中采用货币作为唯一的计量单位
B. 企业的会计核算一定要以人民币为记账本位币
C. 在特定情况下，企业可以选择人民币以外的某一种货币作为记账本位币
D. 以人民币以外的货币为记账本位币的，财务会计报告应当折算为人民币

28. 会计确认、计量、报告的基础有（　　）。
A. 收付实现制　　B. 权责发生制　　C. 增减发生制　　D. 实地盘存制

29. 根据权责发生制原则，下列各项中应计入本期的收入和费用的有（　　）。
A. 本期销售货款收存银行 B. 上期销售货款本期收存银行
C. 本期预收下期货款存入银行 D. 计提本期固定资产折旧费

30. 发生下列经济业务，按照权责发生制，应计入本期费用的有（　　）。
A. 支付上月水电费 3 200 元
B. 计提本月的借款利息 3 500 元
C. 本月发生房屋租金 1 000 元，尚未支付
D. 预付下季度报纸杂志费 6 000 元

31. 关于可比性会计信息质量要求，下列各项表述正确的有（　　）。
A. 同一企业不同时期发生的相同或者相似的交易或者事项，应当采用一致的会计政策，不得随意变更
B. 不同企业同一会计期间发生的相同或者相似的交易或者事项，应当采用同一会计政策
C. 不同企业同一会计期间发生的相同或者相似的交易或者事项，应当采用不同的会计政策
D. 同一企业不同时期发生的相同或者相似的交易或者事项，应当采用一致的会计政策，不得变更

32. 关于会计信息质量要求，下列各项表述中正确的有（　　）。
A. 谨慎性要求企业对交易或者事项进行会计确认、计量、记录和报告应当保持应有的谨慎，不应高估资产或者收益、低估负债或者费用
B. 及时性要求企业对于已经发生的交易或者事项，应当及时进行确认、计量、记录和报告，不得提前或延后
C. 重要性要求企业提供的会计信息应当反映与企业财务状况、经营成果和现金流量有关的所有重要交易或者事项
D. 实质重于形式要求企业应当按照交易或者事项的经济实质进行会计确认

33. 下列各项中，关于企业会计信息可靠性表述错误的有（　　）。
A. 企业应当保持应有的谨慎，不高估资产或收益、低估负债或费用
B. 企业提供的会计信息应当相互可比

C. 企业应当保证会计信息真实可靠、内容完整

D. 企业应当以实际发生的交易或事项为依据进行确认、计量、记录和报告

34. 重要性的应用需要依赖职业判断，企业应当根据所处环境和实际情况，从项目的(　　)等方面加以判断。

　　A. 性质　　　　　　　B. 数量　　　　　　　C. 发生时间　　　　　　D. 金额大小

35. 下列各项中，属于会计职业道德内容的有(　　)。

　　A. 爱岗敬业　　　　　B. 客观公正　　　　　C. 强化服务　　　　　　D. 参与管理

36. 下列关于我国会计档案的表述中，正确的有(　　)。

　　A. 会计凭证类　　　　B. 会计账簿类　　　　C. 财务会计报告类　　　D. 其他类

37. 下列会计档案中，需要保管30年的有(　　)。

　　A. 库存现金日记账　　B. 固定资产卡片　　　C. 银行存款对账单　　　D. 记账凭证

38. 下列各项中，属于会计档案的有(　　)。

　　A. 银行对账单　　　　　　　　　　　　　　B. 银行存款余额调节表

　　C. 会计档案保管清册　　　　　　　　　　　D. 会计档案销毁清册

39. (2021年真题)保管期限为三十年的会计档案是(　　)。

　　A. 会计凭证　　　　　　　　　　　　　　　B. 纳税申报表

　　C. 银行对账单　　　　　　　　　　　　　　D. 会计移交清册

40. (2019年真题)下列选项中，属于会计档案的有(　　)。

　　A. 会计凭证类　　　　　　　　　　　　　　B. 会计账簿类

　　C. 财务报告类　　　　　　　　　　　　　　D. 财务计划、预算和制度

41. (2021年真题)会计档案包括(　　)。

　　A. 会计凭证　　　　　B. 会计账簿　　　　　C. 会计报表　　　　　　D. 其他会计资料

42. 下列关于会计档案销毁的说法正确的是(　　)。

　　A. 需要销毁的会计档案应当编制会计档案销毁清册

　　B. 单位负责人、档案管理机构负责人、会计管理机构负责人、档案管理机构经办人、会计管理机构经办人在会计档案销毁清册上签署意见

　　C. 销毁时，应由单位档案机构和会计机构共同派员监销

　　D. 销毁后，监销人要在销毁清册上签名盖章

三、判断题(正确的填"A"，错误的填"B")

1. 会计是以货币为主要计量单位，以凭证为依据，借助于专门的技术方法，对一定主体的经济活动进行全面、系统、连续、综合的核算和监督，并向有关方面提供相关信息的经济管理活动。(　　)

2. 会计核算工作的好坏，直接影响到会计信息质量的高低。(　　)

3. (2021年真题)会计既可反映过去已经发生的经济活动，也可反映未来可能发生的经济活动。(　　)

4. 会计以货币为主要计量单位，但不是唯一的计量单位，会计日常工作中还用到劳动计量和实物计量。(　　)

5. 财务会计只是向外部关系人提供有关财务状况、经营成果和现金流量情况的信息；管理会计只是向内部管理者提供进行经营规划、经营管理、预测决策所需的相关信息。(　　)

6. 会计监督职能也被称为控制职能，它包括事前、事中和事后的监督。(　　)

7. 会计是以货币为主要计量单位，反映和监督一个单位经济活动的一种经济管理工作。(　　)

8. 从职能属性看，核算和监督本身是一种管理活动，从本质属性看，会计本身就是一种管理活动。（　　）

9. 会计核算是会计监督的基础，没有会计核算所提供的信息，会计监督就失去了依据；而会计核算又是会计监督的质量保证，只有核算而没有监督，就难以保证核算所提供信息的真实性和完整性。（　　）

10. 单位会计所具有的职能只有会计核算与会计监督两个。（　　）

11. 会计核算的三项工作指记账、对账、报账。（　　）

12. （2021年真题）会计核算是会计监督的基础，会计监督是会计核算质量的保障。（　　）

13. （2022年真题）会计监督是会计核算的基础，也是会计核算的延续和深化。只有严格地进行监督，核算才能发挥更大的作用。（　　）

14. 会计报告是确认和计量的开始，即通过报告将确认、计量、记录的结果即本年度的会计信息进行归纳和整理，以方便编制下一年度的财务预算。（　　）

15. （2021年真题）会计核算方法是会计方法体系中最基本的方法。（　　）

16. 凡是特定单位能够以货币表现的经济活动，即企业生产经营全过程的全部内容，都是会计的核算对象。（　　）

17. 企业会计的对象就是企业的价值运动或资金运动。（　　）

18. 会计基本假设是对会计核算所处时间和空间范围等所作的合理假定，是企业会计确认、计量、记录和报告的前提。（　　）

19. （2019年真题）会计主体不一定是法律主体，但法律主体一定是会计主体。（　　）

20. （2020年真题）我国所有企业的会计核算都必须以人民币作为记账本位币。（　　）

21. 在我国境内设立的企业，会计核算可以不以人民币作为记账本位币。（　　）

22. （2022年真题）我国企业的会计核算应以人民币为记账本位币，业务收支以人民币以外的货币为主的单位可以选择其中一种人民币以外的货币作为记账本位币，但编制的财务会计报告应当折算为人民币反映。（　　）

23. （2023年真题）会计核算的基本前提是对会计所处的时间、空间环境的核算以及以货币为主要计量作出的假设。（　　）

24. （2021年真题）会计主体可以是独立法人单位，也可以是非法人单位。（　　）

25. 会计主体与法律主体不完全对等，法律主体可作为会计主体，但会计主体不一定是法律主体。（　　）

26. 由于有了持续经营这个会计核算的基本前提，才产生了当期与其他期间的区别，由此形成权责发生制和收付实现制不同的记账基础，进而出现应收、应付、摊销等会计处理方法。（　　）

27. 凡是特定对象中能够以货币表现的经济活动，都是会计对象。（　　）

28. 签订经济合同是一项经济活动，因此属于会计对象。（　　）

29. 企业进行会计核算的生产经营活动也应当包括其他企业或投资者个人的其他生产经营活动。（　　）

30. 持续经营假设是假设企业可以永久存在，即使进入破产清算，也不应该改变会计核算方法。（　　）

31. 货币计量是企业会计核算中所采用的唯一的一种计量单位。（　　）

32. 没有会计主体，就不会有持续经营；没有持续经营，就不会有会计分期；没有货币计量，就不会有现代会计。（　　）

33. 按《企业会计制度》规定，在我国境内设立的业务收支以人民币以外的货币为主的企业，其会计核算可以不以人民币作为记账本位币。（　　）

34. 会计主体确立了会计核算的空间范围，而会计分期则确立了会计核算的时间范围。（　）
35. 我国的《企业会计准则》规定，企业的会计核算应当以权责发生制为基础。（　）
36. 尽管收付实现制和权责发生制是收入、费用确认的两种不同方法，但有些收入和费用按收付实现制确认和按权责发生制确认的结果相同。（　）
37. 将收入划分为主营业务收入和其他业务收入体现重要性原则。（　）
38. 会计资料及会计信息使用者主要包括投资者、债权人、企业管理者、政府及其有关部门和社会公众等。（　）
39. 会计基础，是指会计确认、计量、记录和报告的基础，包括实地盘点法和技术推算法。（　）
40. 权责发生制，是指以取得收取款项的权利或支付款项的义务为标志来确定本期收入和费用的会计核算基础。（　）
41. 可比性要求企业采用的会计处理方法和程序前后各期应当一致，不得变更。（　）
42. 重要性的应用需要依赖职业判断，企业应当根据其所处环境和实际情况，仅从项目的金额大小加以判断。（　）
43. 会计行为的规范化主要依赖于会计人员的道德信念和道德品质来实现。（　）
44. 会计的职业道德是对会计法律制度的最低要求。（　）
45. 企业的未达账项不能根据编制的银行存款余额调节表进行任何的账务处理，因此不属于会计档案的内容。（　）
46. 银行存款余额调节表、对账单是会计档案，不是原始凭证。（　）
47. 财会部门或经办人，必须在会计年度终了后的第一天，将应当归档的会计档案全部移交档案部门，保证会计档案齐全完整。（　）
48. 甲公司2022年4月编制的记账凭证，根据《会计档案管理办法》规定，保管期限自2022年5月1日开始计算。（　）
49. 保管期满的原始凭证，单位可以自行销毁。（　）
50. 单位未设立档案管理机构的，应当指定会计机构内部任意人员专人保管。（　）
51. 《会计档案管理办法》明确规定保管期满但未结清的债权债务会计凭证和涉及其他未了事项的会计凭证，无论其是否保管期满，都不得销毁，必须妥善保管。（　）
52. 单位保存的会计档案一般不得对外借出，确因工作需要且根据国家有关规定必须借出的，应当严格按照规定办理相关手续；其他单位如有特殊原因，确实需要使用单位会计档案时，经本单位会计机构负责人、会计主管人员批准，可以复制。（　）
53. 会计账簿暂由本单位出纳保管1年，期满之后，由财务会计部门编造清册移交本单位的档案部门保管。（　）
54. 会计记录所使用的文字必须是中文，不得使用任何的外国文字。（　）
55. 会计档案销毁后，应当由会计人员在销毁清册上签名或盖章，并及时将销毁情况向本单位负责人报告。（　）
56. 为了方便会计档案保管，可以根据需要对其拆封重新整理。（　）
57. 单位档案管理机构负责组织会计档案销毁工作，只需档案机构派员监销。（　）

四、综合题

（一）资料：企业1月份发生以下经济业务

1. 本月销售产品280 000元，收到货款190 000元存入银行，其余未收；

2. 用银行存款支付上半年的房屋租金 12 000 元；
3. 本月应计提银行借款利息 1 500 元；
4. 收到上年 12 月份应收未收的销货款 18 000 元；
5. 收到购货单位预付货款 56 000 元，下月交货；
6. 计提本月行政管理部门职工薪酬 20 000 元。

要求：

1. 采用权责发生制计算 1 月份的收入和费用。

2. 采用收付实现制计算 1 月份的收入和费用。

3. 采用权责发生制计算该企业 1 月份的利润。

资料：某企业 3 月份有关业务如下：
1. 支付上个月应付未付的购料款 16 500 元。
2. 销售产品一批，货款 160 000 元，款项已全部收存银行；
3. 预付第二季度报纸杂志费 1 800 元；
4. 向乙公司发出产品一批，价款共 18 600 元，除冲销原预收货款 12 000 元外，其余尚未收到；
5. 接到银行通知，支付本年第一季度短期借款利息 1 500 元（前两个月已各预提 500 元）；
6. 一月份曾用银行存款支付全年财产保险费 2 400 元；
7. 月初向银行借款 300 000 元，期限 6 个月，年利率 6%，月末计提并支付借款利息；
8. 本月支付车间固定资产的修理费 2 100 元，计划从本月起分 7 个月摊销；
9. 本月预收下个月的销货款 20 000 元；
10. 用银行存款支付本月水电费 2 600 元，其中车间 2 000 元，管理部门 600 元。

要求：根据上述业务分别按权责发生制和收付实现制确认本月收入和费用。

权责发生制：

收入 = _____

费用 = _____

收付实现制：

收入 = _____

费用 = _____

第二章 会计要素与会计等式

考纲要求

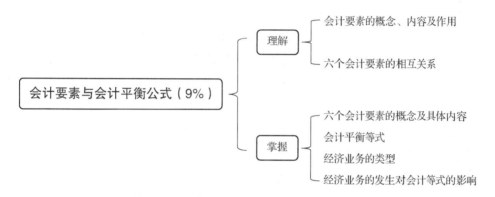

第一节 会计要素

一、会计要素

(一) 会计要素的概念 ◆理解

会计要素是会计对象要素的简称,是指对会计对象的个体内容所做的基本分类,是会计对象的组成部分,是会计报表内容的基本框架,也是账户的归并和概括。

(二) 会计要素的内容 ◆理解

企业会计的基本要素分为资产、负债、所有者权益、收入、费用和利润六个方面。

行政事业单位会计要素分为资产、负债、净资产、收入和支出五个方面

(三) 会计要素的作用 ◆理解

1. 会计要素是对会计对象的基本分类。
2. 会计要素是设置会计科目和会计账户的基本依据。
3. 会计要素是构成会计报表的基本框架。

二、资产

(一)资产的概念 ●掌握

资产是指企业过去的交易或者事项形成的、由企业拥有或者控制的、预期会给企业带来经济利益的资源。

(二)资产的特征(同定义)

1. 必须是企业过去形成的交易或者事项;
2. 必须为企业拥有或者控制;
3. 预期会给企业带来经济利益。

(三)资产的确认条件(不同于特征)

1. 与该资源有关的经济利益很可能流入企业;
2. 该资源的成本或者价值能够可靠地计量。

(四)资产的具体内容 ●掌握

按流动性可分为流动资产和非流动资产。

资产的流动性:是指资产变为现金或被耗用的难易程度(亦称变现能力)。

变现快,说明流动性相对较强;变现慢,说明流动性相对较弱。

1. 流动资产:是指可以在1年(含1年)或者超过1年的一个正常营业周期内变现、出售或被耗用的资产。

包括:库存现金、银行存款、应收及预付款项、存货等。

2. 非流动资产是指除流动资产以外的资产。

包括:固定资产、无形资产、长期待摊费用等。

(1)固定资产:是指企业为生产产品、提供劳务、出租或经营管理而持有的,使用寿命超过1个会计年度的房屋、建筑物、机器、机械、运输工具以及其他与生产、经营有关的设备、器具、工具等。企业取得固定资产的目的是使用而不是出售,只有在若干年后报废清理或转让、变卖时才能收回部分现金。

(2)无形资产:是指企业拥有或者控制的、没有实物形态且可辨认的非货币性资产。

包括:专利权、非专利技术、商标权、著作权、土地使用权、特许权等。

三、负债

(一)负债的概念 ●掌握

负债是指企业过去的交易或者事项形成的、预期会导致经济利益流出企业的现时义务。

(二)负债的特征(同定义)

1. 由过去的交易或事项形成的;
2. 是企业承担的现时义务;
3. 预期会导致经济利益流出企业。

(三)负债的确认条件

1. 与义务有关的经济利益很可能流出企业;
2. 未来流出的经济利益金额能够可靠地计量。

(四)具体内容 ●掌握

按偿还期限的长短分为流动负债和非流动负债。

1. 流动负债：是指将在1年(含1年)或者超过1年的一个正常营业周期内偿还的债务。

包括：短期借款、应付账款、应付票据、预收账款、应付职工薪酬、应交税费、应付股利、其他应付款等。

2. 非流动负债是指除流动负债以外的负债。

包括：长期借款、应付债券、长期应付款等。

四、所有者权益

(一)所有者权益的概念 ●掌握

所有者权益又称股东权益，是指企业资产扣除负债后由所有者享有的剩余权益，其金额为资产减去负债后的余额，即投资者对企业净资产的所有权。

(二)所有者权益的具体内容 ●掌握

所有者权益的具体内容包括实收资本、资本公积和留存收益三项内容或实收资本、资本公积、盈余公积和未分配利润四项内容。

其中实收资本和资本公积一般来自所有者投入；盈余公积和未分配利润来源于净利润，两者统称为留存收益。

1. 实收资本：是指投资者按照企业章程或合同、协议的约定，实际投入企业的资本。

2. 资本公积：是指投资者投入企业的超过其在企业法定资本所占份额的资本或者资产。资本公积包括资本(或股本)溢价等。

3. 盈余公积：是指企业按规定从净利润中提取的各种公积金，包括法定盈余公积和任意盈余公积。

4. 未分配利润：是指企业实现的净利润经过弥补亏损、提取盈余公积和向投资者分配利润后留存在企业的、历年结存的利润。

补充内容

利得和损失(区别于收入和费用)

1. 利得：是指由企业非日常活动所形成的、会导致所有者权益增加的、与所有者投入资本无关的经济利益的流入，如"营业外收入"。

2. 损失：是指由企业非日常活动所形成的、会导致所有者权益减少的、与所有者投入资本无关的经济利益的流出，如"营业外支出"。

利得和损失包括计入所有者权益和计入当期损益(或利润)的内容。

五、收入

(一)收入的概念 ●掌握

收入是指企业在日常活动中形成的、会导致所有者权益增加的、与所有者投入资本无关的经济利益的总流入。(注意与利得相区别，区别在于日常或非日常)

注意：

1. 收入是从企业的日常生产经营活动中形成的。

2. 收入的取得必定会导致经济利益的流入，它可能表现为资产增加，也可能表现为负债的减少，还可能是两者兼而有之。

3. 收入只包括本企业经济利益的流入，不包括为第三方或客户代收的款项。

4. 收入能导致企业所有者权益的增加。

(二) 收入的组成内容　●掌握

收入按其业务的主次，分为主营业务收入和其他业务收入。

按性质不同，分为销售商品收入、提供劳务收入和让渡资产使用权收入。

六、费用

(一) 费用的概念　●掌握

费用是指企业在日常活动中发生的、会导致所有者权益减少的、与向所有者分配利润无关的经济利益的总流出。

注意：费用会导致所有者权益减少，会导致资产的减少或者负债的增加，或者两者兼而有之。

(二) 费用的分类　●掌握

费用包括营业成本、税金及附加和期间费用。期间费用包括管理费用、销售费用和财务费用。

成本：企业为生产产品或提供劳务、服务而发生的各种耗费，区别于费用。

注意：成本与特定产品相联系，是对象化了的费用；费用与期间相联系。

七、利润

(一) 利润的概念　●掌握

利润是指企业在一定会计期间的经营成果，包括收入减去费用后的净额(营业利润)和直接计入当期利润的利得和损失。(营业外收入和营业外支出)

(二) 利润的组成内容　●掌握

利润包括营业利润、利润总额和净利润。

1. 营业利润=营业收入-营业成本-税金及附加-管理费用-销售费用-财务费用±投资收益(投资损失为负数)。

2. 利润总额=营业利润+营业外收入-营业外支出。

3. 净利润=利润总额-所得税费用。

典型例题

【例题1·单项选择题·2020年真题】 对会计对象的基本分类称为(　　)。

A. 会计科目　　　B. 会计主体　　　C. 会计账户　　　D. 会计要素

答案：D

解析：考查会计要素的概念。会计要素是会计对象要素的简称，是指对会计对象的个体内容所做的基本分类。

【例题2·多项选择题·2019年真题】 下列选项中，反映企业财务状况的会计要素有(　　)。

A. 资产　　　　B. 负债　　　　C. 利润　　　　D. 所有者权益

答案：ABD

解析：考查会计要素的内容，其中资产、负债和所有者权益是反映企业财务状况的要素。

【例题3·单项选择题·2023年真题】关于费用的说法错误的是(　　)。

A. 费用是在日常活动中产生的

B. 费用能使资产增加或负债减少

C. 费用会导致所有者权益的减少或负债的增加

D. 费用是与向投资者分配利润无关的经济利益的总流出

答案：B

解析：考查费用。费用是指企业在日常活动中发生的、会导致所有者权益减少的、与向所有者分配利润无关的经济利益的总流出。费用会导致所有者权益减少，会导致资产的减少或者负债的增加，或者两者兼而有之。

【例题4·单项选择题】下列关于所有者权益的说法，不正确的是(　　)。

A. 所有者权益包括实收资本(或股本)、资本公积、盈余公积和未分配利润等

B. 所有者权益的金额等于资产减去负债后的余额

C. 盈余公积和未分配利润又统称为留存收益

D. 所有者权益包括实收资本(或股本)、资本公积、盈余公积和留存收益等

答案：D

解析：考查所有者权益的概念和内容。所有者权益又称股东权益，是指企业资产扣除负债后由所有者享有的剩余权益，其金额为资产减去负债后的余额，即投资者对企业净资产的所有权。所有者权益包括实收资本、资本公积和留存收益三项内容或实收资本、资本公积、盈余公积和未分配利润四项内容，D答案的留存收益中已经包括盈余公积，所以错误。

【例题5·多项选择题】下列关于收入的表述中，正确的有(　　)。

A. 会导致所有者权益的增加　　　　　　B. 可能会引起费用的减少

C. 可能会引起负债的减少　　　　　　　D. 可能会引起资产的增加

答案：ACD

解析：考查收入的概念和内容。收入是指企业在日常活动中形成的、会导致所有者权益增加的、与所有者投入资本无关的经济利益的总流入。收入的取得必定会导致经济利益的流入，它可能表现为资产增加，也可能表现为负债的减少，还可能是两者兼而有之。

【例题6·判断题】负债是企业现在的交易或事项引起的现有义务。　　　　　　(　　)

答案：×

解析：考查负债的概念。负债是指企业过去的交易或者事项形成的、预期会导致经济利益流出企业的现时义务。

【例题7·判断题】某一财产物资要成为企业的资产，其所有权必须属于企业。　　(　　)

答案：×

解析：考查资产的概念。资产是指企业过去的交易或者事项形成的、由企业拥有或者控制的、预期会给企业带来经济利益的资源，可以是企业控制的，不一定要拥有。

第二节　会计要素的相互关系与会计平衡关系

一、六个会计要素的相互关系　◆理解

1. 资产=权益或资产=负债+所有者权益(这三个内容为静态会计要素)。

这个等式是反映财务状况的等式,也称为静态等式,表明资产的来源与归属,是复式记账、账户试算平衡和编制资产负债表的理论依据,也是会计核算方法体系的理论基础。

2. 收入−费用=利润(这三个内容为动态会计要素)。

这个等式是反映经营成果的等式,也称为动态等式,表明经营成果与相应期间收入和费用的关系,是编制利润表的理论依据。

3. 一定时期的经营成果必然影响一定时点的财务状况,把一定会计期间的六个会计要素联系起来,就可以得到综合等式:

资产=负债+所有者权益+(收入−费用)。

二、会计平衡公式　●掌握

1. 资产=负债+所有者权益。

是会计平衡公式,又称会计恒等式、会计基本等式或会计方程式。

2. 经济业务的类型(四种基本类型和拓展的九小类型)。　●掌握

(1)资产与权益同时增加,包括:资产与负债同增;资产与所有者权益同增。

(2)资产与权益同时减少,包括:资产与负债同减;资产与所有者权益同减。

(3)资产之间有增有减,即资产内部一增一减。

(4)权益之间有增有减,包括:负债内部一增一减;所有者权益内部一增一减;负债增加,所有者权益减少;负债减少,所有者权益增加。

3. 经济业务的发生对会计等式的影响和对资产总额的变化。　●掌握

经济业务对会计等式的影响和对资产总额的变化如表2-1所示。

表2-1　经济业务对会计等式的影响和对资产总额的变化

经济业务类型	对等式的影响	对资产总额的变化
1. 资产和负债同增	同加	增加
2. 资产和所有者权益同增		
3. 资产和负债同减	同减	减少
4. 资产和所有者权益同减		
5. 资产内部一增一减	左增减	不变

福建省中等职业学校学生学业水平考试

会计基础一本通
参考答案

中职会计教学研讨组 编

北京理工大学出版社
BEIJING INSTITUTE OF TECHNOLOGY PRESS

第一章　会计基础概述

一、单项选择题

1. D　2. D　3. D　4. B　5. C　6. D　7. B　8. B　9. B　10. C　11. D　12. B　13. C　14. B
15. C　16. B　17. A　18. C　19. D　20. D　21. B　22. D　23. C　24. C　25. B　26. C　27. A
28. C　29. A　30. B　31. A　32. C　33. B　34. B　35. D　36. B　37. A　38. A　39. A　40. C
41. A　42. C　43. D　44. A　45. B　46. B　47. B　48. B　49. B　50. D　51. A　52. B　53. B
54. A　55. C　56. C　57. B　58. D　59. C　60. B　61. C

二、多项选择题

1. ABCD　2. ABC　3. ABCD　4. AB　5. ABCD　6. ABCD　7. ABC　8. BC　9. ABCD　10. ABC
11. ACD　12. ABCD　13. ABD　14. ABC　15. BCD　16. BCD　17. ABCD　18. ABCD　19. ACD
20. ABCD　21. ABD　22. ABCD　23. BCD　24. ABC　25. ABC　26. ABD　27. CD　28. AB
29. AD　30. BC　31. AB　32. ABCD　33. AB　34. AD　35. ABCD　36. ABCD　37. AD
38. ABCD　39. AD　40. ABCD　41. ABCD　42. ABCD

三、判断题

1. A　2. A　3. B　4. A　5. B　6. A　7. A　8. A　9. B　10. B　11. B　12. A　13. B　14. B
15. A　16. B　17. A　18. A　19. A　20. B　21. A　22. A　23. A　24. A　25. A　26. B　27. A
28. B　29. B　30. B　31. B　32. A　33. A　34. A　35. A　36. A　37. A　38. A　39. B　40. A
41. B　42. B　43. B　44. B　45. B　46. A　47. B　48. B　49. B　50. B　51. A　52. A　53. B
54. B　55. B　56. B　57. B

四、综合题

（一）

1. 采用权责发生制计算1月份的收入和费用。

收入＝280 000(元)

费用＝1 500+20 000＝21 500(元)

2. 采用收付实现制计算1月份的收入和费用。

收入＝190 000+18 000+56 000＝264 000(元)

费用＝12 000(元)

3. 采用权责发生制计算该企业1月份的利润。

利润＝280 000－21 500＝258 500(元)

（二）

权责发生制：

收入＝160 000+18 600＝178 600(元)

费用＝500+200+1 500+300+2 600＝5 100(元)

收付实现制：

收入＝160 000+20 000＝180 000(元)

费用＝16 500+1 800+1 500+1 500+2 100+2 600＝26 000(元)

第二章　会计要素与会计等式

一、单项选择题

1. C 2. A 3. A 4. D 5. D 6. C 7. B 8. D 9. D 10. A 11. D 12. D 13. C 14. C 15. D 16. B 17. D 18. B 19. B 20. B 21. D 22. C 23. B 24. B 25. C 26. B 27. C 28. D 29. B 30. C 31. C 32. D 33. C 34. B 35. B 36. A 37. D 38. C 39. D 40. B 41. D 42. B 43. C 44. C 45. B 46. D 47. A 48. D 49. B 50. C 51. D 52. D 53. D 54. B 55. A 56. B

二、多项选择题

1. BCD 2. ACD 3. AC 4. ABCD 5. ACD 6. ACD 7. BCD 8. ACD 9. ABCD 10. ABD 11. ACD 12. BD 13. ABD 14. ACD 15. AB 16. ABD 17. ACD 18. AC 19. AB 20. ABC 21. BC 22. ABD 23. AD 24. ABCD 25. AD 26. ABCD 27. BD 28. ABCD 29. ABC 30. AC 31. ABCD 32. ABC 33. CD 34. ABCD 35. BC 36. ACD 37. ABC 38. ABC 39. ABCD 40. BCD 41. ACD 42. ABD 43. ABC 44. ABC 45. CD 46. BCD 47. ABC 48. ABC 49. ABC 50. ACD 51. AD 52. BD 53. CD 54. AD 55. AB 56. AB 57. BCD 58. ABC

三、判断题

1. B 2. B 3. B 4. B 5. B 6. B 7. B 8. B 9. A 10. A 11. B 12. B 13. B 14. A 15. A 16. B 17. A 18. A 19. B 20. B 21. B 22. A 23. A 24. A 25. A 26. B 27. B 28. B 29. B 30. B 31. B 32. A 33. B 34. B 35. B 36. A 37. B 38. B 39. B 40. B 41. B 42. B 43. A 44. B 45. A 46. B 47. B 48. B

第三章　会计账户和复式记账

一、单项选择题

1. A 2. B 3. D 4. D 5. C 6. D 7. A 8. A 9. A 10. A 11. D 12. B 13. A 14. B 15. A 16. B 17. D 18. A 19. B 20. C 21. D 22. B 23. D 24. D 25. D 26. C 27. A 28. B 29. D 30. C 31. D 32. A 33. D 34. B 35. A 36. D 37. B 38. D 39. D 40. A 41. B 42. B 43. D 44. A 45. B 46. C 47. D 48. C 49. B 50. B 51. B 52. B 53. C 54. B 55. C 56. D 57. B 58. D 59. B 60. C 61. D 62. D

二、多项选择题

1. ABC 2. ABC 3. ABD 4. BD 5. ABC 6. ABD 7. BC 8. BCD 9. ABCD 10. ABC 11. ABC 12. ABCD 13. BD 14. BCD 15. ABD 16. ABC 17. ABC 18. ABC 19. BC 20. ABCD 21. AB 22. ABCD 23. ACD 24. ABC 25. ACD 26. ABCD 27. BCD 28. ACD 29. ABC 30. AC 31. CD 32. AD 33. ABD 34. CD 35. ABC 36. ACD 37. ABC 38. ACD 39. ABC 40. ABC 41. AB 42. AD 43. ACD 44. BD 45. BD 46. ABC 47. ABD 48. AD

三、判断题

1. A 2. A 3. A 4. B 5. B 6. B 7. A 8. A 9. A 10. B 11. B 12. B 13. B 14. B
15. A 16. A 17. B 18. B 19. B 20. B 21. B 22. B 23. B 24. A 25. A 26. B 27. B
28. B 29. B 30. A 31. A 32. B 33. A 34. B 35. B 36. B 37. B 38. B 39. B 40. B
41. B 42. B 43. B 44. A 45. B 46. B 47. B 48. B 49. A 50. B 51. A 52. A 53. A
54. B 55. B 56. B 57. B 58. B 59. B 60. A 61. A 62. B 63. A 64. B 65. B 66. A
67. A 68. B 69. B 70. B 71. B 72. A

四、综合题

（一）

元

账户名称	期初余额	本期借方发生额	本期贷方发生额	借或贷	期末余额
银行存款	(282 000)	480 000	350 000	（借）	412 000
实收资本	720 000	57 000	46 000	（贷）	(709 000)
库存商品	485 600	179 000	(374 000)	（借）	290 600
短期借款	300 000	(157 000)	48 000	（贷）	191 000
应付账款	452 360	334 400	(118 240)	（贷）	236 200
预付账款	256 000	338 000	452 000	（借）	(142 000)
累计折旧	16 700	(25 060)	34 920	（贷）	26 560
销售费用	(0)	5 600	5 600	（平）	0

（二）

元

账户名称	期初余额	本期增加发生额	本期减少发生额	借或贷	期末余额
预收账款	(420 000)	254 000	358 000	（贷）	316 000
其他应付款	6 780	4 350	3 480	（贷）	(7 650)
累计摊销	5 800	8000	(9 600)	（贷）	4 200
长期借款	60 000	(15 000)	40000	（贷）	35 000
周转材料	(124 700)	232 800	165 300	（借）	192 200
利润分配	498 000	269 000	(257 000)	（贷）	510 000
银行存款	208 700	(266 620)	148 760	（借）	326 560
应付股利	5 600	7 800	12 400	（贷）	(1 000)

（三）

A＝223 000+185 000－150 000＝258 000（元）

B＝528 000+416 000－279 000＝665 000（元）

C＝200 000+180 000－86 000＝294 000（元）

D＝335 000+298 000－184 000＝449 000（元）

（四）

(1)＝ 4 900   (2)＝ 12 300   (3)＝ 23 100

(4)= 495 000　(5)= 839 300　(6)= 120 00
(7)= 27 000　(8)= 327 000　(9)= 400 00
(10)= 460 000　(11)= 7 600　(12)= 927 700
(13)= 927 700　(14)= 864 600

第四章　会计凭证

一、单项选择题

1. A　2. C　3. B　4. C　5. A　6. B　7. D　8. C　9. B　10. B　11. D　12. C　13. D　14. D
15. C　16. A　17. C　18. A　19. C　20. D　21. C　22. A　23. B　24. B　25. B　26. D　27. B
28. B　29. B　30. D　31. B　32. D　33. C　34. C　35. C　36. B　37. D　38. B　39. B　40. C
41. A　42. A　43. D　44. A　45. C　46. B　47. B　48. A　49. D　50. A　51. B　52. D　53. C

二、多项选择题

1. ABCD　2. ABC　3. ABC　4. ABCD　5. ABC　6. ABD　7. ABCD　8. ABC　9. ABC　10. BC
11. ABD　12. ACD　13. ABC　14. AC　15. ABC　16. ABD　17. ABCD　18. BC　19. ABCD
20. ABCD　21. BD　22. AB　23. ABC　24. BD　25. ABC　26. ABC　27. BCD　28. ABC
29. CD　30. BC　31. ABC　32. ABC　33. ABCD　34. ABCD　35. ABC　36. ABCD　37. AD
38. ABCD　39. ABCD　40. ABC　41. BD　42. ABCD　43. CD　44. ABC

三、判断题

1. B　2. B　3. B　4. B　5. B　6. B　7. A　8. A　9. B　10. B　11. A　12. A　13. A　14. B
15. B　16. A　17. B　18. A　19. A　20. A　21. A　22. B　23. A　24. B　25. B　26. A　27. B
28. A　29. B　30. A　31. A　32. A　33. A　34. A　35. A　36. A　37. A　38. A　39. A　40. B
41. A　42. A　43. B　44. A

四、综合题

(一)填制原始凭证

中国工商银行 转账支票存根 VIVI00737209

附加信息

出票日期 2022年9月2日

收款人：北京兴达文化用品公司
金　额：￥13248.00
用　途：购买包装袋

单位主管：　　会计：

中国工商银行　转账支票　VIVI00737209

出票日期（大写）贰零贰贰年玖月零贰 日　付款行名称：中国工商银行北京青年路支行
收款人：北京兴达文化用品公司　　出票人账号：0200538827990088700

人民币	百	十万	千	百	十	元	角	分
（大写）壹万叁仟贰佰肆拾捌元整		￥1	3	2	4	8	0	0

本支票付款期限十天

用途　购买包装袋

上列款项请从我账户内支付

复核　　记账

出票人签章

2.

北京增值税专用发票
记 账 联
No.06214641
开票日期：2022 年 9 月 18 日

购货单位		
名　　称：	北京市益民便利超市	
纳税人识别号：	911710027267006471	密码区　略
地　址、电　话：	北京市海淀区四季青路甲 20 号 010-83229831	
开户行及账号：	中国工商银行北京海淀路支行 0200927835860000846	

货物或应税劳务名称	规格型号	单位	数量	单价	金额	税率	税额
复印纸		箱	100	100.00	10000.00	13%	1300.00
合　　计					￥10000.00		￥1300.00

价税合计（大写）	Ⓧ壹万壹仟叁佰圆整	（小写）￥11300.00

销货单位		
名　　称：	北京光明实业有限公司	
纳税人识别号：	911860027267006883	备注
地　址、电　话：	北京市朝阳区团结湖路甲 80 号 010-85940650	
开户行及账号：	中国工商银行北京青年路支行 0200538827990088700	

收款人：　　　复核：　　　开票人：　　　销货单位（章）

第一联 记账联 销货方记账凭证

(二)编制专用记账凭证

付　款　凭　证

贷方科目　库存现金　　　2022 年 8 月 12 日　　　现付字第 009 号

摘　　　要	借方总账科目	明细科目	√	金　　额 千百十万千百十元角分	附单据
预借差旅费	其他应收款	王好		2 0 0 0 0 0	1张
合　　　计				￥2 0 0 0 0 0	

财务主管　　　记账　　　出纳　　　审核　　　制单 李四

收 款 凭 证

借方科目 <u>库存现金</u>　　　2022年 8 月 16 日　　　现收字第 007 号

摘　要	贷方总账科目	明细科目	√	金额 千百十万千百十元角分
报销差旅费，退回余款	其他应收款	王好		2 5 0 0
合　计				¥　　　　2 5 0 0

财务主管　　　　记账　　　　出纳　　　　审核　　　　制单 李四

附单据 1 张

转 账 凭 证

2022 年 8 月 16 日　　　　　　转字第 032 号

财务主管　　　　记账　　　　出纳　　　　审核　　　　制单 李四

摘　要	总账科目	明细科目	√	借方金额 千百十万千百十元角分	√	贷方金额 千百十万千百十元角分
报销差旅费	销售费用	差旅费		1 9 7 5 0 0		
	其他应收款	王好				1 9 7 5 0 0
合　计				¥　　　1 9 7 5 0 0		¥　　　1 9 7 5 0 0

附单据 1 张

(三)编制通用记账凭证

1.

记 账 凭 证

2022 年 8 月 5 日　　　　　　记字第 16 号

摘　要	总账科目	明细科目	√	借方金额 千百十万千百十元角分	√	贷方金额 千百十万千百十元角分
购料	原材料	A材料		4 0 0 0 0 0 0		
	在途物资	A材料				4 0 0 0 0 0 0
合　计				¥　　4 0 0 0 0 0 0		¥　　4 0 0 0 0 0 0

财务主管　　　　记账　　　　出纳　　　　审核　　　　制单 李四

附单据 1 张

2.

记 账 凭 证

2022 年 8 月 30 日　　　　　　　　　　　　记字第 63 号

摘　要	总账科目	明细科目	√	借方金额 千百十万千百十元角分	√	贷方金额 千百十万千百十元角分	附单据3张
支付本月水电费	制造费用			3 0 0 0 0			
	管理费用			2 0 0 0 0			
	应交税费	应交增值税（进项税额）		6 5 0 0			
	银行存款					5 6 5 0 0	
合　计				¥ 5 6 5 0 0		¥ 5 6 5 0 0	

财务主管　　　　记账　　　　出纳　　　　审核　　　　制单 李四

第五章　会计账簿

一、单项选择题

1. B　2. D　3. B　4. A　5. D　6. D　7. D　8. D　9. D　10. D　11. A　12. A　13. B　14. A　15. D　16. C　17. A　18. D　19. B　20. B　21. B　22. B　23. C　24. D　25. D　26. C　27. C　28. D　29. A　30. B　31. C　32. A　33. D　34. A　35. B　36. A　37. D　38. D　39. C　40. A　41. A　42. B　43. C　44. B　45. A　46. B　47. A　48. D　49. B

二、多项选择题

1. ABCD　2. CD　3. ABCD　4. ACD　5. ABC　6. ABC　7. ABC　8. ABC　9. ACD　10. CD　11. ABC　12. CD　13. AD　14. ABC　15. BC　16. ABD　17. ABD　18. ABCD　19. ABD　20. ABD　21. ACD　22. ABD　23. BCD　24. AD　25. ACD　26. ACD　27. ABCD　28. ABCD　29. ABCD　30. ABCD　31. BD　32. ABCD　33. CD　34. ABCD　35. ABCD　36. BCD　37. AD　38. ABCD　39. ABCD　40. BC　41. BD　42. ABD　43. BC　44. AC

三、判断题

1. A　2. A　3. B　4. B　5. B　6. B　7. A　8. B　9. A　10. B　11. A　12. B　13. A　14. B　15. B　16. B　17. B　18. B　19. A　20. B　21. B　22. B　23. B　24. B　25. B　26. B　27. B　28. B　29. A　30. A　31. A　32. A　33. B　34. B　35. A　36. A　37. B　38. B　39. B　40. B　41. A　42. B　43. B　44. B　45. B　46. B　47. A　48. B

四、实务题

(一)

错误类型：凭证科目有错，金额也有错误，导致账簿错误

更正方法：红字冲销法

更正过程：
编制红字冲销凭证

借：预付账款 22 300
　　贷：银行存款 22 300

并据以入账

编制蓝字正确凭证

借：应交税费——应交所得税 23 200
　　贷：银行存款 23 200

并据以入账

预付账款	银行存款
22 300	22 300
22 300	22 300
223 200	23 200

（二）

错误类型：凭证科目、方向无误，金额多记，导致账簿错误

更正方法：红字冲销法

更正过程：
编制红字凭证冲销多记金额

借：应付职工薪酬 90
　　贷：库存现金 90

并据以入账

应付职工薪酬	库存现金
1 210	1 210
90	90

（三）

错误类型：凭证科目、方向无误，金额少记，导致账簿错误

更正方法：补充登记法

更正过程：
编制蓝字凭证补充少记金额

借：银行存款 900 000
　　贷：短期借款 900 000

并据以入账

银行存款	短期借款
100 000	100 000
900 000	900 000

(四)

错误类型：凭证无误，"生产成本"账簿数字登记错误。

更正方法：划线更正法

更正过程：

(1)在"生产成本"错账的数字"5 400"上划一条红线；

(2)在错误数字上方用蓝黑墨水笔写上正确的数字4 500；

(3)在更正处盖上更正人员印章。

```
              生产成本
         |
    ×× |  4 500
         |  5 400 （红线）
```

第六章　主要经济业务的核算

一、单项选择题

1．C　2．D　3．B　4．A　5．B　6．D　7．D　8．B　9．A　10．D　11．D　12．B　13．C　14．A　15．B　16．B　17．D　18．A　19．C　20．C　21．A　22．D　23．B　24．C　25．D　26．D　27．B　28．A　29．D　30．C　31．A　32．C　33．A　34．A　35．D　36．C　37．B　38．B

二、多项选择题

1．ABCD　2．ABCD　3．AB　4．BD　5．BC　6．ABD　7．ABCD　8．ABD　9．ACD　10．BD　11．AB　12．ACD　13．ACD　14．ACD　15．ABCD　16．ABD　17．ABCD　18．ABCD　19．BC　20．ABCD　21．ACD　22．AB　23．ABC

三、判断题：

1．A　2．B　3．A　4．B　5．B　6．B　7．A　8．B　9．A　10．B　11．B　12．A　13．A　14．B　15．B　16．A　17．B　18．A　19．B　20．A　21．A　22．B　23．A　24．A　25．B　26．A　27．B　28．A　29．B　30．A　31．A　32．A　33．B　34．A　35．B　36．A　37．B

四、综合业务题

(一)

1．借：银行存款　　　　　　　　　　　　　　　　　　　　　　　200 000

　　贷：短期借款　　　　　　　　　　　　　　　　　　　　　　　　200 000

2．借：原材料——甲材料　　　　　　　　　　　　　　　　　　　100 000

　　　　应交税费——应交增值税(进项税额)　　　　　　　　　　　 13 000

　　贷：实收资本　　　　　　　　　　　　　　　　　　　　　　　　113 000

3．借：原材料——甲材料　　　　　　　　　　　　　　　　　　　312 000

　　　　——乙材料　　　　　　　　　　　　　　　　　　　　　　306 000

　　　　应交税费——应交增值税(进项税额)　　　　　　　　　　　 78 000

　　贷：应付账款——东益公司　　　　　　　　　　　　　　　　　　696 000

4. 借：制造费用　　　　　　　　　　　　　　　　　　　　　1 200
　　　贷：库存现金　　　　　　　　　　　　　　　　　　　　　　1 200
5. 借：制造费用　　　　　　　　　　　　　　　　　　　　　11 000
　　　 管理费用　　　　　　　　　　　　　　　　　　　　　4 000
　　　贷：银行存款　　　　　　　　　　　　　　　　　　　　　15 000
6. 借：应交税费——应交消费税　　　　　　　　　　　　　　2 000
　　　贷：银行存款　　　　　　　　　　　　　　　　　　　　　2 000
7. 借：银行存款　　　　　　　　　　　　　　　　　　　　　3 000
　　　贷：其他应付款　　　　　　　　　　　　　　　　　　　　3 000
8. 借：应付账款——H 公司　　　　　　　　　　　　　　　100 000
　　　贷：应付票据——H 公司　　　　　　　　　　　　　　　100 000
9. 借：财务费用　　　　　　　　　　　　　　　　　　　　　5 000
　　　贷：银行存款　　　　　　　　　　　　　　　　　　　　　5 000
10. 借：管理费用　　　　　　　　　　　　　　　　　　　　　3 000
　　　贷：其他应收款——陈五　　　　　　　　　　　　　　　2 500
　　　　　库存现金　　　　　　　　　　　　　　　　　　　　　500
11. 借：营业外支出　　　　　　　　　　　　　　　　　　　　55 000
　　　贷：银行存款　　　　　　　　　　　　　　　　　　　　55 000
12. 借：固定资产　　　　　　　　　　　　　　　　　　　　900 000
　　　 应交税费——应交增值税（进项税额）　　　　　　　　117 000
　　　贷：银行存款　　　　　　　　　　　　　　　　　　　1 017 000
13. 借：应付账款　　　　　　　　　　　　　　　　　　　　　2 000
　　　贷：营业外收入　　　　　　　　　　　　　　　　　　　　2 000
14. 借：银行存款　　　　　　　　　　　　　　　　　　　　　20 000
　　　贷：预收账款——强盛公司　　　　　　　　　　　　　　20 000
15. 借：长期借款　　　　　　　　　　　　　　　　　　　　300 000
　　　贷：银行存款　　　　　　　　　　　　　　　　　　　　300 000
16. 借：银行存款　　　　　　　　　　　　　　　　　　　1 582 000
　　　贷：主营业务收入——A 产品　　　　　　　　　　　1 400 000
　　　　　应交税费——应交增值税（销项税额）　　　　　　182 000
17. 借：应付账款——东益公司　　　　　　　　　　　　　　696 000
　　　贷：银行存款　　　　　　　　　　　　　　　　　　　　696 000
18. 借：固定资产　　　　　　　　　　　　　　　　　　　　70 000
　　　贷：营业外收入　　　　　　　　　　　　　　　　　　　70 000
19. 借：银行存款　　　　　　　　　　　　　　　　　　　　10 000
　　　贷：其他业务收入　　　　　　　　　　　　　　　　　　10 000
20. 借：生产成本——A 产品　　　　　　　　　　　　　　　60 000
　　　　　　　——B 产品　　　　　　　　　　　　　　　40 000
　　　 制造费用　　　　　　　　　　　　　　　　　　　　　30 000

	销售费用	12 000
	管理费用	48 000
	贷：应付职工薪酬——工资	190 000

21. 借：制造费用　　　　　　　　　　　　　　　　　　　　96 800
　　　　销售费用　　　　　　　　　　　　　　　　　　　　10 000
　　　　管理费用　　　　　　　　　　　　　　　　　　　　34 000
　　　　其他业务成本　　　　　　　　　　　　　　　　　　4 000
　　　贷：累计折旧　　　　　　　　　　　　　　　　　　　144 800

22. 借：生产成本——A 产品　　　　　　　　　　　　　　　120 000
　　　　　　　　　——B 产品　　　　　　　　　　　　　　70 000
　　　　制造费用　　　　　　　　　　　　　　　　　　　　11 000
　　　　管理费用　　　　　　　　　　　　　　　　　　　　3 000
　　　贷：原材料——甲材料　　　　　　　　　　　　　　　190 000
　　　　　　　　——乙材料　　　　　　　　　　　　　　　14 000

23. 制造费用 = 1 200 + 11 000 + 30 000 + 96 800 + 11 000 = 150 000（元）

制造费用分配率 = 150 000 ÷ 60 000 + 40 000 = 1.5

A 产品应分配的制造费用 = 60 000 × 1.5 = 90 000（元）

B 产品应分配的制造费用 = 40 000 × 1.5 = 60 000（元）

　　借：生产成本——A 产品　　　　　　　　　　　　　　　90 000
　　　　　　　　——B 产品　　　　　　　　　　　　　　　60 000
　　　贷：制造费用　　　　　　　　　　　　　　　　　　　150 000

24. 借：库存商品——A 产品　　　　　　　　　　　　　　　270 000
　　　贷：生产成本——A 产品　　　　　　　　　　　　　　270 000

25. 借：主营业务成本——A 产品　　　　　　　　　　　　　900 000
　　　贷：库存商品——A 产品　　　　　　　　　　　　　　900 000

26. 借：税金及附加　　　　　　　　　　　　　　　　　　　4 000
　　　贷：应交税费——应交城建税　　　　　　　　　　　　2 800
　　　　　　　　　——应交教育费附加　　　　　　　　　　1 200

27. 借：营业外收入　　　　　　　　　　　　　　　　　　　72 000
　　　　主营业务收入——A 产品　　　　　　　　　　　　　1 400 000
　　　　其他业务收入　　　　　　　　　　　　　　　　　　10 000
　　　贷：本年利润　　　　　　　　　　　　　　　　　　　1 482 000

28. 借：本年利润　　　　　　　　　　　　　　　　　　　　1 082 000
　　　贷：主营业务成本　　　　　　　　　　　　　　　　　900 000
　　　　　财务费用　　　　　　　　　　　　　　　　　　　5 000
　　　　　管理费用　　　　　　　　　　　　　　　　　　　92 000
　　　　　营业外支出　　　　　　　　　　　　　　　　　　55 000
　　　　　销售费用　　　　　　　　　　　　　　　　　　　22 000
　　　　　其他业务成本　　　　　　　　　　　　　　　　　4 000

	税金及附加	4 000

29. 借：所得税费用　　　　　　　　　　　　　　　　　　100 000
　　　贷：应交税费——应交所得税　　　　　　　　　　　100 000
30. 借：本年利润　　　　　　　　　　　　　　　　　　　100 000
　　　贷：所得税费用　　　　　　　　　　　　　　　　　100 000
31. 借：本年利润　　　　　　　　　　　　　　　　　　　670 000
　　　贷：利润分配——未分配利润　　　　　　　　　　　670 000
32. 借：利润分配——提取法定盈余公积　　　　　　　　　 67 000
　　　贷：盈余公积——提取法定盈余公积　　　　　　　　 67 000
33. 借：利润分配——应付股利　　　　　　　　　　　　　160 000
　　　贷：应付股利　　　　　　　　　　　　　　　　　　160 000
34. 借：利润分配——未分配利润　　　　　　　　　　　　227 000
　　　贷：利润分配——提取法定盈余公积　　　　　　　　 67 000
　　　　　　　　——应付股利　　　　　　　　　　　　　160 000

（二）

1. 借：库存现金　　　　　　　　　　　　　　　　　　　 12 000
　　　贷：银行存款　　　　　　　　　　　　　　　　　　 12 000
2. 借：应付账款——淮海工厂　　　　　　　　　　　　　 50 000
　　　贷：银行存款　　　　　　　　　　　　　　　　　　 50 000
3. 借：银行存款　　　　　　　　　　　　　　　　　　　100 000
　　　贷：长期借款　　　　　　　　　　　　　　　　　　100 000
4. 借：无形资产　　　　　　　　　　　　　　　　　　　 30 000
　　　贷：实收资本　　　　　　　　　　　　　　　　　　 25 000
　　　　　资本公积　　　　　　　　　　　　　　　　　　 5 000
5. 借：银行存款　　　　　　　　　　　　　　　　　　　160 000
　　　贷：应收股利　　　　　　　　　　　　　　　　　　160 000
6. 借：原材料——甲材料　　　　　　　　　　　　　　　102 000
　　　应交税费——应交增值税(进项税额)　　　　　　　　 13 000
　　　贷：银行存款　　　　　　　　　　　　　　　　　　115 000
7. 借：税金及附加　　　　　　　　　　　　　　　　　　　 200
　　　贷：银行存款　　　　　　　　　　　　　　　　　　　 200
8. 借：应交税费——应交所得税　　　　　　　　　　　　125 000
　　　贷：银行存款　　　　　　　　　　　　　　　　　　125 000
9. 借：营业外支出　　　　　　　　　　　　　　　　　　 10 000
　　　贷：银行存款　　　　　　　　　　　　　　　　　　 10 000
10. 借：应付账款　　　　　　　　　　　　　　　　　　　30 000
　　　应交税费——应交增值税(进项税额)　　　　　　　　 3 900
　　　贷：银行存款　　　　　　　　　　　　　　　　　　 33 900
11. 借：管理费用　　　　　　　　　　　　　　　　　　　 3 000

	贷：库存现金	3 000
12.	借：在建工程	2 000 000
	应交税费——应交增值税（进项税额）	260 000
	贷：银行存款	2 260 000
13.	借：生产成本——A产品	150 000
	——B产品	80 000
	制造费用	22 000
	管理费用	8 000
	销售费用	10 000
	贷：原材料——乙材料	270 000
14.	借：在途物资——甲材料	40 000
	——乙材料	40 000
	应交税费——应交增值税（进项税额）	10 400
	贷：应付票据	90 400
15.	借：销售费用	20 000
	贷：银行存款	20 000
16.	借：应付职工薪酬——职工工资	280 000
	贷：银行存款	280 000
17.	借：银行存款	1 491 600
	贷：主营业务收入——A产品	1 320 000
	应交税费——应交增值税（销项税额）	171 600
18.	借：预付账款——南丰公司	46 800
	贷：银行存款	46 800
19.	借：原材料——乙材料	160 000
	贷：在途物资——乙材料	160 000
20.	借：管理费用	300
	贷：预付账款	300
21.	借：其他应收款	2 000
	贷：银行存款	2 000
22.	借：管理费用	1 300
	贷：其他应付款	1 300
23.	借：应付利息	8 000
	财务费用	5 000
	贷：银行存款	13 000
24.	借：生产成本——A产品	100 000
	——B产品	90 000
	制造费用	40 000
	管理费用	26 000
	销售费用	24 000

	贷：应付职工薪酬——职工工资	280 000

25. 借：制造费用　　　　　　　　　　　　　　　　30 000
　　　　管理费用　　　　　　　　　　　　　　　　17 000
　　　　销售费用　　　　　　　　　　　　　　　　 3 000
　　　贷：累计折旧　　　　　　　　　　　　　　　　　　50 000

26. 借：生产成本——A产品　　　　　　　　　　　69 000
　　　　　　　——B产品　　　　　　　　　　　23 000
　　　贷：制造费用　　　　　　　　　　　　　　　　　　92 000

27. A产品成本 = 10 000 + 150 000 + 100 000 + 69 000 = 329 000（元）
　　借：库存商品——A产品　　　　　　　　　　　329 000
　　　贷：生产成本——A产品　　　　　　　　　　　　　329 000

28. A产品单位成本 = 329 000 ÷ 1 300 = 253.08 元/件
　　A产品销售成本 = 253.08 × 1 200 = 303 696（元）
　　借：主营业务成本——A产品　　　　　　　　　303 696
　　　贷：库存商品——A产品　　　　　　　　　　　　　303 696

29. 借：税金及附加　　　　　　　　　　　　　　　 2 400
　　　贷：应交税费——应交城市维护建设税　　　　　　　1 400
　　　　　　　　——应交教育费附加　　　　　　　　　　1 000

30. 借：资本公积　　　　　　　　　　　　　　　　500 000
　　　贷：实收资本　　　　　　　　　　　　　　　　　　500 000

31. 借：本年利润　　　　　　　　　　　　　　　5 100 000
　　　贷：利润分配——未分配利润　　　　　　　　　　　5 100 000

32. 借：利润分配——提取法定盈余公积　　　　　　510 000
　　　贷：盈余公积——法定盈余公积　　　　　　　　　　510 000

33. 借：利润分配——应付股利　　　　　　　　　　800 000
　　　贷：应付股利　　　　　　　　　　　　　　　　　　800 000

34. 借：利润分配——未分配利润　　　　　　　　1 310 000
　　　贷：利润分配——提取法定盈余公积　　　　　　　　510 000
　　　　　　　　——应付股利　　　　　　　　　　　　　800 000

（三）

1. 借：固定资产　　　　　　　　　　　　　　　　100 000
　　　　应交税费——应交增值税（进项税额）　　　13 000
　　　贷：实收资本　　　　　　　　　　　　　　　　　　113 000

2. 借：原材料——A材料　　　　　　　　　　　　　60 000
　　　贷：在途物资——A材料　　　　　　　　　　　　　60 000

3. 借：在途物资——A材料　　　　　　　　　　　　30 300
　　　　　　　——B材料　　　　　　　　　　　　 8 200
　　　　应交税费——应交增值税（进项税额）　　　 4 940
　　　贷：银行存款　　　　　　　　　　　　　　　　　　43 440

4. 借：原材料——A 材料　　　　　　　　　　　　　　　　　　　30 300
　　　　　　——B 材料　　　　　　　　　　　　　　　　　　　 8 200
　　　贷：在途物资——A 材料　　　　　　　　　　　　　　　　　30 300
　　　　　　　　——B 材料　　　　　　　　　　　　　　　　　 8 200

5. 借：应收账款——宏达公司　　　　　　　　　　　　　　　　　48 310
　　　贷：主营业务收入——#102 产品　　　　　　　　　　　　　42 000
　　　　　应交税费——应交增值税（销项税额）　　　　　　　　　5 460
　　　　　库存现金　　　　　　　　　　　　　　　　　　　　　　850

6. 借：管理费用　　　　　　　　　　　　　　　　　　　　　　　　90
　　　贷：库存现金　　　　　　　　　　　　　　　　　　　　　　　90

7. 借：其他应收款——小张　　　　　　　　　　　　　　　　　　　900
　　　贷：库存现金　　　　　　　　　　　　　　　　　　　　　　　900

8. 借：预付账款　　　　　　　　　　　　　　　　　　　　　　 3 000
　　　贷：银行存款　　　　　　　　　　　　　　　　　　　　　 3 000

9. 借：银行存款　　　　　　　　　　　　　　　　　　　　　　22 600
　　　贷：其他业务收入——A 材料　　　　　　　　　　　　　　13 000
　　　　　　　　　　——B 材料　　　　　　　　　　　　　　 7 000
　　　　　应交税费——应交增值税（销项税额）　　　　　　　　 2 600

10. 借：制造费用　　　　　　　　　　　　　　　　　　　　　　　850
　　　 库存现金　　　　　　　　　　　　　　　　　　　　　　　 50
　　　贷：其他应收款——小张　　　　　　　　　　　　　　　　　900

11. 借：应收票据——长江公司　　　　　　　　　　　　　　　113 000
　　　贷：主营业务收入——#101 产品　　　　　　　　　　　100 000
　　　　　应交税费——应交增值税（销项税额）　　　　　　　 13 000

12. 借：财务费用　　　　　　　　　　　　　　　　　　　　　 3 000
　　　贷：应付利息　　　　　　　　　　　　　　　　　　　　 3 000

13. 借：制造费用　　　　　　　　　　　　　　　　　　　　　10 500
　　　 管理费用　　　　　　　　　　　　　　　　　　　　　 4 500
　　　 应交税费——应交增值税（进项税额）　　　　　　　　　1 950
　　　贷：银行存款　　　　　　　　　　　　　　　　　　　　16 950

14. 借：管理费用　　　　　　　　　　　　　　　　　　　　　 1 500
　　　贷：银行存款　　　　　　　　　　　　　　　　　　　　 1 500

15. 借：应付职工薪酬——职工教育经费　　　　　　　　　　　25 000
　　　贷：银行存款　　　　　　　　　　　　　　　　　　　　25 000

16. 借：生产成本——#101 产品　　　　　　　　　　　　　　14 400
　　　　　　　——#102 产品　　　　　　　　　　　　　　13 600
　　　　制造费用　　　　　　　　　　　　　　　　　　　　 1 500
　　　贷：原材料——A 材料　　　　　　　　　　　　　　　　15 900
　　　　　　　——B 材料　　　　　　　　　　　　　　　　13 600

17. 借：销售费用　　　　　　　　　　　　　　　　　　　　　　1 600
　　　贷：银行存款　　　　　　　　　　　　　　　　　　　　　1 600
18. 借：生产成本——#101 产品　　　　　　　　　　　　　　　15 000
　　　　　　　——#102 产品　　　　　　　　　　　　　　　　5 000
　　　制造费用　　　　　　　　　　　　　　　　　　　　　　5 000
　　　管理费用　　　　　　　　　　　　　　　　　　　　　　5 000
　　　贷：应付职工薪酬——职工工资　　　　　　　　　　　　30 000
19. 借：生产成本——#101 产品　　　　　　　　　　　　　　　2 100
　　　　　　　——#102 产品　　　　　　　　　　　　　　　　700
　　　制造费用　　　　　　　　　　　　　　　　　　　　　　700
　　　管理费用　　　　　　　　　　　　　　　　　　　　　　700
　　　贷：应付职工薪酬——职工福利　　　　　　　　　　　　4 200
20. 借：制造费用　　　　　　　　　　　　　　　　　　　　　2 100
　　　管理费用　　　　　　　　　　　　　　　　　　　　　　1 200
　　　贷：累计折旧　　　　　　　　　　　　　　　　　　　　3 300
21. 借：应付职工薪酬——职工福利　　　　　　　　　　　　　3 500
　　　贷：库存现金　　　　　　　　　　　　　　　　　　　　3 500
22. 借：其他业务成本——A 材料　　　　　　　　　　　　　　8 200
　　　　　　　　——B 材料　　　　　　　　　　　　　　　　5 500
　　　贷：原材料——A 材料　　　　　　　　　　　　　　　　8 200
　　　　　　　——B 材料　　　　　　　　　　　　　　　　　5 500
23. 借：银行存款　　　　　　　　　　　　　　　　　　　　　200
　　　贷：财务费用　　　　　　　　　　　　　　　　　　　　200
24. 借：生产成本——#101 产品　　　　　　　　　　　　　　　12 390
　　　　　　　——#102 产品　　　　　　　　　　　　　　　　8 260
　　　贷：制造费用　　　　　　　　　　　　　　　　　　　　20 650
25. 借：库存商品——#101 产品　　　　　　　　　　　　　　　35 000
　　　　　　　——#102 产品　　　　　　　　　　　　　　　　43 500
　　　贷：生产成本——#101 产品　　　　　　　　　　　　　　35 000
　　　　　　　　——#102 产品　　　　　　　　　　　　　　　43 500
26. 借：主营业务成本——#101 产品　　　　　　　　　　　　　56 000
　　　　　　　　——#102 产品　　　　　　　　　　　　　　　30 000
　　　贷：库存商品——#101 产品　　　　　　　　　　　　　　56 000
　　　　　　　　——#102 产品　　　　　　　　　　　　　　　30 000
27. 借：应交税费——应交增值税(转出未交增值税)　　　　　　65 000
　　　贷：应交税费——未交增值税　　　　　　　　　　　　　65 000
28. 借：税金及附加　　　　　　　　　　　　　　　　　　　　6 500
　　　贷：应交税费——应交城建税　　　　　　　　　　　　　4 550
　　　　　　　　——应交教育费附加　　　　　　　　　　　　1 950

29．借：本年利润	123 590
贷：主营业务成本——#101 产品	56 000
——#102 产品	30 000
其他业务成本——A 材料	8 200
——B 材料	5 500
管理费用	12 990
财务费用	2 800
销售费用	1 600
税金及附加	6 500
借：主营业务收入——#101 产品	100 000
——#102 产品	42 000
其他业务收入——A 材料	13 000
——B 材料	7 000
贷：本年利润	162 000
30．借：所得税费用	9 602.5
贷：应交税费——应交所得税	9 602.5
31．借：盈余公积	52 000
贷：利润分配——盈余公积补亏	52 000

第七章　财产清查

一、单项选择题

1．A　2．B　3．C　4．C　5．B　6．C　7．D　8．B　9．C　10．D　11．A　12．A　13．A　14．B　15．B　16．C　17．A　18．D　19．A　20．C　21．A　22．D　23．B　24．D　25．C　26．C　27．C　28．B　29．D　30．B　31．A　32．C　33．D　34．C　35．C　36．B　37．A　38．D　39．C　40．C　41．B　42．C　43．B　44．D　45．D　46．B　47．C　48．D　49．C　50．A　51．B　52．A　53．A　54．B　55．A　56．B　57．A　58．A　59．A　60．C　61．C　62．D　63．A　64．B　65．C　66．B　67．C　68．B　69．D

二、多项选择题

1．ABCD　2．AC　3．ACD　4．ABCD　5．CD　6．AD　7．BD　8．ABD　9．AC　10．BC　11．AD　12．AB　13．ABCD　14．ABC　15．BD　16．AC　17．ABD　18．ABCD　19．ABC　20．BC　21．ACD　22．ABCD　23．ABD　24．AD　25．BC　26．ABCD　27．AD　28．AC　29．CD　30．ABCD　31．CD　32．AB　33．BD　34．BD　35．ACD　36．ACD　37．ABD　38．ABC　39．AB　40．BD　41．ABCD　42．BCD　43．AC　44．ABCD　45．AB　46．ABCD　47．ABCD　48．ABD　49．BC　50．AB　51．ABCD　52．ABCD　53．BC　54．BC

三、判断题

1．B　2．B　3．A　4．B　5．B　6．B　7．B　8．B　9．B　10．A　11．B　12．B　13．A　14．A

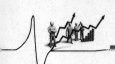

15. B 16. B 17. B 18. B 19. A 20. B 21. B 22. B 23. A 24. B 25. B 26. B 27. A
28. A 29. A 30. B 31. B 32. A 33. B 34. A 35. B 36. B 37. B 38. B 39. B 40. B
41. A 42. B 43. A 44. A 45. A 46. B 47. B 48. B 49. B 50. A 51. B 52. A 53. A
54. B 55. B

四、业务题

1. 审批前：

借：待处理财产损溢——待处理流动资产损溢　　　　　　　　　　　　　　225
　　贷：库存现金　　　　　　　　　　　　　　　　　　　　　　　　　　　　225

审批后：

借：其他应收款　　　　　　　　　　　　　　　　　　　　　　　　　　　　105
　　管理费用　　　　　　　　　　　　　　　　　　　　　　　　　　　　　　120
　　贷：待处理财产损溢——待处理流动资产损溢　　　　　　　　　　　　　225

2. 审批前：

借：库存现金　　　　　　　　　　　　　　　　　　　　　　　　　　　　　108
　　贷：待处理财产损溢——待处理流动资产损溢　　　　　　　　　　　　　108

审批后：

借：待处理财产损溢——待处理流动资产损溢　　　　　　　　　　　　　　108
　　贷：营业外收入　　　　　　　　　　　　　　　　　　　　　　　　　　　108

3. 审批前：

借：原材料——B材料　　　　　　　　　　　　　　　　　　　　　　　　10 000
　　贷：待处理财产损溢——待处理流动资产损溢　　　　　　　　　　　10 000

审批后：

借：待处理财产损溢——待处理流动资产损溢　　　　　　　　　　　　10 000
　　贷：管理费用　　　　　　　　　　　　　　　　　　　　　　　　　　10 000

4. 审批前：

借：待处理财产损溢——待处理流动资产损溢　　　　　　　　　　　　33 900
　　贷：原材料——A材料　　　　　　　　　　　　　　　　　　　　　30 000
　　　　应交税费——应交增值税（进项税额转出）　　　　　　　　　　3 900

审批后：

借：其他应收款——保险公司　　　　　　　　　　　　　　　　　　　16 000
　　原材料——残料　　　　　　　　　　　　　　　　　　　　　　　　　250
　　管理费用　　　　　　　　　　　　　　　　　　　　　　　　　　　17 650
　　贷：待处理财产损溢——待处理流动资产损溢　　　　　　　　　　33 900

5. 借：固定资产　　　　　　　　　　　　　　　　　　　　　　　　　　50 000
　　　贷：以前年度损益调整　　　　　　　　　　　　　　　　　　　　50 000

借：以前年度损益调整　　　　　　　　　　　　　　　　　　　　　　　50 000
　　贷：应交税费——应交所得税　　　　　　　　　　　　　　　　　12 500
　　　　盈余公积——法定盈余公积　　　　　　　　　　　　　　　　　3 750
　　　　　　　　——任意盈余公积　　　　　　　　　　　　　　　　　5 625

	利润分配——未分配利润		28125

6. 借：待处理财产损溢——待处理非流动资产损溢　　　　　18 000
　　　累计折旧　　　　　　　　　　　　　　　　　　　　　2 000
　　　　贷：固定资产　　　　　　　　　　　　　　　　　　　　　　20 000
7. 借：原材料——C 材料　　　　　　　　　　　　　　　　　280
　　　　贷：待处理财产损溢——待处理流动资产损溢　　　　　　　　280

五、编制银行存款余额调节表

（一）

银行存款余额调节表

2023 年 10 月 31 日　　　　　　　　　　　　　　　　　　　　元

项目	金额	项目	金额
企业银行存款日记账余额	117 150	银行对账单余额	108 000
加：银行已收，企业未收	3 000	加：企业已收，银行未收	8 970
减：银行已付，企业未付	4 800	减：企业已付，银行未付	1 620
调节后的存款余额	115 350	调节后的存款余额	115 350

（二）

银行存款余额调节表

2023 年 3 月 30 日　　　　　　　　　　　　　　　　　　　　元

项目	金额	项目	金额
企业银行存款日记账余额	70 700	银行对账单余额	80 000
加：银行已收，企业未收	27 000	加：企业已收，银行未收	11 600
减：银行已付，企业未付	13 500	减：企业已付，银行未付	7 400
调节后的存款余额	84 200	调节后的存款余额	84 200

（三）

（1）应采用的更正方法是划线更正法。

（2）

银行存款余额调节表

2023 年 5 月 31 日　　　　　　　　　　　　　　　　　　　　元

项目	金额	项目	金额
企业银行存款日记账余额	41 353	银行对账单余额	43 835
加：银行已收，企业未收	3 950	加：企业已收，银行未收	1 765
减：银行已付，企业未付	183	减：企业已付，银行未付	480
调节后的存款余额	45 120	调节后的存款余额	45 120

第八章 会计核算程序

一、单项选择题

1. B 2. B 3. C 4. B 5. A 6. C 7. A 8. A 9. A 10. D 11. D 12. A 13. C 14. C 15. A 16. D 17. C 18. C 19. D 20. C 21. A 22. C 23. D 24. A 25. B 26. C 27. A 28. B 29. D 30. A 31. B 32. A 33. B 34. B 35. B 36. D 37. C 38. B

二、多项选择题

1. BC 2. ABD 3. ABCD 4. BCD 5. ABC 6. ABC 7. ABCDE 8. BCD 9. AD 10. ABD 11. ABC 12. CD 13. AB 14. AB 15. ABC 16. ABCD 17. ABD 18. ABC 19. BC 20. ABD 21. ACD 22. AB 23. AC 24. AD 25. ABCD 26. ACD 27. ABCD 28. ABCD 29. ABCD 30. AB 31. ABD

三、判断题

1. B 2. A 3. B 4. A 5. A 6. B 7. A 8. A 9. A 10. A 11. B 12. B 13. A 14. B 15. A 16. A 17. A 18. B 19. A 20. A 21. B 22. B 23. A 24. A 25. B 26. A 27. A 28. A 29. B 30. B 31. A 32. A 33. B 34. A 35. B 36. B 37. A 38. B 39. A 40. B 41. A

第九章 财务会计报告

一、单项选择题

1. A 2. B 3. C 4. D 5. D 6. D 7. C 8. D 9. B 10. C 11. A 12. C 13. D 14. B 15. D 16. A 17. C 18. C 19. C 20. C 21. A 22. C 23. C 24. C 25. D 26. B 27. B 28. C 29. C 30. C 31. A 32. A 33. C 34. C 35. C 36. B 37. B 38. C 39. A 40. B 41. A 42. C 43. D 44. B 45. D 46. D 47. D 48. D 49. D 50. A 51. C

二、多项选择题

1. AC 2. ACD 3. ACD 4. AC 5. AB 6. AC 7. ABCD 8. ABD 9. ABD 10. ACD 11. ABCD 12. ABCD 13. ABD 14. AC 15. ABD 16. AD 17. AC 18. AC 19. BD 20. ABD 21. BD 22. ABC 23. BCD 24. ABCD 25. ABCD 26. ABD 27. ABCD 28. BCD 29. ABC 30. ABD 31. AC 32. ABD 33. ACD 34. BC 35. AB 36. AD 37. AD 38. ACD 39. ABC 40. ABC 41. ABCD 42. ABC 43. CD 44. AD 45. ABCD 46. BD

三、判断题

1. B 2. A 3. A 4. A 5. A 6. A 7. A 8. B 9. B 10. B 11. A 12. A 13. B 14. A 15. A 16. B 17. B 18. B 19. B 20. B 21. A 22. A 23. A 24. B 25. A 26. B 27. B 28. B 29. B 30. A 31. B 32. A 33. B 34. A 35. B 36. B 37. B 38. B 39. B 40. B

41．A　42．A　43．B　44．B　45．A　46．A　47．A

四、计算及填表题

(一)

1．

(1)"货币资金"项目＝4 000＋120 000＝124 000（元）

(2)"存货"项目＝64 000＋96 000＋30 000＋20 000＝210 000（元）

(3)"应收账款"项目＝100 000－5 000＝95 000（元）

(4)"预收账款"项目＝6 000＋35 000＝41 000（元）

(5)"应付账款"项目＝90 000＋8 000＝98 000（元）

(6)"预付账款"项目＝52 000（元）

(7)"固定资产"项目＝500 000－100 000＋5 000＝405 000（元）

(8)"未分配利润"项目＝150 000－90 000＝60 000（元）

(9)"其他应收款"项目＝1 200＋3 200＋5 000＝9 400（元）

(10)"其他应付款"项目＝2 500＋1 000＋4 100＝7 600（元）

(11)"长期借款"项目＝150 000－50 000＝100 000（元）

2．

资产负债表(简表)

编制单位：启胜公司　　　　　　　　　　2023年11月30日　　　　　　　　　　　　元

资产	期末余额	上年年末余额	负债和所有者权益	期末余额	上年年末余额
流动资产：			流动负债：		
货币资金	124 000		短期借款		
应收票据			应付票据		
应收账款	95 000		应付账款	98 000	
预付账款	52 000		预收账款	41 000	
其他应收款	9 400		应付职工薪酬		
存货	210 000		应交税费		
……			其他应付款	7 600	
一年内到期的非流动资产			一年内到期的非流动负债	50 000	
其他流动资产			其他流动负债		
流动资产合计	490 400		流动负债合计	196 600	
非流动资产：			非流动负债：		
固定资产	405 000		长期借款	100 000	
在建工程			……		
无形资产			非流动负债合计	100 000	
开发支出			负债合计	296 600	
长期待摊费用			所有者权益：		
……			实收资本	538 800	

续表

资产	期末余额	上年年末余额	负债和所有者权益	期末余额	上年年末余额
其他非流动资产			资本公积		
			盈余公积		
			未分配利润	60 000	
非流动资产合计	405 000		所有者权益合计	598 800	
资产合计	895 400		负债和所有者权益合计	895 400	

(二)

利润表

编制单位:东方公司　　　　　　　　　2023 年 5 月　　　　　　　　　　　　单位:元

项目	本期金额	上期金额
一、营业收入	270 000	
减:营业成本	160 000	
税金及附加	5 000	
销售费用	0	
管理费用	5 000	
财务费用	2 000	
加:投资收益(损失以"-"号填列)	-23 000	
二、营业利润(亏损以"-"号填列)	75 000	
加:营业外收入	3 500	
减:营业外支出	2 000	
三、利润总额(亏损总额以"-"号填列)	76 500	
减:所得税费用	19 125	
四、净利润(净亏损以"-"号填列)	57 375	

续表

经济业务类型	对等式的影响	对资产总额的变化
6. 负债内部一增一减	右增减	不变
7. 所有者权益内部一增一减		
8. 负债增加，所有者权益减少		
9. 负债减少，所有者权益增加		

4. 每一项经济业务的发生，都必然会引起会计等式的一方或双方相互关联项目的等量变化，总额可能增加、减少或不变，但任何经济业务的发生都不会破坏会计基本等式的平衡关系。

典型例题

【例题1·单项选择题·2023年真题】 期初资产余额100万元，本期增加负债50万元，减少所有者权益30万元，期末资产总额(　　)万元。

A. 140　　　　　　B. 120　　　　　　C. 200　　　　　　D. 130

答案：B

解析：考查静态平衡公式即资产=负债+所有者权益。期末资产总额=期初资产总额+增加额-减少额=100+50-30=120(万元)。

【例题2·单项选择题·2023年真题】 静态会计恒等式是指(　　)。

A. 利润=收入-费用

B. 资产=负债+所有者权益

C. 资产=负债+所有者权益+利润

D. 资产=负债+所有者权益+收入-费用

答案：B

解析：考查静态平衡公式，即资产=负债+所有者权益。

【例题3·多项选择题·2023年真题】 关于经济业务类型中，表述正确的有(　　)。

A. 资产和权益同时增加　　　　　　B. 资产内部有增有减

C. 权益内部同时增加　　　　　　　D. 权益内部有增有减

答案：ABD

解析：考查经济业务类型。C答案是不存在的经济类型。

【例题4·单项选择题·2022年真题】 下列选项中，能引起资产和负债同时减少的经济业务是(　　)。

A. 以银行存款交纳所得税　　　　　B. 收到外单位偿还的欠款

C. 采购一批原材料，款未付　　　　D. 盈余公积转增实收资本

答案：A

解析：考查经济业务的类型。B答案是资产内部一增一减，C是资产和负债同增，D是所有者权益内部一增一减。

【例题5·单项选择题】 影响会计等式总额发生变化的经济业务是(　　)。

A. 以银行存款150 000元购买材料　　B. 结转完工产品成本140 000元

C. 购买机器设备 200 000 元，货款未付　　　D. 收回客户所欠的货款 80 000 元

答案：C

解析：考查经济业务的发生对会计等式的影响和对资产总额的变化。A、B、D 答案都是导致等式左边一增一减，总额不变；C 答案是导致等式两边同增，总额增加。

【例题 6 · 判断题 · 2019 年真题】 资产与权益始终保持平衡关系，企业经济业务的发生均不会改变资产与权益的金额。（　　）

答案：×

解析：资产与权益始终保持平衡关系是正确的，但经济业务的发生可能会导致资产与权益总额同增、同减或不变。

习题精选

一、单项选择题

1. （2021 年真题）下列选项中，属于企业经营成果会计要素的是（　　）。
   A. 所有者权益　　　B. 营业外收入　　　C. 费用　　　D. 成本

2. 为了计算确定企业一定期间的经营成果，期末应将各损益类账户的余额转入（　　）账户。
   A. "本年利润"　　　B. "资本公积"　　　C. "利润分配"　　　D. "盈余公积"

3. （2020 年真题）下列选项中，反映企业财务状况的会计要素是（　　）。
   A. 资产、负债、所有者权益　　　B. 收入、费用、利润
   C. 收入、费用、所有者权益　　　D. 资产、负债、费用

4. 下列各项中，应作为债权项目的是（　　）。
   A. 应付账款　　　B. 应交税费　　　C. 其他应付账　　　D. 预付账款

5. 下列各项中，属于债务的是（　　）。
   A. "应收账款"　　　B. "其他应收款"　　　C. "预付账款"　　　D. "预收账款"

6. （2022 年真题）下列选项中，应确认为企业资产的是（　　）。
   A. 企业经营性租入的固定资产
   B. 计划下个月购入的机器设备
   C. 已付款并取得发票，但仍在运输途中的材料
   D. 已霉烂变质，不能给企业带来经济利益的商品

7. 下列可以确认为企业资产的是（　　）。
   A. 长期闲置不用的设备　　　B. 融资租入的大型生产线
   C. 将要购买的设备　　　D. 盘亏的设备

8. （2020 年真题）下列选项中，属于企业流动资产的是（　　）。
   A. 无形资产　　　B. 预收账款　　　C. 工程物资　　　D. 预付账款

9. 下列各项中，不属于流动负债的是（　　）。
   A. "应付票据"　　　B. "预收账款"　　　C. "应付股利"　　　D. "应付债券"

10. （2021 年真题）负债是指企业由于过去的交易或事项形成的（　　）。
    A. 现时义务　　　B. 将来义务　　　C. 过去义务　　　D. 永久义务

11. 下列各项中,属于所有者权益的是( )。
A. "长期借款"　　　B. "银行存款"　　　C. "长期股权投资"　　　D. "利润分配"

12. 企业经营亏损,最终会导致( )。
A. 负债增加　　　B. 负债减少　　　C. 所有者权益增加　　　D. 所有者权益减少

13. 某企业年初所有者权益总额160万元,当年以其中的资本公积转增资本50万元,实现净利润300万元,提取盈余公积30万元,向投资者分配利润20万元。该企业年末所有者权益总额为( )万元。
A. 360　　　B. 410　　　C. 440　　　D. 460

14. 按收入来源分,工业企业对外出租取得的租金收入属于( )。
A. 商品销售收入
B. 提供劳务收入
C. 让渡资产使用权收入
D. 转让无形资产收入

15. 按照我国会计准则的规定,下列各项中不应确认为收入的是( )。
A. 销售商品收入
B. 销售原材料收入
C. 出租固定资产的租金收入
D. 出售无形资产取得的净收益

16. (2020年真题)下列选项中,不属于会计要素收入含义的是( )。
A. 出售原材料收入
B. 接受捐赠收入
C. 出售库存商品收入
D. 出租设备取得的收入

17. (2022年真题)下列选项中,属于费用要素的是( )。
A. 应交税费　　　B. 营业外支出　　　C. 应付职工薪酬　　　D. 税金及附加

18. (2021年真题)下列选项中,应计入当期损益的是( )。
A. 直接材料费　　　B. 期间费用　　　C. 直接人工费　　　D. 制造费用

19. 利润是企业在一定会计期间的( )。
1. 财务状况　　　B. 经营成果　　　C. 营业利润　　　D. 营业收入

20. (2021年真题)下列选项中,作为编制资产负债表理论依据的是( )。
A. 利润=收入-费用
B. 资产=负债+所有者权益
C. 资产=负债+所有者权益+利润
D. 资产=负债+所有者权益+(收入-费用)

21. 以下等式揭示了企业的财务状况与经营成果之间的相互关系的是( )。
A. 资产+收入=费用+负债+所有者权益
B. 资产=负债+所有者权益
C. 收入-费用=利润
D. 资产+费用=负债+所有者权益+收入

22. 经济业务发生仅涉及所有者权益这一会计要素时,只引起该要素中某些项目发生( )变动。
A. 同增　　　B. 同减　　　C. 一增一减　　　D. 不增不减

23. 某企业年末结账后资产总额600 000元,负债总额40 000元,实收资本500 000元,盈余公积为10 000元,未分配利润15 000元,则资本公积应为( )元。
A. 45 000　　　B. 35 000　　　C. 60 000　　　D. 120 000

24. 某企业本期期初资产总额为120万元,本期期末负债总额比期初减少20万元,所有者权益比期初增加40万元,则该企业本期期末资产总额为( )万元。

A. 100　　　　　　　B. 140　　　　　　　C. 160　　　　　　　D. 120

25. 某企业期末资产总额为720万元，应付账款期末比期初减少40万元，未分配利润期末比期初增加60万元。假定不考虑其他因素，则该企业期初资产总额为(　　)万元。

　　A. 660　　　　　　　B. 680　　　　　　　C. 700　　　　　　　D. 740

26. 某企业本期期初所有者权益为70万元，负债总额为50万元，本期出售产品一批，货款11万元存入银行(不考虑增值税)，其成本为6万元，不考虑其他因素，则本期期末该企业资产总额为(　　)万元。

　　A. 120　　　　　　　B. 125　　　　　　　C. 131　　　　　　　D. 126

27. (2020年真题)某企业8月初资产总额为12万元，所有者权益总额为8万元，本月取得收入共计20万元，发生费用共计18万元，月末负债总额为6万元，该企业月末资产总额为(　　)万元。

　　A. 12　　　　　　　B. 14　　　　　　　C. 16　　　　　　　D. 34

28. 甲企业月初资产总额为150万元，本期发生下列经济业务：①向银行借入流动资金10万元；②偿还欠款25万元；③银行提现1万元。甲企业期末权益总计为(　　)万元。

　　A. 185　　　　　　　B. 175　　　　　　　C. 166　　　　　　　D. 135

29. 某企业月初资产总额为50万元，本月发生下列业务：
①向银行借款30万元存入银行；②用银行存款购买材料2万元；③收回应收账款8万元存入银行；④以银行存款偿还货款6万元，则月末资产总额为(　　)万元。

　　A. 80　　　　　　　B. 74　　　　　　　C. 82　　　　　　　D. 72

30. 某企业月初有流动资产360万元，月内以银行存款10万元购入原材料(不考虑税费)，以银行存款偿还应付账款30万元，收回应收票据25万元存入银行，则月末该企业流动资产为(　　)万元。

　　A. 355　　　　　　　B. 345　　　　　　　C. 330　　　　　　　D. 385

31. (2022年真题)某项经济业务只涉及两个账户，一个资产类账户记贷方，则另一个(　　)。

　　A. 资产类账户记贷方　　　　　　　B. 负债类账户记贷方
　　C. 成本类账户记借方　　　　　　　D. 损益类账户记贷方

32. 某企业接受甲公司投入一台机床，价值90 000元，表现为(　　)。

　　A. 一项资产增加90 000元，另一项资产减少90 000元

　　B. 一项资产增加90 000元，另一项负债增加90 000元

　　C. 一项所有者权益增加90 000元，另一项所有者权益减少90 000元

　　D. 一项资产增加90 000元，另一项所有者权益增加90 000元

33. 当一笔经济业务只涉及负债或所有者权益项目时，会计等式两边的金额(　　)。

　　A. 同增　　　　　　　B. 同减　　　　　　　C. 不增不减　　　　　　　D. 一边增加，一边减少

34. 企业签发银行承兑汇票用于清偿欠款，这一经济业务引起的会计要素变化是(　　)。

　　A. 一项资产增加、另一项资产减少

　　B. 一项负债增加、另一项负债减少

　　C. 一项资产增加、一项负债增加

　　D. 一项资产减少、一项负债减少

35. 下列事项中，一个会计主体不可能发生的是(　　)。

　　A. 资产与所有者权益以相等的金额同时增加或同时减少

　　B. 资产与负债以相等的金额一增一减

　　C. 两个资产项目以相等的金额一增一减

D. 负债与所有者权益以相等的金额一增一减

36.（2020年真题）企业收到购货单位预付的购货款60 000元存入银行，下列表述正确的是（　　）。
A. 一个资产项目增加60 000元，一个负债项目增加60 000元
B. 一个资产项目增加60 000元，一个所有者权益项目增加60 000元
C. 一个负债项目增加60 000元，一个负债项目减少60 000元
D. 一个负债项目减少60 000元，一个所有者权益项目增加60 000元

37. 下列各项中，会引起企业所有者权益增加的是（　　）。
A. 用盈余公积转增实收资本
B. 提取盈余公积
C. 用以前年度未分配利润弥补亏损
D. 接受外单位投入的库存现金

38. 下列经济业务会引起资产类项目和所有者权益类项目同时减少的是（　　）。
A. 以银行存款购买固定资产
B. 以固定资产对外投资
C. 投资者减资抽回其注册资本
D. 以银行存款支付前欠购货单位货款

39. 企业向银行借入短期借款，用来归还应付账款，引起该企业（　　）。
A. 资产项目和权益项目同金额增加
B. 资产项目和权益项目同金额减少
C. 资产项目之间有增有减，增减金额相等
D. 权益项目之间有增有减，增减金额相等

40. 某企业向银行借款100万元用于偿还前欠单位货款，该项经济业务将引起企业（　　）。
A. 资产增加100万元
B. 负债总额不变
C. 负债增加100万元
D. 资产与负债同时增加100万元

41. 下列经济事项中，不会引起资产或权益总额发生增减变动的是（　　）。
A. 以库存现金还清所欠货款
B. 从银行借入长期借款并存入银行
C. 从某企业赊购材料
D. 用银行借款偿还所欠货款

42. 下列经济业务中，会引起资产与负债同时增加的业务是（　　）。
A. 从银行提取现金
B. 从银行取得短期借款
C. 用银行存款偿还应付货款
D. 接受投资人的投资

43. 企业资产总额为80万元，发生以下经济业务后，企业资产总额为（　　）万元。①从银行提取现金1万元；②以银行存款偿还前欠账款10万元；③收回客户前欠账款15万元存入银行；④以银行存款30万元对外投资；⑤投资者投入40万元存入银行。
A. 90　　　　　B. 95　　　　　C. 110　　　　　D. 125

44. 下列经济业务中，能够同时影响资产和负债变化的是（　　）。
A. 接受投资　　B. 现金购买办公用品　　C. 支付欠款　　D. 银行提现

45. 某企业月初资产总额500万元，本月发生下列业务：①用银行存款归还长期借款20万元；②赊购材料30万元，不考虑税费；③收到购货单位偿还的欠款15万元存入银行，则该企业月末资产总额为（　　）万元。
A. 520　　　　　B. 510　　　　　C. 525　　　　　D. 95

46. 某企业资产总额为6 000万元，以银行存款500万元偿还借款，并以银行存款500万元购买固定

资产后，该企业资产总额为( )万元。

  A. 6 000   B. 5 000   C. 4 500   D. 5 500

47. 某企业7月初有流动负债50 000元，7月份发生如下经济业务：①以银行存款10 000元交纳应交增值税；②面值20 000元的应付票据到期无力偿还，转为应付账款；③车间某职工未领取的工资3 000元，转入其他应付款。则7月末该企业流动负债为( )元。

  A. 40 000   B. 43 000   C. 33 000   D. 37 000

48. 某企业6月初的资产总额为60 000元，负债总额为25 000元。6月初取得收入共计28 000元，发生费用共计18 000元，则6月末该企业的所有者权益总额为( )元。

  A. 85 000   B. 35 000   C. 10 000   D. 45 000

49. 下列各项经济业务中，不影响企业资产总额变动的业务是( )。

  A. 从其他企业赊购材料   B. 收到客户所欠货款直接存入银行

  C. 收到法人单位投资直接存入银行   D. 从银行借入短期借款

50. (2020年真题)下列选项中，能影响会计等式总额发生变化的经济业务是( )。

  A. 完工产品验收入库   B. 提取法定盈余公积

  C. 接受固定资产投资   D. 收回客户前欠贷款

51. 企业发生的下列经济业务中，能够引起资产总额增加的是( )。

  A. 用银行存款偿还应付账款   B. 从银行提取现金

  C. 将资本公积弥补亏损   D. 接受投资者的投资

52. 下列经济业务中，会引起资产和负债同时增加的是( )。

  A. 以银行存款购买材料   B. 以银行存款对外投资

  C. 以银行存款清偿所欠货款   D. 取得银行借款，并存入银行

53. 将资本公积转增资本的经济业务使得企业的( )。

  A. 资产和所有者权益同时增加   B. 资产和负债同时增加

  C. 负债增加所有者权益减少   D. 所有者权益一增一减

54. 企业收回以前的销货款存入银行，这笔业务的发生意味着( )。

  A. 资产总额增加   B. 资产总额不变

  C. 资产总额减少   D. 资产与负债同时增加

55. 下列费用中，不属于期间费用的是( )。

  A. 企业生产部门发生的差旅费   B. 企业行政管理部门发生的办公费

  C. 企业专设销售机构发生的各项经费   D. 企业为筹集资金而发生的有关费用

56. 企业办理减资，以银行存款退回投资款，这会引起( )。

  A. 资产与所有者权益同时增加   B. 资产与所有者权益同时减少

  C. 资产增加所有者权益减少   D. 资产减少所有者权益增加

二、多项选择题

1. ( )是反映企业财务状况的会计要素，也称为静态会计要素，构成资产负债表的基本框架。

  A. 利润   B. 负债   C. 资产   D. 所有者权益

2. ( )是反映企业经营成果的会计要素，也称为动态会计要素构成利润表的基本框架。

  A. 收入   B. 成本   C. 费用   D. 利润

3. 资产的特征有( )。

A. 是由于过去的交易或事项所形成的

B. 是由于过去的交易或事项而产生的现时义务

C. 是企业拥有或者控制的资源

D. 能够用货币确切计量或合理估计的经济责任

4. 下列各项中,企业能够确认为资产的有(　　)。

A. 预付的购货款

B. 已经收到发票,但尚在运输途中的购入原材料

C. 经营租出的设备

D. 融资租入的设备

5. 下列项目中,属于流动资产的有(　　)。

A. 预付账款　　　　B. 预收账款　　　　C. 存货　　　　D. 其他应收款

6. (2020年真题)下列选项中,对资产特征表述正确的有(　　)。

A. 资产是企业拥有或控制的资源

B. 资产是有形态的实物资产

C. 资产是由过去的交易或事项形成的

D. 资产是预期能给企业带来经济利益的

7. 关于资产的确认,下列说法不正确的有(　　)。

A. 与该资源有关的经济利益很可能流入企业

B. 必须是企业所拥有的

C. 必须是具有实物形态的

D. 包括未来将要取得的资产

8. 以下是资产类的有(　　)。

A. 货币资金　　　　B. 预收账款　　　　C. 预付账款　　　　D. 存货

9. 非流动资产主要包括(　　)。

A. 固定资产　　　　B. 工程物资　　　　C. 长期股权投资　　　　D. 无形资产

10. 下列项目中,属于无形资产的有(　　)。

A. 专利权　　　　B. 土地使用权　　　　C. 商誉　　　　D. 非专利技术

11. 以下科目中,属于负债类的有(　　)。

A. 应付职工薪酬　　　　B. 累计折旧　　　　C. 应付债券　　　　D. 应付账款

12. 负债要素的特征包括(　　)。

A. 负债是由现在的交易或事项引起的偿债义务

B. 负债是由过去的交易或事项形成的现时义务

C. 负债是由将来的交易或事项引起的偿债义务

D. 负债将导致经济利益流出企业

13. 下列项目中属于非流动负债项目的有(　　)。

A. "长期应付款"　　　　B. "长期借款"　　　　C. "其他应付款"　　　　D. "应付债券"

14. (2020年真题)下列关于负债的表述中,正确的有(　　)。

A. 负债预期会导致经济利益流出企业

B. 负债表现为债权人对企业净资产的索取权

C. 负债是企业过去的交易或事项形成的现时义务

D. 负债按偿还期限的长短可分为流动负债和非流动负债

15. 关于负债，下列各项表述中正确的有(　　)。

A. 负债按其流动性不同，分为流动负债和非流动负债

B. 负债通常是在未来某一时日通过交付资产和提供劳务来清偿

C. 正在筹划的未来交易事项，也会产生负债

D. 应付债券属于流动负债

16. 属于所有者权益项目的有(　　)。

A. "盈余公积"　　　B. "未分配利润"　　　C. "所得税费用"　　　D. "资本公积"

17. 所有者权益按其来源不同分为(　　)。

A. 投入资本　　　　　　　　　　　　　B. 直接计入当期损益的利得

C. 直接计入所有者权益的损失　　　　　D. 留存收益

18. 权益是指企业外部利益主体对企业资产的要求权，其中包括有(　　)。

A. 所有者权益　　　B. 社会公众权益　　　C. 债权人权益　　　D. 政府权益

19. (2020年真题)企业的留存收益包括(　　)。

A. 未分配利润　　　B. 盈余公积　　　C. 资本公积　　　D. 实收资本

20. (2020年真题)企业的收入按照从事日常活动的性质不同分为(　　)。

A. 提供劳务收入　　　　　　　　　　　B. 销售商品收入

C. 让渡资产使用权收入　　　　　　　　D. 取得罚款收入

21. 属于会计要素的收入的项目有(　　)。

A. 营业外收入　　　B. 主营业务收入　　　C. 其他业务收入　　　D. 补贴收入

22. 属于企业收入的有(　　)。

A. 销售商品获得的收入　　　　　　　　B. 让渡资产使用权获得的收入

C. 转让固定资产所有权获得的收入　　　D. 提供劳务获得的收入

23. 企业取得的收入，可能会表现为(　　)。

A. 资产和收入同时增加　　　　　　　　B. 收入增加，资产减少

C. 收入和负债同时增加　　　　　　　　D. 收入增加，负债减少

24. (2019年真题)企业的收入具体表现为一定期间(　　)。

A. 银行存款的流入　　　　　　　　　　B. 现金的流入

C. 企业其他资产的增加　　　　　　　　D. 企业负债的减少

25. 下列项目中，属于其他业务收入的是(　　)。

A. 材料销售收入　　　　　　　　　　　B. 产品销售收入

C. 转让无形资产所有权收入　　　　　　D. 出租固定资产收入

26. 下列有关收入的表述，正确的有(　　)。

A. 企业不得虚列或者隐瞒收入，不得推迟或者提前确认收入

B. 企业已将商品所有权上的主要风险和报酬转移给购货方是确认商品销售收入的必要条件

C. 企业应按从购货方已收或应收的合同或协议价款确定销售商品收入金额，合同或协议价款不公允的除外

D. 企业与其客户签订的合同或协议包括销售商品和提供劳务的，在销售商品部分和提供劳务部分不

能区分的情况下，均作为销售商品处理

27. 工业企业以下收入中应计入其他业务收入的有(　　)。
   A. 销售产品收入
   B. 销售材料收入
   C. 固定资产盘盈收入
   D. 出租固定资产收入

28. 下列关于费用的说法，正确的是(　　)。
   A. 企业在日常活动中发生的
   B. 会导致所有者权益减少的
   C. 与向所有者分配利润无关的
   D. 经济利益的总流出

29. 下列属于费用基本特征的有(　　)。
   A. 费用是在企业日常活动中发生的，而非由偶发的交易或事项所导致
   B. 费用可能表现为资产的减少，也可能表现为负债的增加，或者两者兼而有之
   C. 费用最终会导致企业所有者权益的减少
   D. 费用必须是在当期支付了款项的支出

30. 下列关于费用要素，说法正确的有(　　)。
   A. 费用是企业在日常活动发生的，会导致所有者权益减少的，与向所有者分配利润无关的经济利益的总流出
   B. 费用的发生表现为资产的增加或负债的减少
   C. 企业的对外捐赠不应计入费用
   D. 企业的对外捐赠应计入费用

31. 企业的费用主要包括(　　)。
   A. 主营业务成本　　B. 其他业务成本　　C. 管理费用　　D. 销售费用

32. 下列各项中，属于企业期间费用的是(　　)。
   A. 财务费用　　B. 管理费用　　C. 销售费用　　D. 制造费用

33. 下列关于会计要素变动的表述中，正确的有(　　)。
   A. 资产增加，费用增加
   B. 费用增加，负债减少
   C. 费用增加，负债增加
   D. 费用增加，资产减少

34. 下列各项中，影响利润确认因素的有(　　)。
   A. 直接计入当期利润的利得
   B. 直接计入当期损益的收入
   C. 直接计入当期损益的费用
   D. 直接计入当期利润的损失

35. 下列项目中，影响利润金额计量的有(　　)。
   A. 资产
   B. 收入
   C. 费用
   D. 直接计入所有者权益的利得或损失

36. 下列关于利润的表述中，正确的有(　　)。
   A. 利润是企业在一定会计期间的经营成果
   B. 利润的确认只依赖于收入和费用的确认
   C. 利润包括收入减去费用后的净额、直接计入当期利润的利得和损失等
   D. 通常情况下，如果企业实现了利润，表明企业的所有者权益增加，业绩得到了提升

37. 下列各项中，影响企业营业利润的项目有(　　)。
   A. 销售费用　　B. 管理费用　　C. 投资收益　　D. 所得税费用

38. 下列关于利润的公式，正确的是(　　)。

A. 营业利润=营业收入-营业成本-税金及附加-期间费用-资产减值损失+公允价值变动净收益+投资净收益

B. 利润总额=营业利润+营业外收入-营业外支出

C. 净利润=利润总额-所得税费用

D. 利润总额=营业利润+营业外收入-营业外支出-所得税费用

39. 下列各项中,可对利润总额产生影响的有(　　)。
A. 营业利润　　　　B. 营业外收入　　　　C. 投资收益　　　　D. 营业外支出

40. 影响企业营业利润的因素包括(　　)。
A. 营业外收入　　　B. 主营业务成本　　　C. 税金及附加　　　D. 管理费用

41. 利润是指企业一定时期的经营成果,分为(　　)。
A. 营业利润　　　　B. 投资收益　　　　　C. 利润总额　　　　D. 净利润

42. 下列说法中,正确的是(　　)。
A. 会计上的资本专指所有者权益中的投入资本,包括实收资本(股本)和资本公积

B. 收入和费用都是企业在日常活动中形成的,会导致所有者权益增加或减少,与所有者投入资本和与向所有者分配利润无关的经济利益的总流入和总流出

C. 企业购买原材料、支付工资、对外捐赠都属于企业的费用

D. 成本是企业为了生产产品、提供劳务而发生的各种耗费,是对象化的费用

43. (2020年真题)根据借贷记账法的账户结构关系,下列不同性质账户的期末余额计算等式中,正确的有(　　)。
A. 资产类账户期末余额=期初借方余额+本期借方发生额-本期贷方发生额

B. 负债类账户期末余额=期初贷方余额+本期借方发生额-本期贷方发生额

C. 成本类账户期末余额=期初借方余额+本期借方发生额-本期贷方发生额

D. 所有者权益类账户期末余额=期初贷方余额+本期贷方发生额-本期借方发生额

44. (2023年真题)属于经营成果的要素为(　　)。
A. 收入　　　　　　B. 费用　　　　　　　C. 利润　　　　　　D. 资产

45. 下列各等式属于会计等式的有(　　)。
A. 本期借方发生额合计=本期贷方发生额合计

B. 期初余额+本期增加额-本期减少额=期末余额

C. 资产=负债+所有者权益

D. 收入-费用=利润

46. 会计等式随着企业生产经营活动的不断进行,在不同的阶段形态不断更迭,具体包括(　　)。
A. 资产=负债+所有者权益+(收入-费用)+利润

B. 资产=负债+所有者权益+利润

C. 资产=负债+所有者权益+(收入-费用)

D. 资产=负债+所有者权益

47. 会计恒等式揭示了会计要素之间的内在联系,是(　　)的理论基础。
A. 设置账户　　　　B. 进行复式记账　　　C. 编制资产负债表　　D. 财产清查

48. (2023年真题)根据会计恒等式变化正确的是(　　)。
A. 不同资产之间此增彼减　　　　　　　B. 不同所有的权益之间此增彼减

C. 资产和所有者权益同时增加　　　　　　D. 负债和所有者权益同时增加

49. 某项经济业务发生后，一个资产类账户记借方，则有可能(　　)。
 A. 另一个资产类账户记贷方　　　　　　B. 另一个负债类账户记贷方
 C. 另一个所有者权益类账户记贷方　　　D. 另一个资产类账户记借方

50. 所有者权益增加的同时，引起的另一方面变化可能是(　　)。
 A. 一项资产增加　　　　　　　　　　　B. 一项负债增加
 C. 一项负债减少　　　　　　　　　　　D. 另一项所有者权益减少

51. (2021年真题)下列选项中，对资产、权益增减变化情况表述正确的有(　　)。
 A. 资产与权益同时增加，总额增加　　　B. 资产与权益一增一减，总额不变
 C. 权益内部同时减少，总额减少　　　　D. 权益内部一增一减，总额不变

52. (2021年真题)下列选项中，引起资产和负债同时减少的经济业务有(　　)。
 A. 以无形资产对外投资　　　　　　　　B. 以银行存款交纳增值税
 C. 购买固定资产尚未付款　　　　　　　D. 以银行存款偿还应付账款

53. 下列经济业务发生，使资产和权益项目同时增加的是(　　)。
 A. 生产产品领用原材料　　　　　　　　B. 以现金发放工资
 C. 收到投资者投入的货币资金　　　　　D. 收到购货单位预付款，并存入银行

54. 一项经济业务发生后，引起银行存款减少5 000元，则相应地有可能引起(　　)。
 A. 固定资产增加5 000元　　　　　　　B. 短期借款增加5 000元
 C. 现金减少5 000元　　　　　　　　　D. 应付账款减少5 000元

55. 下列(　　)经济业务的发生不会使得"资产=负债+所有者权益"这一会计等式左右双方的总额发生变动。
 A. 用资本公积转增实收资本　　　　　　B. 从银行提取现金
 C. 赊购固定资产　　　　　　　　　　　D. 用银行存款归还短期借款

56. 下列经济业务中，引起会计恒等式左右两方同时发生增减变化的有(　　)。
 A. 投资者投入资本　　　　　　　　　　B. 以存款归还借款
 C. 收到应收款存入银行　　　　　　　　D. 从银行提取现金

57. 下列交易或事项中，不会影响会计基本等式两边金额的有(　　)。
 A. 用银行存款支付应分配给投资者的利润　B. 用盈余公积转增资本
 C. 生产产品耗用原材料　　　　　　　　D. 用商业汇票抵付应付账款

58. 在借贷记账法下，经济业务无论怎样复杂，均可概括为以下几类(　　)。
 A. 权益内部有增有减，总额不变　　　　B. 资产与权益同时增加，总额增加
 C. 资产内部有增有减，总额不变　　　　D. 资产与权益同时减少，总额不变

三、判断题

1. (2021年真题)会计要素是对会计科目的具体内容进行分类核算的项目名称。(　　)
2. 企业将来拥有的资产和潜在资产均应确认为本单位的资产。(　　)
3. 资产是企业拥有或控制的具有实物形态的经济资源，该资源预期会给企业带来经济利益。(　　)
4. 资产负债表中确认的资产都是企业拥有的。(　　)
5. 流动资产是指变现期或耗用期在一年以内的资产。(　　)
6. 无形资产是指企业拥有或控制的，没有实物形态的可辨认非货币性资产，包括专利权、非专利

技术、商标权、著作权、土地使用权、特许权和商誉。（　　）

7. 负债是过去的交易或事项所引起的潜在义务。（　　）

8. 非流动负债的偿还期均在一年以上，流动负债的偿还期均在一年以内。（　　）

9. "短期借款"账户不核算应支付的借款利息。（　　）

10. (2021年真题)流动负债是指一年内(含一年)或超过一年的一个营业周期内偿还的债务。（　　）

11. 实收资本是指所有者投入的构成企业注册资本或者股本部分的金额。（　　）

12. 未分配利润是指企业实现的净利润，经过弥补亏损、提取盈余公积和向投资者分配利润后留存在企业的，本年结存的利润。（　　）

13. 所有者权益是企业投资者对企业资产的所有权。（　　）

14. 所有者权益与负债都是企业资产的来源。（　　）

15. 留存收益主要包括盈余公积和未分配利润。（　　）

16. (2023年真题)留存收益包括资本公积、盈余公积和未分配利润。（　　）

17. 资产与权益是同一事物的两个方面，两者在数量上必然相等。（　　）

18. 从数量上看，所有者权益等于企业全部资产减去全部负债后的净额。（　　）

19. 收入指企业在日常活动中形成的、会导致所有者权益增加的、与所有者投入资本无关的经济利益的总流入。（　　）

20. (2021年真题)收入是指企业在经济活动中形成的经济利益的总流入，包括主营业务收入、其他业务收入和营业外收入。（　　）

21. 会计要素中的收入，是指企业所有经济利益的总流入。（　　）

22. 根据收入要素的确认标准，凡是与企业日常经营活动无关的收入，均不属于收入要素的内容。（　　）

23. 收入能够导致企业的所有者权益增加，但是导致企业所有者权益增加的不一定都是收入。（　　）

24. 收入往往表现为货币资产的流入，但并不是所有货币资产的流入都是收入。（　　）

25. 对企业资产拥有的要求权在会计上统称为权益。（　　）

26. 收入按性质划分，包括主营业务收入和其他业务收入。（　　）

27. 费用与成本是既有联系又有区别的两个概念，费用与特定计量对象相联系，而成本则与特定的会计期间相联系。（　　）

28. 费用是指企业为生产产品、提供劳务而发生的各种耗费。（　　）

29. 费用的发生必然引起资产的减少。（　　）

30. (2023年真题)成本和费用是紧密联系的，费用是和特定产品有关，成本是和一定会计期间有关的。（　　）

31. 企业所有的利得和损失均应计入当期损益。（　　）

32. 企业的利得和损失包括直接计入所有者权益的利得和损失以及直接计入当期利润的利得和损失。（　　）

33. 企业的利得和损失指的是可以直接计入所有者权益的利得和损失。（　　）

34. 利润是企业在一定会计期间的收入减去费用后所得的经营成果，反映企业的收益或亏损，所以"本年利润"属于损益类账户。（　　）

35. 营业利润扣减掉管理费用、销售费用、财务费用和所得税费用后得到净利润。（　　）

36. 营业外收入的多少，不会影响营业利润的计算，因为两个指标没有相关性。（　　）

37. 营业外收入是企业正常生产经营活动以外的收入，所以不要交纳所得税。（ ）
38. 利润是收入与成本配比相抵后的差额，是经营的最终成果。（ ）
39. 在会计要素中，资产、负债和所有者权益是企业经营成果的静态反映。（ ）
40. 生产车间领用原材料10 000元用于产品的生产，会引起会计基本等式两边金额同时减少10 000元。（ ）
41. 收入−费用=利润，这一会计等式，是复式记账法的理论基础，也是编制资产负债表的依据。（ ）
42. "资产=负债+所有者权益"体现了企业资金运动过程中某一特定时期的资产分布和权益构成。（ ）
43. 资产=负债+所有者权益，这一会计恒等式，是复式记账法的理论基础，也是编制资产负债表的依据。（ ）
44. 企业发生任何一项经济业务，都会引起会计等式两边金额发生增减变化，但不会破坏等式的平衡关系。（ ）
45. （2020年真题）任何经济业务的发生，均不会破坏会计基本等式的平衡关系。（ ）
46. （2022年真题）任何经济业务发生后，资产和权益在数量上始终保持相等，资产和权益的总额也不会发生变化。（ ）
47. 从数量上看，资产与权益始终相等，任何经济业务的发生均不改变资产和权益的总额。（ ）
48. 任何一项经济业务的发生都会引起资产或权益的增减变化，但始终保持"资产=权益"这一平衡关系，因此一项资产的增加，必然会引起另一项权益的等额增加。（ ）

第三章 会计账户和复式记账

考纲要求

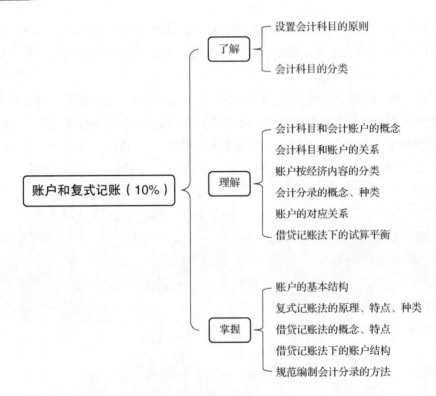

第一节 会计科目与账户

一、会计科目

(一) 会计科目的概念 ◆理解

会计科目是对会计要素按照不同的经济内容和管理需要进行分类的项目;通常,在实际工作中,会计科目也可简称为科目,如图3-1所示。

```
                具体分类            具体分类
会计对象  ━━━━━━▶ 会计要素 ━━━━━━▶ 会计科目
```

图 3-1　会计科目

(二) 设置会计科目的原则　■了解

1. 在我国，会计科目必须根据企业会计准则，并按照国家统一会计制度的要求设置和使用。

2. 企业在不影响会计核算的要求、会计指标的汇总及对外提供统一的会计报表的前提下，可以根据实际情况自行增设、减少或合并某些会计科目。

3. 设置会计科目的原则。　■了解

(1) 既要符合企业会计准则规定，又要适应企业的特点。

(2) 既要便于反映会计要素的总括情况，又要便于反映经济业务的具体内容。

(3) 既要满足本单位经济管理的需要，又要满足国民经济宏观调控对会计信息的要求。

(4) 既要适合经济业务发展的需要，又要保持相对稳定。

或者称合法性原则、相关性原则、实用性原则。

合法性原则是指所设置的会计科目应当符合国家统一的会计制度的规定。

相关性原则是指所设置的会计科目应当为提供各方面所需要的会计信息服务，满足对外报告和对内管理的要求。

实用性原则是指所设置的会计科目应符合单位自身特点，满足单位实际需要。企业的组织形式、所处行业、经营内容及业务种类等不同，在会计科目的设置上亦有所区别。在合法性的基础上，在不影响会计核算要求和会计报表指标汇总，以及对外提供统一的财务会计报表的前提下，企业可根据自身的生产经营特点，自行增设、减少或合并某些会计科目。

4. 企业会计准则按照"资产＝负债＋所有者权益"会计基本等式的要求，根据行业的需要和资金运动的特点，制定了适合不同行业的会计科目。

(三) 会计科目的分类　■了解

1. 按所反映的经济内容分为：资产类、负债类、共同类(衍生工具、套期工具等多为金融、保险公司使用)、所有者权益类、成本类、损益类(或者五类)。

注意：(1) 预付账款、坏账准备、累计折旧和待处理财产损溢属于资产类科目；

(2) 预收账款属于负债类科目；

(3) 本年利润和利润分配属于所有者权益类科目；

(4) 生产成本和制造费用属于成本类科目。

2. 按所提供信息的详细程度分为：总账科目和明细科目。

(1) 总账科目也称"总分类科目"或"一级科目"，是指对资产、负债、所有者权益、收入、费用和利润进行总括分类的类别名称。

(2) 明细科目也称"明细分类科目"或"细目"，是指对总账科目所属经济内容做详细分类的类别名称，包括二级及以上科目。

附加内容：

账户按用途和结构的不同，可以分为盘存账户、结算账户、资本和资本增值账户、暂记账户、跨期摊提账户、成本计算账户、收入账户、费用账户、财务成果账户、调整账户。

3. 在我国，总账科目由财政部统一制定，明细科目除规定设置的以外，企业可根据实际需要自行设置。

4. 总分类科目和明细分类科目的关系：总分类科目反映总括信息，对其所属的明细分类科目具有统驭和控制的作用；而明细分类科目反映详细信息，是对其所属的总分类科目具有补充和说明的作用。

二、账户

(一)账户的概念　◆理解

账户是根据会计科目开设的，具有一定格式和结构，用于分类反映会计要素增减变动及其结果的一种载体。

(二)账户的基本结构　●掌握

1. 账户分为左、右两个方向，一方登记增加，另一方登记减少。至于账户哪一方登记数额的增加，哪一方登记数额的减少，取决于所记录经济业务和账户的性质。

2. 账户的基本栏目包括：日期栏、凭证编号栏、摘要栏、增减(或借贷)金额栏、增或减(借或贷)方向栏、余额栏。

3. 期末余额=期初余额+本期增加发生额−本期减少发生额。

注意：该等式适用于所有账户。

这四个又称为账户的四个金额要素，其中期初余额和期末余额是静态金额要素，本期增加发生额和本期减少发生额为动态金额要素。

(三)账户按经济内容的分类　◆理解

账户按经济内容的分类和科目相同，都是分为资产类、负债类、共同类、所有者权益类、成本类、损益类(或者五类)。

三、会计科目和账户的关系◆理解

(一)联系

会计科目和账户的联系如图3-2所示。

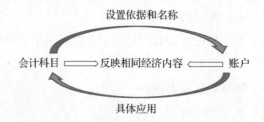

图3-2　会计科目和账户的联系

(二)区别

1. 科目和账户最本质的区别在于科目无结构，账户有结构。

会计科目仅仅是一个名称，只表明某类经济内容，不存在结构。

账户既有名称又有一定的格式和结构，可以记录和反映经济内容的增减变动情况及其结果。

2. 会计科目是国家通过制定企业会计准则而统一规定的。

3. 账户是由企业单位根据会计科目的设置和自身经营管理的需要在账簿中开设的。

典型例题

【例题1·单项选择题】 会计科目是对( )的具体内容进行分类核算的项目。

A. 经济业务　　　　B. 会计主体　　　　C. 所有者权益　　　　D. 会计要素

答案：D

解析：考查科目的概念。会计科目是对会计要素按照不同的经济内容和管理需要进行分类的项目。

【例题2·单项选择题】 企业设置的会计科目应当为提供有关各方所需要的会计信息服务，体现了会计科目设置的( )原则。

A. 合法性　　　　B. 及时性　　　　C. 实用性　　　　D. 相关性

答案：D

解析：考查会计科目设置原则，相关性原则是指所设置的会计科目应当为提供各方面所需要的会计信息服务，满足对外报告和对内管理的要求。

【例题3·单项选择题】 "营业外收入"科目按其所归属的会计要素不同，属于( )类科目。

A. 成本　　　　B. 资产　　　　C. 所有者权益　　　　D. 损益

答案：D

解析：损益类账户包括主营业务收入、主营业务成本、税金及附加、销售费用、管理费用、财务费用、其他业务收入、其他业务成本、营业外收入、营业外支出等。

【例题4·单项选择题·2023年真题】 属于所有者权益类科目的有( )。

A. 盈余公积　　　　B. 预付账款　　　　C. 投资收益　　　　D. 主营业务收入

答案：A

解析：考查会计账户按经济内容的分类，其中所有者权益类账户包括实收资本、资本公积、盈余公积、本年利润和利润分配等。

【例题5·多项选择题·2022年真题】 下列选项中，关于会计科目和账户之间的关系表述正确的是( )。

A. 账户的性质决定了会计科目的性质，两者的分类一样

B. 会计科目仅仅是一个名称，而账户既有名称又有一定的格式和结构

C. 会计科目是账户的名称，也是设置账户的依据

D. 账户是根据会计科目设置的，是对会计科目的具体运用

答案：BCD

解析：考查科目和账户的关系。CD是科目和账户的联系，B是两者之间的区别，A表达错误，正确的说法是科目的性质决定了账户的性质，两者分类一样。

【例题6·判断题】 "生产成本"账户是用来计算产品的生产成本的，而产品属于资产。因此，"生产成本"账户是按照反映经济内容分类，属于资产类账户。　　　　　　　　　　　( )

答案：×

解析：考查科目和账户按所反映的经济内容的分类，"生产成本"属于成本类账户。

【例题7·判断题】 会计科目的基本结构包括账户、增减金额、余额等。　　　　　　　　( )

答案：×

解析：考查科目和账户的区别。会计科目仅仅是账户的名称，不存在结构。

第二节 复式记账与借贷记账法

一、复式记账

(一) 复式记账法的原理 ●掌握

复式记账法是根据"资产=负债+所有者权益"会计基本等式的基本原理,对发生的每一项经济业务,都以相等的金额,在两个或两个以上相互联系的账户中进行登记的记账方法。

(二) 复式记账法的特点 ●掌握

单式记账法是指对发生的每一项经济业务,只在一个账户中进行登记的记账方法。

因此,单式记账法手续较为简单,但无法反映发生经济业务涉及的账户之间的关系,缺乏平衡关系,不能全面、系统地反映经济业务的来龙去脉,也不便于检查账户记录的正确性。

相反地,复式记账法可以全面反映各个会计要素的增减变动情况和结果,而且还可以利用资产总额与权益总额相等的关系,来检查账户记录的正确性。

(三) 复式记账法的种类 ●掌握

分为:借贷记账法、收付记账法和增减记账法。

我国企业会计准则明确规定,企业会计核算必须采用借贷记账法。

二、借贷记账法

(一) 借贷记账法的概念 ●掌握

借贷记账法是以"借"和"贷"作为记账符号的一种复式记账法。

(二) 借贷记账法的特点 ●掌握

1. 以"借"和"贷"作为记账符号。

(1) 借贷记账法的"借"和"贷"仅仅代表记账符号,其本身不具有任何内在的含义。

(2) 在借贷记账法下,"借"和"贷"的含义不固定,"借"和"贷"的具体含义取决于账户所反映的经济内容。

(3) 一般以"借"表示资产和成本、费用的增加,负债、所有者权益和收入、利润的减少;以"贷"表示负债、所有者权益和收入、利润的增加,资产和成本、费用的减少。

2. 以"有借必有贷,借贷必相等"作为记账规则。

3. 对账户不要求固定分类。

(1) 双重性质的账户应根据它们的期末余额的方向来确定其性质。

(2) 在借贷记账法下,常见的双重性质账户有:应收账款、预收账款、应付账款、预付账款。

4. 以"借方金额等于贷方金额"作为试算平衡公式。

全部账户本期借方发生额合计=全部账户本期贷方发生额合计。

全部账户借方期(初)末余额合计=全部账户贷方期(初)末余额合计。

(三) 借贷记账法下的账户结构 ●掌握

在借贷记账法下,账户的基本结构分为左、右两方,账户的左方称为"借方",右方称为"贷方",但

第三章 会计账户和复式记账

哪一方记录增加额,哪一方记录减少额,取决于账户的性质,如表3-1所示。

表3-1 借贷记账法下的账户结构

账户	借方	贷方	余额公式	余额
资产类	增加	减少	期末余额=期初余额+本期借方发生额-本期贷方发生额（即借借-贷）	借方
成本费用类	增加	减少		一般无余额
负债所有者权益类	减少	增加	期末余额=期初余额+本期贷方发生额-本期借方发生额（即贷贷-借）	贷方
收入类	减少	增加		一般无余额

注意：
1. 生产成本是成本类账户,但期末可能有余额。
2. 账户金额逻辑关系：同向相加、异向相减；一般情况下,期末余额和增加额方向一致。

典型例题

【例题1·单项选择题】复式记账法的基本理论依据是( )。
A. 资产=负债+所有者权益 B. 利润=收入-费用
C. 有借必有贷,借贷必相等 D. 资产增加记借方,权益增加记贷方
答案：A
解析：考查复式记账法的原理。复式记账法是根据"资产=负债+所有者权益"会计基本等式的基本原理,对发生的每一项经济业务,都以相等的金额,在两个或两个以上相互联系的账户中进行登记的记账方法。

【例题2·多项选择题·2022年真题】下列有关复式记账法的表述中,正确的有( )。
A. 复式记账法分为借贷记账法、收付记账法、增减记账法
B. 复式记账法根据会计恒等式来检查账户记录是否正确
C. 复式记账法能全面、相互联系地反映每个经济业务的来龙去脉
D. 复式记账法只着重考虑货币资金的收支、债权债务的结算
答案：ABC
解析：A答案考查复式记账法的种类,B答案考查复式记账法的原理,C答案考查复式记账法的特点,D答案错误,复式记账法不仅只着重考虑货币资金的收支等。

【例题3·单项选择题】"周转材料"账户的期末余额等于( )。
A. 期初余额+本期借方发生额-本期贷方发生额
B. 期初余额+本期借方发生额+本期贷方发生额
C. 期初余额-本期借方发生额+本期贷方发生额
D. 期初余额-本期借方发生额-本期贷方发生额
答案：A

53

解析：考查借贷记账法下的账户结构。资产类账户期末余额公式：期末余额=期初余额+本期借方发生额-本期贷方发生额。

【例题 4 · 多项选择题 · 2023 年真题】 下列是借贷记账法特点的是(　　)。

A. 以借和贷作为记账标志

B. 以有借必有贷，借贷必相等为记账规则

C. 以借方金额等于贷方金额为试算平衡公式

D. 对账户不要求固定分类

答案：ABCD

解析：考查借贷记账法的特点。

【例题 5 · 多项选择题】 下列账户中，期末结转无余额的账户有(　　)。

A. 应付账款　　　　B. 其他业务收入　　　　C. 银行存款　　　　D. 制造费用

答案：BD

解析：考查借贷记账法下的账户结构，收入、费用类一般无余额，成本类中生产成本可能有余额，制造费用期末结转到生产成本中，无余额。

【例题 6 · 判断题】 运用单式记账法记录经济业务，可以反映每项经济业务的来龙去脉，可以检查每项业务是否合理、合法。(　　)

答案：×

解析：考查复式记账法的特点，复式记账法可以全面反映各个会计要素的增减变动情况和结果，而且还可以利用资产总额与权益总额相等的关系，来检查账户记录的正确性；单式记账法不能。

第三节　会计分录及试算平衡

一、会计分录

(一) 会计分录的概念　◆理解

会计分录是指按照借贷记账法的规则，确定某项经济业务应借、应贷账户的名称及其金额的一种记录。

(二) 会计分录的三要素

1. 账户名称(或会计科目)；

2. 记账方向(借方或贷方)；

3. 应记金额。

确定会计分录三要素也是熟练掌握编制分录的方法。

(三) 会计分录的种类　◆理解

按反映经济业务的繁简程度，分为简单分录和复合分录。

1. 简单分录，是指只涉及一个账户借方和另一个账户贷方的会计分录，即一借一贷的分录。

2. 复合分录，是指由两个以上(不含两个)对应账户所组成的会计分录，即一借多贷、一贷多借、多借多贷的分录。

注意：通常情况下，一笔复合分录可以分解为若干个简单会计分录，而若干笔相关的简单分录可以复合为一笔复合分录；但不能硬性将无关的几个简单分录合并为一个复合分录。

(四) 账户的对应关系 ◆理解

账户的对应关系是指采用借贷记账法对每笔经济业务事项进行记录时，相关账户之间形成的应借、应贷的相互关系；存在对应关系的账户称为对应账户。

二、试算平衡

(一) 过账

将会计分录的数据过入各有关账户中去。

(二) 试算平衡 ◆理解

1. 试算平衡是通过编制试算平衡表来进行的，分为余额试算平衡和发生额试算平衡。

注意：科目汇总表在检查发生额是否平衡与发生额试算平衡表的作用是一致的。

2. 试算平衡的公式。

(1) 全部账户的期初(期末)余额借方合计数＝全部账户的期初(期末)余额贷方合计数。

余额试算平衡的理论依据："资产＝负债+所有者权益"会计基本等式。

(2) 全部账户的本期发生额借方合计数＝全部账户的本期发生额贷方合计数。

发生额试算平衡的理论依据："有借必有贷，借贷必相等"记账规则。

3. 试算平衡能够核查出账户记录的错误，但不能发现记账过程中的所有错误。

通过试算平衡不能发现的记账错误：

(1) 用错会计科目；

(2) 重记某项经济业务；

(3) 漏记某项经济业务；

(4) 借贷颠倒；

(5) 某项经济业务借贷科目正确，但借贷双方同时多记或少记相等金额；

(6) 某借方或贷方发生额中，偶然发生多记和少记并相互抵销。

典型例题

【例题1·单项选择题】某会计人员记账过程中发生下列错误，事后不能通过试算平衡查找出来的是（　　）。

A. 漏记贷方的发生额

B. 某一账户颠倒了记账方向

C. 将某一账户的贷方发生额500元，误写成5 000元

D. 贷方的金额误记到借方

答案：B

解析：考查理解借贷记账法下的试算平衡。ACD都是能通过试算平衡查找的错误。

【例题2·单项选择题】（　　）是指根据"资产＝负债+所有者权益"的恒等关系以及借贷记账法的记账规则，检查所有账户记录是否正确的一种方法。

A. 对账　　　　　　B. 试算平衡　　　　　　C. 结账　　　　　　D. 算账

答案：B

解析：考查试算平衡的原理。

【例题 3·多项选择题·2020 年真题】 借贷记账法下，编制会计分录明确的要素包括(　　)。

A. 确定账户名称　　　B. 确定记账方向　　　C. 确定应记金额　　　D. 确定业务摘要

答案：ABC

解析：考查会计分录三要素：账户名称、记账方向、应记金额。

【例题 4·多项选择题】 经济业务发生后，一般可以编制的会计分录有(　　)。

A. 多借多贷　　　　　B. 一借多贷　　　　　C. 多借一贷　　　　　D. 一借一贷

答案：ABCD

解析：考查会计分录的种类，分为简单分录（一借一贷）和复合分录（一借多贷、一贷多借、多借多贷）。

【例题 5·判断题·2023 年真题】 试算平衡只能反映数字性错误但不能反映文字错误。　　　　(　　)

答案：√

解析：考查试算平衡。试算平衡只能检查数字错误。

习题精选

一、单项选择题

1. (　　)是对会计对象的基本分类，是会计核算对象的具体化。

   A. 会计要素　　　　B. 会计账户　　　　C. 会计科目　　　　D. 会计主体

2. 设定会计报表结构和内容的依据是(　　)。

   A. 会计科目　　　　B. 会计要素　　　　C. 会计账户　　　　D. 会计对象

3. 下列关于会计要素的表述中，不正确的是(　　)。

   A. 会计要素是对会计对象的基本分类

   B. 会计要素是对会计核算对象的具体化

   C. 资产、负债和所有者权益称为静态会计要素

   D. 收入、费用和利润构成资产负债表的基本框架

4. 下列各项中，会计科目不按其所属会计要素分类的项目是(　　)。

   A. 资产类　　　　　B. 所有者权益类　　　C. 成本类　　　　　D. 利润类

5. 关于会计科目的下列说法中，不正确的是(　　)。

   A. 会计科目是对会计要素的进一步分类

   B. 会计科目按其所提供信息详细程度不同，可分为总分类科目和明细分类科目

   C. 会计科目是根据企业的具体情况自行设定的

   D. 会计科目是复式记账和编制记账凭证的基础

6. (2023 年真题)关于账户与会计科目正确的是(　　)。

   A. 账户的性质决定了会计科目的性质

   B. 账户影响和决定了会计科目

   C. 账户"借"表示增加，"贷"表示减少

D. 账户金额的逻辑关系可以表示为：同向相加，异向相减

7. 所设置的会计科目应符合单位自身特点，满足单位实际需要，这一点符合(　　)原则。
   A. 实用性　　　　B. 合法性　　　　C. 谨慎性　　　　D. 相关性

8. 在不影响会计核算要求和会计报表指标汇总，以及对外提供统一的财务会计报表的前提下，企业可以根据自身的生产经营特点，自行增设、减少或合并某些会计科目。这一点符合(　　)原则。
   A. 实用性　　　　B. 相关性　　　　C. 重要性　　　　D. 合法性

9. 账户是根据会计科目设置的，具有一定(　　)，用于分类反映会计要素增减变动情况及其结果的载体。
   A. 格式和结构　　B. 格式和内容　　C. 内容和结构　　D. 格式和标志

10. (2020年真题)会计账户的开设依据是(　　)。
    A. 会计科目　　　B. 会计对象　　　C. 会计方法　　　D. 会计要素

11. (2020年真题)会计科目和账户之间的区别主要在于(　　)。
    A. 反映的经济内容不同　　　　　　B. 记录资产和权益的增减变动情况不同
    C. 提供信息的详细程度不同　　　　D. 账户有结构而会计科目无结构

12. 下列各项说法中，属于账户之间最本质差别的是(　　)。
    A. 记账符号不同　　　　　　　　　B. 反映的经济内容不同
    C. 经济用途不同　　　　　　　　　D. 结构不同

13. 总分类账户与明细分类账户的主要区别在于(　　)。
    A. 记录经济业务的详细程度不同　　B. 记账的依据不同
    C. 记账金额不同　　　　　　　　　D. 记账期间不同

14. (　　)账户是根据明细分类科目设置的，用于对会计要素具体内容进行明细分类核算的账户。
    A. 总分类　　　　B. 明细分类　　　C. 辅助　　　　　D. 综合

15. 下列关于账户和会计科目的表述中，错误的是(　　)。
    A. 账户是会计科目的名称，会计科目是账户的具体应用
    B. 两者之间的区别在于账户具有一定的格式和结构
    C. 实际工作中，对账户和会计科目不加严格区别，而是互相通用
    D. 账户能反映会计要素增减变化的情况及其结果，而会计科目不能

16. 下列总分类账与明细分类账关系的表述中，错误的是(　　)。
    A. 总分类账与明细分类账所反映的经济业务是相同的
    B. 总分类账与明细分类账所反映的经济业务的详细程度是相同的
    C. 登记总分类账与登记明细分类账的原始依据是相同的
    D. 总分类账对所属明细分类账起着统驭控制作用，明细分类账对有关总分类账起着补充说明作用

17. 借贷记账法下，账户的左方和右方，哪一方登记增加额，哪一方登记减少额，取决于(　　)。
    A. 所记录的经济业务的重要程度　　B. 开设账户时间的长短
    C. 辅助所记录的金额的大小　　　　D. 所记录的经济内容的性质和账户的性质

18. (2023年真题)期末无余额的是(　　)。
    A. 损益类　　　　B. 负债类　　　　C. 成本类　　　　D. 资产类

19. "预付账款"科目按其所归属的会计要素，属于(　　)类科目。
    A. 负债　　　　　B. 资产　　　　　C. 成本　　　　　D. 所有者权益

20. 下列项目中，与"制造费用"属于同一类科目的是( )。
   A. "固定资产"   B. "其他业务成本"   C. "生产成本"   D. "主营业务成本"

21. 下列属于结算类账户的有( )。
   A. 银行存款   B. 资本公积   C. 生产成本   D. 应收账款

22. (2021年真题)下列项目中属于成本类会计科目的是( )。
   A. 管理费用   B. 制造费用   C. 财务费用   D. 主营业务成本

23. (2021年真题)"所得税费用"账户属于( )。
   A. 资产类账户   B. 负债类账户   C. 成本类账户   D. 损益类账户

24. (2022年真题)下列选项中，属于资产类会计科目的是( )。
   A. 预收账款   B. 存货   C. 实收资本   D. 待处理财产损溢

25. 一般情况下，下列账户中年度终了应将余额结转至"利润分配"账户中的是( )。
   A. 财务费用   B. 管理费用   C. 销售费用   D. 本年利润

26. "负债类"账户的本期减少数和期末余额分别反映在( )。
   A. 借方   B. 贷方   C. 借方和贷方   D. 贷方和借方

27. 一般情况下，账户的余额反映在( )。
   A. 登记增加额的一方   B. 登记减少额的一方   C. 借方   D. 贷方

28. 在借贷记账法下，"预付账款"账户的余额( )。
   A. 只能在借方   B. 既可能在贷方也可能在借方
   C. 只能在贷方   D. 通常为零

29. 一般来说双重性质科目的期末余额( )。
   A. 在贷方   B. 没有余额
   C. 在借方   D. 可能在借方也可能在贷方

30. 在正常情况下，一个账户的增加发生额与其期末余额记在账户的( )。
   A. 借方   B. 贷方   C. 相同方   D. 相反方

31. 在借贷记账法下，"借"表示( )。
   A. 资产的减少或权益的增加   B. 资产的增加或权益的增加
   C. 资产的减少或权益的减少   D. 资产的增加或权益的减少

32. 某企业"原材料"账户月初为借方余额150 000元，本月借方发生额为25 000元，期末借方余额为120 000元，则本月贷方发生额为( )元。
   A. 55 000   B. 175 000   C. 145 000   D. 150 000

33. 预收账款期末借方余额为3 000元，本期增加发生额5 000元，本期减少发生额9 000元，则期初余额为( )元。
   A. 借方1 000   B. 贷方1 000   C. 借方7 000   D. 贷方7 000

34. (2022年真题)"预付账款"账户月初借方余额为8万元，当月贷方发生额为12万元，借方发生额为3万元，则"预付账款"的月末余额( )万元。
   A. 借方1   B. 贷方1   C. 借方17   D. 贷方17

35. 短期借款账户的期初余额为贷方10万元，本期借入3万元，偿还借款8万元，该账户期末余额为( )万元。
   A. 贷方5   B. 借方8   C. 负12   D. 贷方12

36. 期末一般无余额的是( )。
   A. 资产类 B. 负债类 C. 成本类 D. 损益类

37. 下列关于损益类账户的相关说法中，不正确的是( )。
   A. 费用类账户和收入类账户属于损益类账户
   B. 费用类账户和收入类账户记录增加的方向一致
   C. 收入类账户借方登记减少额，贷方登记增加额
   D. 费用类账户借方登记增加额，贷方登记减少额

38. 某公司月初应付账款余额为130万元，本月购入原料一批，货款80万元，款项尚未支付，另支付上期购买商品的欠款100万元，则本月应付账款的余额为( )万元。
   A. 借方110 B. 贷方150 C. 借方150 D. 贷方110

39. 某企业"累计折旧"账户的年初贷方余额为600万元，假设该企业"累计折旧"账户当年的借方发生额为200万元，贷方发生额为300万元，则该企业"累计折旧"账户的年末余额为( )万元。
   A. 借方500 B. 贷方5 000 C. 借方700 D. 贷方700

40. 某公司月初权益总额为3 000万元，本月发生下列经济业务：①收回W公司的所欠货款80万元，款项已存入银行；②以银行存款归还前欠货款100万元；③向银行借入短期借款450万元，款项存入银行；④以银行存款购买一项原材料，价值200万元。则月末该公司资产总额为( )万元。
   A. 3 350 B. 3 530 C. 3 370 D. 3 150

41. 对于企业发生的经济业务，必须在两个或者两个以上相互关联账户中进行连续、系统登记，借以反映和监督某一特定单位经济活动的方法是( )。
   A. 借贷记账法 B. 复式记账法 C. 单式记账法 D. 收付记账法

42. 下列关于复式记账的说法，错误的是( )。
   A. 复式记账法能够反映经济业务的来龙去脉
   B. 复式记账法以资产与负债平衡关系作为记账基础
   C. 对每项经济业务，必须两个或两个以上相互联系的账户进行等额记录
   D. 定期汇总全部账户记录平衡

43. (2021年真题)记账规则采用"有借必有贷，借贷必相等"的记账方法是( )。
   A. 单式记账法 B. 收付记账法 C. 增减记账法 D. 借贷记账法

44. (2020真题)下列关于借贷记账法表述中，错误的是( )。
   A. 以"借方表示增加，贷方表示减少"为记账方法
   B. 以"借""贷"作为记账符号
   C. 以"借方金额等于贷方金额"为试算平衡公式
   D. 以"有借必有贷，借贷必相等"为记账规则

45. 账户之间的对应关系是指( )。
   A. 总分类账户与明细分类账户之间的关系
   B. 有关账户之间的应借应贷关系
   C. 资产类账户与负债类账户之间的关系
   D. 成本类账户与损益类账户之间的关系

46. 下列不属于借贷记账法特点的是( )。
   A. 以"借""贷"作为记账符号

B. 以"有借必有贷，借贷必相等"作为记账规则

C. 对账户要求固定分类

D. "以借方金额等于贷方金额"作为试算平衡公式

47. 下列关于会计分录的表述中，不正确的是(　　)。

A. 应借应贷方向、科目名称和金额构成了会计分录的三要素

B. 会计分录按涉及科目多少，可以分为简单会计分录和复合会计分录

C. 复合会计分录是指涉及两个以上(不含两个)对应科目所组成的会计分录会计

D. 实际中，最常用的会计分录为一借一贷、多借多贷分录

48. 某企业购进原材料5 000元，其中3 000元已用银行存款支付，余款暂欠，不考虑税费。该项经济业务，应做一笔(　　)的分录。

A. 一借一贷　　　　B. 多借多贷　　　　C. 一借多贷　　　　D. 一贷多借

49. (2022年真题)采购人员报销差旅费1 100元，原借款1 000元，补付现金100元，编制通用记账凭证时涉及的会计分录为(　　)。

A. 一借一贷　　　　B. 一借多贷　　　　C. 一贷多借　　　　D. 多借多贷

50. (2022年真题)在复合会计分录"借：无形资产50 000，应交税费6 500　贷：银行存款56 500"中，"应交税费"对应账户为(　　)。

A. 无形资产

B. 银行存款

C. 无形资产和应交税费

D. 无形资产和银行存款

51. 以下不符合借贷记账法记账规则的是(　　)。

A. 资产与权益同时减少，总额减少

B. 资产与负债一增一减，总额增加

C. 资产内部一增一减，总额不变

D. 权益内部一增一减，总额不变

52. 试算平衡的理论依据包括"资产=负债+所有者权益"的恒等关系和(　　)。

A. 资产与权益的平衡关系

B. 借贷记账法的记账规则

C. 发生额的试算平衡公式

D. 余额的试算平衡公式

53. 对账户记录进行试算平衡是根据(　　)的基本原理。

A. 账户结构

B. 会计要素划分的类别

C. 会计等式

D. 所发生的经济业务的内容

54. 借贷记账法下的余额平衡是由(　　)决定的。

A. 借贷记账法的记账规则

B. 会计恒等式

C. 平行登记

D. 账户的结构

55. 本期发生额试算平衡依据是(　　)。

A. 资产=负债+所有者权益

B. 利润=收入−支出

C. 有借必有贷，借贷必相等

D. 期末余额=期初余额+本期增加额−本期减少额

56. (2023年真题)下列试算平衡公式错误的是(　　)。

A. 全部账户借方发生额合计=全部账户贷方发生额合计

B. 全部账户借方期初余额合计=全部账户贷方期初余额合计

C. 全部账户借方期末余额合计=全部账户贷方期末余额合计

D. 全部资产借方余额合计＝全部资产贷方余额合计

57. 下列关于试算平衡的说法中，不正确的是（　　）。

A. 试算平衡包括发生额试算平衡和余额试算平衡

B. 如果试算平衡，说明总分类账的登记一定是正确的

C. 发生额试算平衡依据的是借贷记账法的记账规则

D. 余额试算平衡依据的是资产与权益的恒等关系

58.（2020年真题）下列选项中，能够通过试算平衡发现的错误是（　　）。

A. 某项经济业务借方贷方全部漏记　　　　B. 某项经济业务借方贷方重复登记

C. 某项经济业务应借应贷方向颠倒　　　　D. 某项经济业务应借应贷金额不等

59. 下列记账错误中，不能通过试算平衡检查发现的是（　　）。

A. 将某一账户的贷方发生额600元误写成6 000元

B. 某一账户的借贷方向写反

C. 贷方的金额误记到借方

D. 漏记了贷方的发生额

60. 某企业月末在编制试算平衡表中，全部账户的本月贷方发生额合计为6万元，除银行存款的本月借方发生额合计为4.2万元，则银行存款账户（　　）万元。

A. 本月贷方余额为1.8　　　　　　　　　B. 本月借方余额为1.8

C. 本月借方发生额为1.8　　　　　　　　D. 本月贷方发生额为1.8

61. 下列记账错误，可以通过试算平衡查找的是（　　）。

A. 企业购入电脑，用银行存款支付4 000元，记账两次

B. 企业用银行存款归还借款50 000元，记账时借贷双方都记成了5 000元

C. 企业本月1日银行存款多记了100元，5日又少记了100元

D. 生产领用材料10 000元，被错记为：借：生产成本 1 000　贷：原材料 10 000

62. 甲公司月末编制的试算平衡表中，全部账户的本月借方余额合计为157万元，除"实收资本"账户以外的本月贷方余额合计130万元，则"实收资本"账户（　　）万元。

A. 本月贷方发生额为27　　　　　　　　B. 本月借方发生额为27

C. 本月借方余额为27　　　　　　　　　D. 本月贷方余额为27

二、多项选择题

1. 会计对象的三个层次是（　　）。

A. 资金运动　　　　B. 会计要素　　　　C. 会计科目　　　　D. 会计账户

2. 关于会计科目设置原则，下列选项中正确的有（　　）。

A. 相关性　　　　　B. 合法性　　　　　C. 实用性　　　　　D. 重要性

3. 会计科目按反映的经济内容不同，分为资产类、负债类、损益类、（　　）共六大类。

A. 所有者权益类　　B. 成本类　　　　　C. 收入类　　　　　D. 共同类

4. 按照提供核算指标详细程度，会计科目可分为（　　）。

A. 资产类科目　　　B. 总分类科目　　　C. 负债类科目　　　D. 明细分类科目

5. 下列各项中，属于总分类科目的是（　　）。

A. 应收账款　　　　B. 原材料　　　　　C. 库存商品　　　　D. 未分配利润

6. 下列各项中，属于企业损益类科目的有（　　）。

A. 主营业务收入　　B. 投资收益　　C. 制造费用　　D. 营业外支出

7. "固定资产——房屋建筑物"属于(　　)。

A. 所有者权益类　　B. 资产类　　C. 明细分类　　D. 总分类

8. 关于损益类科目，下列各项目中描述正确的有(　　)。

A. 收入类账户的减少额记入贷方　　B. 一般情况下期末无余额

C. 期末要结转到"本年利润"账户　　D. 费用类账户的减少额记入贷方

9. (2021年真题)账户的基本结构具体包括的内容有(　　)。

A. 账户名称　　B. 日期和摘要

C. 凭证号数　　D. 增加方和减少方的金额及余额

10. 关于会计科目和账户，下列描述正确的有(　　)。

A. 账户的作用主要是提供某一具体会计对象的会计资料，为编制会计报表所运用

B. 会计科目是账户的名称

C. 会计科目和账户所反映的经济内容是相同的，两者口径一致，性质相同

D. 会计科目不仅说明反映自身的经济内容，而且具有一定的格式和结构

11. 下列关于会计科目与账户的联系与区别，表述不正确的有(　　)。

A. 账户是会计科目的名称，反映经济内容的增减变动情况

B. 会计科目是根据账户开设的，是账户所要登记的内容

C. 账户是会计科目的具体运用

D. 账户可以根据企业的自身需要在账簿中开设，而会计科目不能

12. 关于账户，下列说法正确的有(　　)。

A. 账户是根据会计科目设置的，具有一定格式和结构，用于分类反映会计要素增减变动及其结果的载体

B. 账户可以根据其核算的经济内容、提供信息的详细程度及其统驭关系进行分类

C. 账户具有一定的结构，用来连续、系统、完整地记录企业经济活动

D. 账户的基本结构分为左右两方，一方登记增加，另一方登记减少

13. 下列各项，与"预付账款"属于同一类会计科目的是(　　)。

A. 应付账款　　B. 应收账款　　C. 管理费用　　D. 累计摊销

14. 下列不属于成本类会计科目的有(　　)。

A. 研发支出　　B. 营业外支出　　C. 管理费用　　D. 所得税费用

15. 下列账户中，期末余额一般应在贷方的是(　　)。

A. 累计折旧　　B. 实收资本　　C. 应收账款　　D. 应付账款

16. 下列会计科目中，属于负债类科目的有(　　)。

A. 应付股利　　B. 应付账款　　C. 短期借款　　D. 累计折旧

17. (2022年真题)下列选项中，能影响营业利润增减变化的有(　　)。

A. 投资收益　　B. 其他业务收入　　C. 管理费用　　D. 所得税费用

18. 下列交易或事项中，应作借记有关资产账户、贷记有关负债账户处理的有(　　)。

A. 从银行取得6个月短期借款，存入银行

B. 购入材料一批，货款尚未支付

C. 采购材料一批，验收入库，开出已承兑商业汇票一张

D. 收回前欠货款，款存入银行

19. 有关明细分类科目，下列描述中正确的有（　　）。
A. 明细分类科目也称一级会计科目
B. 明细分类科目是对总分类科目作进一步分类的科目
C. 明细分类科目是能提供更详细更具体会计信息的会计科目
D. 明细分类科目是提供总括信息的会计科目

20. 关于总分类账户的说法，正确的有（　　）。
A. 按一级会计科目开设账户
B. 提供某一会计要素的总括核算资料
C. 只用货币单位进行计量
D. 对所属的各明细分类账户起统驭作用

21. （2020年真题）下列选项中，按流动性划分属于非流动资产的有（　　）。
A. 无形资产　　　B. 在建工程　　　C. 应收账款　　　D. 其他应收款

22. 下列各账户中，期末一般没有余额的有（　　）。
A. "营业外支出"　B. "投资收益"　　C. "营业外收入"　D. "管理费用"

23. 工业企业会计中的"原材料"账户属于（　　）。
A. 总分类账户　　B. 明细分类账户　C. 资产类账户　　D. 一级账户

24. 本期增加额在借方，本期减少额在贷方，期末一般无余额的账户有（　　）。
A. 管理费用　　　B. 所得税费用　　C. 制造费用　　　D. 主营业务收入

25. 在借贷记账法下，账户的贷方可以表示（　　）。
A. 短期借款的增加
B. 预付账款的增加
C. 预收账款的增加
D. 接受投资的增加

26. （2020年真题）在借贷记账法下，借方登记的内容包括（　　）。
A. 资产的增加　　B. 费用的增加　　C. 负债的减少　　D. 所有者权益的减少

27. （2021年真题）采用借贷记账法下，账户的贷方登记（　　）。
A. 资产增加　　　B. 所有者权益增加　C. 负债增加　　　D. 费用减少

28. 在下列描述，正确的有（　　）。
A. 总分类科目对明细科目具有统驭和控制作用
B. 总分类科目和明细科目都是财政部统一制定的
C. 总分类科目提供的是总括信息
D. 明细科目提供的是详细信息

29. 下列项目中，会使两个资产类账户之间此增彼减的有（　　）。
A. 以银行存款购入原材料，不考虑税费
B. 收到购货单位前欠货款，存入银行
C. 将现金存入银行
D. 以银行存款归还前欠其他单位货款

30. 下列属于账户的金额要素的是（　　）。
A. 期初余额　　　B. 本期借方发生额　C. 期末余额　　　D. 本期贷方发生额

31. 关于账户的四个金额要素，下列项目中（　　）属于本期发生额。
A. 期末余额　　　B. 期初余额　　　C. 本期减少额　　D. 本期增加额

32. 下列等式中错误的有（　　）。

A. 期初余额=本期增加发生额+期末余额-本期减少发生额

B. 期末余额=本期增加发生额+期初余额-本期减少发生额

C. 期初余额=本期减少发生额+期末余额-本期增加发生额

D. 期初余额=本期增加发生额-期末余额-本期减少发生额

33．（2020年真题）下列账户的期末余额计算公式，正确的有（　　）。

A. 资产类账户期末余额=期初借方余额+本期借方发生额-本期贷方发生额

B. 成本类账户期末余额=期初借方余额+本期借方发生额-本期贷方发生额

C. 负债类账户期末余额=期初贷方余额+本期贷方发生额-本期贷方发生额

D. 所有者权益类账户期末余额=期初贷方余额+本期贷方发生额-本期借方发生额

34．按照记账方式不同，记账方法分为（　　）。

A. 收付记账法　　　B. 借贷记账法　　　C. 单式记账法　　　D. 复式记账法

35．下列关于复式记账法，说法正确的有（　　）。

A. 在两个或两个以上相互关联的账户中记录

B. 能够了解经济业务的来龙去脉

C. 每笔经济业务以相等的金额登记，并据以试算平衡

D. 以"有借必有贷，借贷必相等"作为记账规则

36．下列有关借贷记账法说法中，正确的有（　　）。

A. 采用"借"和"贷"作为记账符号

B. 以"资产=负债+所有者权益"这一会计等式作为理论依据

C. 记账规则"有借必有贷，借贷必相等"

D. 是我国会计核算的法定记账方法

37．借记"原材料"账户，有可能贷记（　　）。

A. "银行存款"　　　B. "库存现金"　　　C. "应付账款"　　　D. "财务费用"

38．下列各项中，不属于账户的对应关系的是（　　）。

A. 总分类账户与明细分类账户之间的关系　　　B. 有关账户之间的应借应贷关系

C. 资产类账户与负债类账户之间的关系　　　D. 成本类账户与损益类账户之间的关系

39．在借贷记账法下，当借记"银行存款"时，下列会计科目中，可能成为其对应科目的有（　　）。

A. 实收资本　　　B. 库存现金　　　C. 主营业务收入　　　D. 本年利润

40．（2021年真题）下列关于各类复合会计分录的类型中，正确的有（　　）。

A. 多借多贷　　　B. 一借多贷　　　C. 多借一贷　　　D. 一借一贷

41．会计分录按照所涉及的账户数量的多少，可分为（　　）。

A. 复合会计分录　　　B. 简单会计分录　　　C. 混合分录　　　D. 单式分录

42．期末结转损益时，与"本年利润"贷方的对应账户有（　　）。

A. 投资收益　　　B. 主营业务成本　　　C. 销售费用　　　D. 其他业务收入

43．借贷记账法下账户的试算平衡公式包括（　　）。

A. 全部账户期初借方余额合计=全部账户期初贷方余额合计

B. 期末借方余额=期初借方余额+本期借方发生额-本期贷方发生额

C. 全部账户本期借方发生额合计=全部账户本期贷方发生额合计

D. 全部账户期末借方余额合计=全部账户期末贷方余额合计

44. 不是试算平衡的理论依据是( )。
  A. 资产=负债+所有者权益
  B. 利润=收入-支出
  C. 有借必有贷，借贷必相等
  D. 期末余额=期初余额+本期增加额-本期减少额

45. 借贷记账法的余额试算平衡公式是( )。
  A. 每个账户的借方发生额=每个账户的贷方发生额
  B. 全部账户期初借方余额合计=全部账户期初贷方余额合计
  C. 全部账户本期借方发生额合计=全部账户本期贷方发生额合计
  D. 全部账户期末借方余额合计=全部账户期末贷方余额合计

46. 发生的下列记账错误，不会影响借贷双方试算平衡关系的有( )。
  A. 重记某项经济业务   B. 记错会计账户
  C. 颠倒记账方向   D. 少记一方发生额

47. 在处理经济业务过程中，不能通过试算平衡查找出的错误有( )。
  A. 将应该记入"管理费用"借方的金额记入"制造费用"的借方
  B. 重复登记了某项经济业务
  C. 借方金额少记，贷方金额正确
  D. 漏记了一项经济业务

48. 甲企业月末编制试算平衡表借方余额合计为 150 000 元，贷方余额合计为 180 000 元。经检查后发现，漏记了一个账户的余额( )。
  A. 为借方余额   B. 为贷方余额   C. 为 15 000 元   D. 为 30 000 元

三、判断题（用 A 表示正确，B 表示错误）

1. 会计科目的性质决定了账户的性质，会计科目的分类决定了账户的分类。( )

2. 各企业的总分类账户一般由财政部统一规定，各单位可以根据自身的生产经营特点，在不影响会计核算要求，以及对外提供统一的财会会计报表的前提下，自行增设、减少或合并某些会计科目。( )

3. 总分类账户又称一级账户，简称总账账户或总账，总分类账户以下的账户称为明细分类账户。( )

4. 明细分类科目对总分类科目起着作进一步分类、提供更详细更具体会计信息和统驭控制的作用。( )

5. 二级科目不属于明细分类科目。( )

6. 总分类科目与其所属的明细分类科目的核算内容相同，所不同的是后者提供的是总括信息。( )

7. (2019 年真题)我国企业会计制度规定总账会计科目由财政部统一制定，企业不得自行设置。( )

8. (2020 年真题)总分类科目对所属的明细分类科目起着统驭和控制作用，明细分类科目是对其总分类科目的补充和说明。( )

9. 总分类账户是指根据总分类科目设置的，为了保持会计信息的一致性、可比性，目前总分类账户一般根据国家统一的会计制度规定的总分类科目设置。( )

10. 由于企业各种资产、负债、成本、费用等要素内容复杂多样，为方便管理，明细分类科目的设置越细越好。（　　）

11. 对于发生的每一项经济业务，如果总分类账户登记在借方，那么其所属明细分类账户可以登记在贷方。（　　）

12. 设置会计科目的相关性原则是指所设置的会计科目必须力求统一和规范，要与颁布的企业会计准则相一致。（　　）

13. 各单位一律使用国家颁布的企业会计准则相一致的会计科目，不可以自行制定会计科目。（　　）

14. 会计账户按照所反映的经济内容不同进行分类，可分为资产类、负债类、所有者权益类、收入类、费用类及利润类这六类账户。（　　）

15. 无形资产属于资产类科目，而制造费用属于成本类科目。（　　）

16. 按经济内容分类，"本年利润"属于所有者权益类账户。（　　）

17. （2020年真题）财务费用、制造费用、销售费用、管理费用均属于损益类科目，期末结转后应无余额。（　　）

18. （2021年真题）年度结账后，"其他业务成本"账户期末有借方余额。（　　）

19. 根据借贷记账法下的账户的结构特点，只要是资产类账户，其余额一定在借方。（　　）

20. 账户是会计科目的名称，是会计科目的载体和具体运用。（　　）

21. 会计科目与会计账户口径一致，但性质不同。（　　）

22. （2023年真题）会计科目有一定结构和格式，用于分类反映资产、负债、所有者权益、收入、费用、利润等会计要素增减变动情况及其结果的载体。（　　）

23. 会计科目的基本结构包括账户、增减金额、余额等。（　　）

24. 企业的账户是根据会计科目设置的，具有一定的格式和结构。（　　）

25. （2021年真题）会计科目与账户所反映的经济内容是相同的。（　　）

26. （2022年真题）企业本年发生亏损，年度结转后，"利润分配"账户的余额在借方。（　　）

27. 账户基本结构的内容仅包括会计科目、日期和凭证号数、增减方的金额及余额。（　　）

28. 借贷记账法下，账户的简单格式分为左右两方，其中左方表示增加，右方表示贷方减少。（　　）

29. 资产类账户和负债类账户一般都有期末余额，而资产类账户由于增加在借方，所以期末余额的方向与记录增加的方向一致，而负债类账户由于增加在贷方，所以期末余额的方向与记录增加的方向相反。（　　）

30. 会计账户的期初余额与期末余额提供的是静态信息，而本期发生额提供的是动态信息。（　　）

31. 账户中上期会计期间结束时的期末余额在下一个会计期间开始时就成为当期的期初余额。（　　）

32. 在发生经济业务时，单式记账法只在一个账户中登记，复式记账法则在两个账户中登记。（　　）

33. （2023年真题）复式记账法是指对每一笔经济业务，都必须用相等的金额在两个或两个以上相互联系的账户中进行登记，全面系统地反映会计要素增减变化的一种记账方法。（　　）

34. 资产与负债及所有者权益的恒等关系，是复式记账法的理论基础，也是编制利润表的依据。（　　）

35. 复式记账是以资产和权益的平衡关系为记账基础，对每一项经济业务都以相等的金额同时在相互联系的两个账户中进行登记的一种方法。（　　）

36. 在单式记账法下，能全面系统地反映各会计要素的增减变动情况以及经济业务的来龙去脉。（　　）

37. 复式记账法是指对发生的多个经济业务，分别在两个或两个以上的账户中进行登记的一种记账方法。（　）
38. 我国会计制度规定，所有的单位记账都采用借贷记账法。（　）
39. 我国《企业会计准则》规定，企业应当采用复式记账法记账。（　）
40. 借贷记账法就是根据有"有借必有贷，借贷必相等"记账规则，对于每一笔经济业务只要在两个相互联系的账户中进行登记，系统地反映资金运动变化结果的一种记账方法。（　）
41. 所有者权益类账户分为左右两方，左方登记增加，右方登记减少。（　）
42. 成本类账户包括生产成本、制造费用及其他业务成本等。（　）
43. 损益类账户增加在借方，减少在贷方，没有余额。（　）
44. 费用类与资产类结构相同，即借方记增加，贷方记减少，但一般无余额。（　）
45. 负债和所有者权益类账户的期末余额一定在贷方。（　）
46. 甲企业某一账户的期初余额为 50 000 元，本期增加发生额为 20 000 元，本期减少发生额为 15 000 元，则期末余额为 45 000 元。（　）
47. 某账户借方发生额 5 600 元，贷方发生额 6 500 元，期末贷方余额 2 500 元，则该账户期初为借方余额 1 600 元。（　）
48. 一般而言，费用类账户结构和权益类账户相同，收入类账户结构与资产类账户相同。（　）
49. 账户的余额一般在账户增加的一方。（　）
50. 对于每一个账户来说，期初余额可能在账户的借方或贷方。（　）
51. 甲公司预付账款期初借方余额为 25 万元，本期借方发生额为 8 万元，本期贷方发生额为 5 万元，则期末借方余额为 28 万元。（　）
52. 企业在期末将收入类的各账户全部余额转入"本年利润"账户后，一般无余额。（　）
53. 资产类账户的基本结构是：借方表示增加，贷方表示减少，期初期末余额一般在借方。（　）
54. 根据借贷记账法的要求，收入类账户与所有者权益账户通常都有期末余额，而且在借方。（　）
55. "制造费用"和"销售费用"都应当在期末转入"本年利润"账户。（　）
56. 根据借贷记账法的记账规则，"借"表示增加、"贷"表示减少。（　）
57. 在借贷记账法下，一定时期的"全部账户的借方本期发生额合计＝全部账户的贷方本期发生额合计"；一定时期的"全部账户的借方余额合计＝全部账户的贷方余额合计"。（　）
58. 采用借贷记账法在记录经济业务时，总账与明细账之间形成的关系称作账户间的对应关系。（　）
59. "库存现金"和"银行存款"是一对固定的对应科目。（　）
60. 会计分录是指对经济业务所涉及的会计账户名称、发生额及应借应贷的方向的记录，简称分录。（　）
61. 会计分录简称分录，在实务中，会计分录是在记账凭证登记的。（　）
62. 通常情况下，一笔复合会计分录可以分解为若干个简单会计分录。同时为了简化会计核算，在实际操作中可以把几笔简单分录合并成一笔复合分录。（　）
63. 复合会计分录，要由 3 个或 3 个以上相互对应的账户所组成。（　）
64. 会计人员在账务处理过程中，只可以编制一借一贷、一贷多借、多借多贷的会计分录，而不能编制多借多贷的会计分录，以避免对应关系混乱。（　）

65. 企业编制的复合会计分录指的是涉及的账户数量两个以上，也就是多借多贷形式的会计分录。（ ）

66. 在会计核算中，是通过编制试算平衡表的方法来完成试算平衡的。（ ）

67. 按照"有借必有贷、借贷必相等"的记账规则，一个会计主体一定期间内的全部账户借方发生额合计与贷方发生额合计一定相等。（ ）

68. 总分类账户试算平衡表的期初余额、本期发生额和期末余额的借贷方合计数相等，表明记账一定正确。（ ）

69. 发生额试算平衡是根据"资产＝负债+所有者权益"的恒等关系，以检验本期发生额记录是否正确。（ ）

70. 各单位编制试算平衡表如果实现了平衡关系，那么就说明这个企业的账户记录是正确无误的。（ ）

71. 企业漏记某项经济业务的结果，会导致试算平衡表中的本期借贷发生额不平衡。（ ）

72. 会计人员误将财务费用确认为制造费用，通过试算平衡表无法查出该差错。（ ）

四、综合题

（一）根据借贷记账法有关账户的结构关系，计算下列空格中的数据，并在"借或贷"栏中注明余额的方向。

元

账户名称	期初余额	本期借方发生额	本期贷方发生额	借或贷	期末余额
银行存款	（ ）	480 000	350 000	（ ）	412 000
实收资本	720 000	57 000	46 000	（ ）	（ ）
库存商品	485 600	179 000	（ ）	（ ）	290 600
短期借款	300 000	（ ）	48 000		191 000
应付账款	452 360	334 400	（ ）		236 200
预付账款	256 000	338 000	452 000	（ ）	（ ）
累计折旧	16 700	（ ）	34 920		26 560
销售费用	（ ）	5 600	5 600		0

（二）根据借贷记账法有关账户的结构关系，计算下列空格中的数据，并在"借或贷"栏中注明余额的方向。

元

账户名称	期初余额	本期增加发生额	本期减少发生额	借或贷	期末余额
预收账款	（ ）	254 000	358 000		316 000
其他应付款	6 780	4 350	3 480	（ ）	（ ）
累计摊销	5 800	8 000	（ ）		4 200
长期借款	60 000	（ ）	40 000		35 000
周转材料	（ ）	232 800	165 300	（ ）	192 200

续表

账户名称	期初余额	本期增加发生额	本期减少发生额	借或贷	期末余额
利润分配	498 000	269 000	( )	( )	510 000
银行存款	208 700	( )	148 760	( )	326 560
应付股利	5 600	7 800	12 400	( )	( )

(三)根据借贷记账法有关账户的结构关系,计算下列各 T 型账户中 A、B、C、D 的数据,并要求写出计算过程。

银行存款/元

期初余额 223 000	
本期发生额 185 000	本期发生额(A)
期末余额 150 000	

预收账款/元

	期初余额 528 000
本期发生额 279 000	本期发生额 416 000
	期末余额(B)

资本公积/元

	期初余额 200 000
本期发生额(C)	本期发生额 180 000
	期末余额 86 000

生产成本/元

期初余额(D)	
本期发生额 184 000	本期发生额 298 000
期末余额 335 000	

A = _____

B = _____

C = _____

D = _____

(四)资料：某企业 2023 年 5 月 30 日"试算平衡表"有关数据如下表所示：

要求：根据账户结构关系和试算平衡原理计算表中序号(1)~(14)所在栏目的金额。

单位：元

会计科目	期初余额 借方	期初余额 贷方	本期发生额 借方	本期发生额 贷方	期末余额 借方	期末余额 贷方
库存现金	2 600		4 500	(1)	2 200	
生产成本	(2)		48 000	37 200	(3)	
固定资产	524 300		(4)	180 000	(5)	
应交税费		24 000	30 000	(6)		6 000
应付账款		(7)	34 000	334 000		(8)
预收账款		20 000	(9)	34 000		14 000
本年利润		(10)	270 000	320 000		510 000
资本公积		8 200	6 200	5 600		(11)
合计	539 200	539 200	(12)	(13)	(14)	864 600

(1) = 4 900   (2) = 12 300   (3) = 23 100

(4) = 495 000   (5) = 839 300   (6) = 12 000

(7) = 27 000   (8) = 327 000   (9) = 40 000

(10) = 460 000   (11) = 7 600   (12) = 927 700

(13) = 927 700   (14) = 864 600

第四章 会计凭证

考纲要求

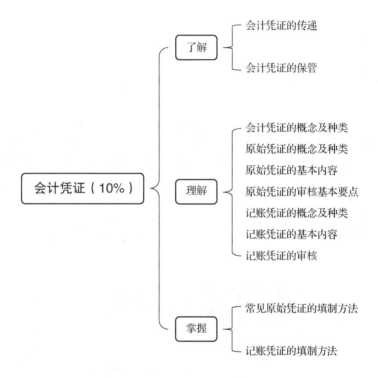

第一节 会计凭证概述

一、会计凭证的概念　◆理解

会计凭证是记录经济业务的发生或完成情况，明确经济责任，并作为记账依据的书面证明。填制和审核会计凭证是会计核算的一种专门方法，是会计工作的初始阶段和基本环节。

二、会计凭证的意义

对于实现会计的职能,保证会计资料的真实性、客观性、正确性,提高会计核算的质量,加强财产物资的管理等,都具有十分重要的意义。主要体现在以下三个方面:

1. 记录经济业务,提供记账依据;
2. 明确经济责任,强化内部控制;
3. 监督经济活动,控制经济运行。

三、会计凭证的种类 ◆理解

会计凭证按照填制程序和用途的不同,分为原始凭证和记账凭证。

典型例题

【例题1·单项选择题】 会计日常核算工作的起点是(   )。

A. 设置会计科目和账户　　　　　　　　B. 填制和审核会计凭证

C. 登记会计账簿　　　　　　　　　　　D. 财产清查

答案:B

解析:填制和审核会计凭证是会计核算的一种专门方法,是会计工作的初始阶段和基本环节。

【例题2·单项选择题】 会计凭证按(   )分类,分为原始凭证和记账凭证。

A. 反映的内容　　　B. 填制方法　　　C. 填制程序和用途　　　D. 来源

答案:C

解析:会计凭证按照填制程序和用途的不同,分为原始凭证和记账凭证。

第二节　原始凭证

一、原始凭证的概念 ◆理解

原始凭证是经济业务发生或完成时取得或填制的,用以记录或证明经济业务的发生或完成情况,明确经济责任的原始证明。原始凭证是进行会计核算的原始资料和重要依据。

办理《中华人民共和国会计法》规定的经济业务事项,必须填制或者取得原始凭证并及时送交会计机构,会计机构的会计人员必须按照国家统一会计制度的规定对原始凭证进行审核,并根据审核无误的原始凭证填制记账凭证。

经济业务事项分为:

1. 款项和有价证券的收付;
2. 财物的收发、增减和使用;
3. 债权债务的发生和结算;

4. 资本、基金的增减；

5. 收入、支出、费用、成本的计算；

6. 财务成果的计算和处理；

7. 需要办理会计手续、进行会计核算的其他事项。

原始凭证是填制记账凭证和登记会计账簿的原始依据，是进行会计核算的原始资料，原始凭证记录的是经济信息，它是编制记账凭证的依据，是会计核算的基础。

不能证明经济业务已经发生或完成的各种单据，均不能作为进行会计核算的原始证据，例如：购货合同、请购单、车间派工单、对账单、提货单、银行存款余额调节表等。

二、原始凭证的种类　◆理解

(一) 按取得的来源渠道不同，可分为外来原始凭证和自制原始凭证

1. 外来原始凭证：是指本企业在同外单位或个人发生经济业务往来过程中，当经济业务发生或完成时，从外单位或个人手中取得的原始凭证，例如：购货发票、专用发票；企业从外单位或个人取得的收款收据；企业收到的银行收、付款结算凭证；各种车、船、机票等。

补充内容

> 增值税专用发票是兼记销货方纳税义务和购货方进项税额的合法证明，对销售方来说是自制原始凭证，对购买方来说是外来原始凭证。
>
> 单位和个人在开具发票时应当按照规定的时限、顺序，逐栏、全部联次一次性如实开具，并加盖单位财务专用章或发票专用章。
>
> 任何单位和个人不得转借、转让、代开发票；未经税务机关批准，不得拆本使用发票；不得自行扩大专用发票使用范围。
>
> 任何单位和个人对不符合规定的发票，有权拒收，并不得作为财务报销凭证。

2. 自制原始凭证：是指在经济业务发生或完成时，由本单位业务经办部门或个人自行填制的原始凭证，例如：收料单、领料单、入库单、出库单、固定资产折旧表、借款单、差旅费报销单、工资单等。

(二) 按填制手续和方法不同，可分为一次原始凭证、累计原始凭证和汇总原始凭证

1. 一次原始凭证：是指一次只记录一项经济业务或同时记录若干项同类经济业务的原始凭证，例如：入库单、领料单等。

各种外来原始凭证都是一次原始凭证。

2. 累计原始凭证：是指一定时期内连续记录若干项同类性质的经济业务的原始凭证，例如：限额领料单、累计销售凭证等。

3. 汇总原始凭证：是指根据若干张反映相同经济业务的原始凭证定期加以汇总而重新编制的一份凭证，例如：材料耗用汇总表、差旅费报销单等。

(三) 按格式不同，可分为通用原始凭证和专用原始凭证

1. 通用凭证：由有关部门统一印制、在一定范围内使用的具有统一格式和使用方法的原始凭证(增值税专用发票、银行转账结算凭证等)。

2. 专用凭证：由单位自行印制，仅在本单位内部使用的原始凭证(收料单、领料单、工资费用分配

单、折旧计算表等）。

三、原始凭证的基本内容 ●掌握

1. 原始凭证的名称及编号；
2. 填制原始凭证的日期；
3. 接受原始凭证的单位名称或个人姓名；
4. 经济业务的内容；
5. 经济业务的计量单位、单价、数量和金额；
6. 填制原始凭证的单位名称或者填制人姓名；
7. 经办人员或责任人的签名或者盖章。

原始凭证的必要内容：

1. 外来原始凭证应该使用统一的发票，发票上应该印有税务专用章；从外单位取得的原始凭证，必须加盖填制单位的公章或财务专用章。但几种公认的特殊外来原始凭证例外，如火车票、机票、汽车票等。

2. 支付款项的原始凭证，必须有收款单位和收款人的收款证明，不能仅仅以支付款项的有关凭证代替。

3. 购买实物的原始凭证，必须附有验收证明。

4. 销售货物并发生退回时，必须以退货发票、退货验收证明和对方的收款收据或者汇款银行的凭证作为原始凭证。

5. 职工外出借款时填制的借款单，必须附在记账凭证后。收回借款时，应该另开收据或者退还借款副本，不得退还原借款凭证。

6. 需经有关部门批准办理的某些特殊业务，应将批准文件作为原始凭证的附件；若批准文件需单独归档，应在凭证上注明批准机关名称、日期和文件字号。

7. 对于不同单位经常发生的共同性经济业务，有关部门可以制定统一的凭证格式。如人民银行统一制定的银行转账结算凭证，标明了结算双方单位名称、账号等内容；铁道部统一制定的铁路运单，标明了发货单位、收货单位、提货方式等内容。

四、原始凭证的填制要求

1. 真实可靠：原始凭证上填制的表示经济业务发生或完成的日期、内容必须与实际情况完全相符。

2. 填制及时：原始凭证必须在经济业务发生或完成的当时、当地及时进行填写或及时取得，并按照规定程序传递、审核，以便据以填制记账凭证。

3. 内容完整：必须按照规定的原始凭证基本要素逐项填写齐全，不得遗漏或简略；有关经办单位和人员必须按法规要求认真签章，做到责任明确，各负其责。

4. 填写清楚：原始凭证要求使用蓝、黑墨水笔或特殊书写笔书写，文字清楚、工整、易于辨认；业务内容应简明扼要；业务数量、单价和金额要按规定填写；金额数字不得连笔写，空白金额行应加斜线注销，合计金额前要加写人民币符号￥；大小写数字规范，金额保持一致；两联或两联以上套写的凭证，必须全部写透。

原始凭证填写要求：

1. 大小写金额必须相符且填写规范，小写金额用阿拉伯数字逐个填写，不得写连笔字。
2. 在金额前要填写人民币符号￥，人民币符号￥与阿拉伯数字之间不得留有空白。
3. 金额数字一律填写到角分，无角分的，写"00"或符号"—"，有角无分的，分位写"0"，不得用符号"—"。
4. 大写金额用汉字壹、贰、叁、肆、伍、陆、柒、捌、玖、拾、佰、仟、万、亿、元、角、分、零、整等，一律用正楷或行书字书写，大写金额前未印有"人民币"字样的，应加写"人民币"三个字，"人民币"字样和大写金额之间不得留有空白，大写金额到元或角为止的，后面要写"整"或"正"字，有分的，不写"整"或"正"字。
5. 阿拉伯数字小写金额数字中有"0"时，中文大写应根据汉语语言规律、金额数字构成和防止涂改的要求进行书写。举例如下：

(1)阿拉伯数字中间有"0"时，中文大写要写"零"字，如￥1 409.50，应写成人民币壹仟肆佰零玖元伍角整。

(2)阿拉伯数字中间连续有几个"0"时，中文大写金额中间可以只写一个"零"字，如￥6 007.14，应写成人民币陆仟零柒元壹角肆分。

(3)阿拉伯金额数字万位和元位是"0"，或者数字中间连续有几个"0"，万位、元位也是"0"，但千位、角位不是"0"时，中文大写金额中可以只写一个零字，也可以不写"零"字。如￥1 680.32，应写成人民币壹仟陆佰捌拾元零叁角贰分，或者写成人民币壹仟陆佰捌拾元叁角贰分；又如￥107 000.53，应写成人民币壹拾万柒仟元零伍角叁分，或者写成人民币壹拾万零柒仟元伍角叁分。

(4)阿拉伯金额数字角位是"0"，而分位不是"0"时，中文大写金额"元"后面应写"零"字。如￥16 409.02，应写成人民币壹万陆仟肆佰零玖元零贰分；又如￥325.04，应写成人民币叁佰贰拾伍元零肆分。

(5)出票日期(大写)：票据的出票日期必须使用中文大写。在填写月、日时，月为1、2、10、日为1—9、10、20、30的，应在其前加"零"；日为10—19的，应在其前加"壹"。举例：2022年8月5日应写成"贰零贰贰年捌月零伍日"。2022年2月13日：贰零贰贰年零贰月壹拾叁日。2022年10月10日：贰零贰贰年零壹拾月零壹拾日。

五、原始凭证的审核基本要点　◆理解

(一)原始凭证的审核要求

1. **合法性**：审核原始凭证所记录的经济业务是否符合国家有关政策、法律、法规的要求，是否存在违法乱纪等行为。
2. **真实性**：审核原始凭证日期是否真实、业务内容是否真实、数据是否真实等。
3. **完整性**：审核原始凭证各项基本要素是否齐全，是否有漏项情况，日期是否完整，数字是否清晰，文字是否工整，有关人员签章是否齐全等。
4. **正确性**：审核原始凭证各项金额的计算及填写是否正确，凭证联次是否正确。

(二)原始凭证审核的内容

1. **凭证内容**。
2. **凭证签章**：自制的原始凭证，必须有经办部门或者指定人员签名或盖章；从外单位取得的原始凭证应盖有填制单位的公章；从个人取得的原始凭证应有填制人员的签名或盖章；出纳人员在办理收款或付款业务后，应在凭证上加盖"收讫"或"付讫"的印章，以避免重收重付。
3. **凭证金额**：凡填写大小写金额的，大小写金额必须相符；购买实物的原始凭证，必须有验收证明；

支付款项的原始凭证,必须有收款单位和收款人的收款证明。

4. 凭证各联:一式几联的原始凭证,必须注明各联的用途,只能以其中一联作为报销凭证;一式几联的发票或收据,必须用双面复写纸(本身具有复写功能的除外),各联必须写透,并连续编号。

(三)原始凭证审核后的处理,应根据不同情况处理

1. 对于完全符合要求的原始凭证,应及时据以编制记账凭证入账;

2. 对于真实、合法、合理但内容不够完整、填写有错误的原始凭证,应退回给有关经办人员,由其负责将有关凭证补充完整、更正错误或重开后,再办理正式会计手续;

3. 对于不真实、不合法的原始凭证,会计机构、会计人员有权不予接受,并向单位负责人报告。

(四)原始凭证错误的更正

1. 原始凭证记载内容有错误的,应当由出具单位重开或更正,并在更正处加盖出具单位印章。原始凭证开具单位应当依法开具准确无误的原始凭证,对填制有误的原始凭证负有更正和重新开具的义务,不得拒绝。

2. 原始凭证金额有错误的,不得更正,只能由原始凭证出具单位重开。

典型例题

【例题1·判断题】原始凭证是记录经济业务,明确经济责任的书面证明,是登记账簿的依据。( )

答案:×

解析:考查原始凭证的概念。这是会计凭证的概念。原始凭证是经济业务发生或完成时取得或填制的,用以记录或证明经济业务的发生或完成情况,明确经济责任的原始证明。

【例题2·单项选择题】下列选项中,属于累计凭证的是( )。

A. 借款单　　　　　B. 发料凭证汇总表　　　C. 差旅费报销单　　　D. 限额领料单

答案:D

解析:考查原始凭证的种类。原始凭证按照填制手续和方法不同,分为一次、累计和汇总凭证。A是一次凭证,B和C是汇总凭证,D是累计凭证。

【例题3·多项选择题】原始凭证应具备的基本内容是( )。

A. 填制日期　　　　　　　　　　　　B. 经济业务涉及的会计科目

C. 经济业务的内容　　　　　　　　　D. 接受凭证的单位名称

答案:ACD

解析:考查原始凭证的基本内容。原始凭证的基本内容:原始凭证的名称及编填制原始凭证的日期、接受原始凭证的单位名称或个人姓名、经济业务的内容、经济业务的计量单位、单价、数量和金额、填制原始凭证的单位名称或者填制人姓名、经办人员或责任人的签名或者盖章。

【例题4·多项选择题·2020年真题】下列选项中,属于原始凭证填制要求的是( )。

A. 真实可靠　　　　　B. 填制及时　　　　C. 内容完整齐全　　　D. 填写清楚规范

答案:ABCD

解析:考查原始凭证的填制要求。

【例题5·单项选择题·2022年真题】原始凭证上金额有误的,下列处理正确的是( )。

A. 由出具单位重开

B. 由本单位经办人更正,并由单位财务负责人签名或盖章

C. 由出具单位更正，更正处应当加盖出具单位印章

D. 由本单位会计人员按划线更正法更正，并在更正处签章

答案：A

解析：考查原始凭证审核的基本要点。原始凭证金额有错误的，不得更正，只能由原始凭证出具单位重开。

【例题6·单项选择题·2023年真题】 ￥40 051.06大写金额是(　　)。

A. 肆万零伍拾壹元零陆分　　　　　　　　B. 肆万伍拾壹元零陆分整

C. 肆万零伍拾壹元零陆分整　　　　　　　D. 肆万零伍拾壹元陆分

答案：A

解析：考查原始凭证的填制要求。阿拉伯数字中间连续有几个"0"时，中文大写金额中间可以只写一个"零"字。阿拉伯金额数字角位是"0"，而分位不是"0"时，中文大写金额"元"后面应写"零"字。

【例题7·多项选择题·2022年真题】 下列选项中，属于原始凭证审核内容的有(　　)。

A. 检查填制的经济业务内容是否正确　　　B. 检查会计科目的使用是否正确

C. 检查应记载的每个项目是否填列完整　　D. 检查相关责任人是否签名或盖章

答案：ACD

解析：考查原始凭证审核的基本要点。B选项检查会计科目的使用是否正确属于记账凭证的审核内容。

第三节　记账凭证

一、记账凭证的概念　◆理解

记账凭证是由企业财会部门根据已审核的原始凭证填制的、载有会计分录并作为记账依据的书面文件。记账凭证记录的是会计信息，它是会计核算的起点，如表4-1所示。

表4-1　记账凭证和原始凭证的区别

项目	原始凭证	记账凭证
填制人员不同	经办人员	会计人员
填制依据不同	经济业务发生或完成时填制	根据审核无误的原始凭证
填制信息不同	记录经济信息	记录会计信息
发挥作用不同	是填制记账凭证和登记明细账的依据	是登记账簿的直接依据

二、记账凭证的种类　◆理解

按其记录反映的经济业务内容不同，可分为收款凭证、付款凭证和转账凭证(前三个统称为专用记账凭证)和通用记账凭证。

专用记账凭证：

(1)收款凭证,是指用于记录库存现金和银行存款收款业务的记账凭证,是登记现金日记账、银行存款日记账以及有关明细账和总分类账等账簿的依据,也是出纳人员收讫款项的依据。特点是凭证左上角是借方科目,只能填制"库存现金"或"银行存款"。收款凭证体现的分录格式为一借一贷或一借多贷。

(2)付款凭证,是指用于记录库存现金和银行存款付款业务的记账凭证,是登记现金日记账、银行存款日记账以及有关明细账和总分类账等账簿的依据,也是出纳人员支付款项的依据。特点是凭证左上角是贷方科目,只能填制"库存现金"或"银行存款"。付款凭证体现的分录格式为一借一贷或一贷多借。

(3)转账凭证是指用于记录不涉及库存现金和银行存款业务的记账凭证。它是登记有关明细账和总分类账等账簿的依据。

(4)通用记账凭证:是指用来反映所有经济业务的记账凭证,为各类经济业务所共同使用,因此也称标准凭证,其格式一般与转账凭证的格式相同。

实际工作中,一些企业、行政事业单位,由于平时收付款业务量较少或全部业务量不多,一般使用格式统一的通用记账凭证。

三、记账凭证的基本内容　●掌握

1. 凭证名称;
2. 凭证的填制日期;
3. 凭证的顺序编号;
4. 摘要;
5. 会计科目;
6. 金额;
7. 所附原始凭证张数;
8. 有关责任人的签名或盖章。

四、记账凭证的填制方法　●掌握

1. 记账凭证必须根据审核无误的原始凭证和有关资料编制。
记账凭证可以:
(1)根据每一张原始凭证填制;
(2)根据若干张同类原始凭证汇总填制;
(3)根据原始凭证汇总表填制。
不得将不同内容和类别的原始凭证汇总填制在一张记账凭证上。

2. 填写记账凭证的日期一般是会计人员填制记账凭证的当天日期,也可以根据管理需要,填写经济业务发生的日期或月末日期。

3. 如果一项经济业务需要填制两张或两张以上记账凭证时,可采用"分数编号法"。

4. 记账凭证填制经济业务事项后,如有空行,应划线注销。

5. 除结账和更正错误的记账凭证可以不附有原始凭证外,其他记账凭证必须附有原始凭证并注明所附张数。

如果一张原始凭证涉及几张记账凭证:
(1)可以把原始凭证附在一张主要的记账凭证后面,然后在其他记账凭证上注明附有该原始凭证的记账凭证的编号，便于查找；

（2）将原始凭证附在一张主要的记账凭证后面，然后在其他记账凭证后面附该原始凭证的复印件。

一张原始凭证所列支的费用需要几个单位共同负担的，由该原始凭证保留单位出具原始凭证分割单，供其他单位结算使用。

6. 记账凭证填制完毕后，填制人员应签章，以明确经济责任。

7. "√"或"过账"栏填写"√"表示已经入账（或过账完毕）。

8. 只涉及款项收付的经济业务，为避免重复记账，只编制付款凭证。

例如："借：库存现金，贷：银行存款"这个分录只编制银行存款的付款凭证。

"借：银行存款，贷：库存现金"这个分录只编制库存现金的付款凭证。

五、记账凭证的审核 ◆理解

1. 记账凭证审核的内容：

（1）审核记账凭证是否附有原始凭证，所附原始凭证的张数与记账凭证上填写的附件张数是否一致；记账凭证上填写的经济业务内容与原始凭证上记载的经济业务内容是否相符；记账凭证上的金额与所附原始凭证上的金额是否相等；没有附原始凭证的记账凭证无效（除特殊情况外），它不能作为登记账簿的依据。

（2）审核记账凭证中确定的会计分录是否正确。

（3）审核记账凭证中的列示的各个项目是否已经填写齐全、完整，有关经办人员是否按规定的手续和程序在记账凭证上签章。

（4）在期末结算结账和更正错账等类型的业务中，所填制的记账凭证没有原始凭证作依据，会计主管人员必须在这些记账凭证上签章加以证明，然后才能作为登记账簿的依据。

2. 在审核记账凭证过程中，如果发现未入账的记账凭证有错误，应重新填制；已入账的记账凭证，应按规定的更正错误的方法予以更正。

典型例题

【例题1·多项选择题·2021年真题】下列关于专用记账凭证的表述，正确的有（　　）。

A. 收款凭证的贷方科目只能是"库存现金"或"银行存款"

B. 付款凭证的借方科目只能是"库存现金"或"银行存款"

C. 收款凭证是出纳人员登记现金日记账或银行存款日记账的依据

D. 转账凭证不会涉及"库存现金"或"银行存款"科目

答案：CD

解析：考查记账凭证的种类。记账凭证分为专用记账凭证和专用记账凭证。A答案收款凭证是用于记录库存现金和银行存款收款业务的记账凭证，特点是凭证左上角是借方科目，只能填"库存现金"或"银行存款"。付款凭证是用于记录库存现金和银行存款付款业务的记账凭证，特点是凭证左上角是贷方科目，只能填制"库存现金"或"银行存款"，所以AB错误。

【例题2·多项选择题·2023年真题】属于记账凭证内容的是（　　）。

A. 凭证的日期　　　　　　　　　　　B. 记账凭证的编号和内容摘要

C. 相关责任人的签名或盖章　　　　　D. 凭证的科目方向金额

答案：ABCD

解析：考查记账凭证的基本内容。包括：凭证名称、凭证的填制日期凭证的顺序编号、摘要、会计科目、金额、所附原始凭证张数、有关责任人的签名或盖章。

【例题3·单项选择题·2021年真题】将现金存入银行，按规定应编制的专用记账凭证是(　　)。

A. 银行存款收款凭证　　　　　　　　B. 现金收款凭证

C. 银行存款付款凭证　　　　　　　　D. 现金付款凭证

答案：D

解析：考查记账凭证的填制要求。只涉及款项收付的经济业务，为避免重复记账，只编制付款凭证。

【例题4·多项选择题·2023年真题】以下可以不附原始凭证的记账凭证有(　　)。

A. 更正错账　　　　B. 结账　　　　C. 购买设备　　　　D. 分配工资

答案：AB

解析：考查记账凭证的填制要求。

【例题5·判断题·2023年真题】收付款凭证是登记有关账簿的依据，也是出纳现金收付的依据。

(　　)

答案：√

【例题6·判断题·2019年真题】在实际工作中，记账凭证的填制日期必须与原始凭证的填制日期相同。

(　　)

答案：×

解析：考查记账凭证的填制要求。填写记账凭证的日期一般是会计人员填制记账凭证的当天日期，也可以根据管理需要，填写经济业务发生的日期或月末日期。

【例题7·单项选择题】关于记账凭证的审核，下列表述不正确的是(　　)。

A. 如果在填制记账凭证时发生错误，应当重新填制

B. 发现以前年度记账凭证有错误的，应当用红字填制一张更正的记账凭证

C. 必须审核会计科目是否正确

D. 必须审核记账凭证项目是否齐全

答案：B

解析：考查记账凭证的审核。以前年度记账凭证有错误的，应当用蓝字填制一张更正的记账凭证。

第四节　会计凭证的传递、装订和保管

一、会计凭证的传递　■了解

1. 会计凭证传递的概念：会计凭证的传递是指从经济业务发生或完成时取得或填制原始凭证开始，直到会计凭证归档保管为止，会计凭证在企业、行政事业单位内部有关部门和人员之间，按照规定的手续、时间和传递路线，进行处理、移交的程序。

2. 制定科学合理的传递程序。

3. 确定合理的停留处理时间。

二、会计凭证的保管 ■了解

1. 如果原始凭证的数量过多，不便一起装订，可以不附在记账凭证后面，单独抽出来，装订成册保管。在装订成册的封面注明记账凭证的日期、种类、编号，同时在记账凭证的封底注明"附件另订"以及原始凭证的名称、编号。

2. 会计凭证应及时传递，不得积压。

3. 原始凭证不得外借，特殊情况下，经本单位会计机构负责人、会计主管人员批准，可以复制，向外单位提供的原始复印件，应在相应的登记簿上登记，并由提供人员和收取人员共同签名、盖章。

4. 从外单位取得的原始凭证如有遗失，应取得原签发单位盖有公章的书面证明，并注明所遗失原始凭证的基本内容，由经办单位会计机构负责人、会计主管人员和单位负责人批准后方可代替原始凭证；如果确实无法取得证明，应由当事人写出详细情况，由经办单位会计机构负责人、会计主管人员和单位负责人批准后，代作原始凭证。

5. 每年装订成册的会计凭证，在年度终了时可暂由单位会计机构保管一年，期满后应当移交本单位档案机构统一保管；未设立档案机构的，应当在会计机构内部指定专人保管。出纳人员不得兼管会计档案。

6. 严格遵守会计凭证的保管期限要求，期满前不得任意销毁。

典型例题

【例题1·判断题·2023年真题】会计凭证的传递是指在会计凭证取得或填制以后，在单位内部会计人员之间传递的。（ ）

答案：×

解析：考查会计凭证的传递，会计凭证的传递是指从经济业务发生或完成时取得或填制原始凭证开始，直到会计凭证归档保管为止，会计凭证在企业、行政事业单位内部有关部门和人员之间，按照规定的手续、时间和传递路线，进行处理、移交的程序。不一定只有会计人员之间传递。

【例题2·多项选择题】从外单位取得的原始凭证遗失时应该作(   )处理后，才能代作原始凭证。

A. 取得原签发单位盖有公章的证明　　　　B. 注明原始凭证的号码、金额、内容等
C. 由经办单位会计机构负责人批准　　　　D. 由经办单位负责人批准

答案：ABCD

解析：考查会计凭证的保管，从外单位取得的原始凭证如有遗失，应取得原签发单位盖有公章的书面证明，并注明所遗失原始凭证的基本内容，由经办单位会计机构负责人、会计主管人员和单位负责人批准后方可代替原始凭证；如果确实无法取得证明，应由当事人写出详细情况，由经办单位会计机构负责人、会计主管人员和单位负责人批准后，代作原始凭证。

【例题3·多项选择题】其他单位原始凭证丢失，需要使用本单位的原始凭证时正确的做法有(   )。

A. 将外借的原始凭证拆封抽出
B. 可以外借
C. 不得外借，经本单位会计机构负责人、会计主管人员批准，可以复制
D. 将向外单位提供的凭证复印件在专设的登记簿上登记

答案：CD

解析：原始凭证不得外借，特殊情况下，经本单位会计机构负责人、会计主管人员批准，可以复制，向外单位提供的原始复印件，应在相应的登记簿上登记，并由提供人员和收取人员共同签名、盖章。

习题精选

一、单项选择题

1. 下列各项中，不属于会计核算具体内容的是(　　)。
   A. 制定企业计划   B. 财务的收发、增减和使用
   C. 资本的增减   D. 款项和有价证券的收付

2. 属于会计核算内容的是(　　)。
   A. 采购计划的制定   B. 财务管理制度的制定
   C. 财务成果的计算和处理   D. 劳动定额的制定

3. 属于记录经济业务发生或完成情况的书面证明，也是登记账簿的依据的是(　　)。
   A. 科目汇总表   B. 会计凭证   C. 原始凭证   D. 记账凭证

4. 经济业务发生或完成时取得或填制的凭证是(　　)。
   A. 转账凭证   B. 汇总凭证   C. 原始凭证   D. 付款凭证

5. 原始凭证的质量决定了会计信息的(　　)，在一定意义上决定了分类核算和会计报表的质量。
   A. 真实性和可靠性   B. 相关性和重要性
   C. 可理解性和及时性   D. 可比性和谨慎性

6. (2019年真题)下列选项中，不属于原始凭证基本要素的是(　　)。
   A. 填制日期   B. 会计科目   C. 填制单位名称   D. 经济业务的内容

7. 下列各项中，属于原始凭证的是(　　)。
   A. 银行对账单   B. 购销合同书
   C. 银行存款余额调节表   D. 账存实存对比表

8. 下列各项中，不能作为原始凭证的是(　　)。
   A. 差旅费报销单   B. 工资汇总表
   C. 银行存款余额调节表   D. 领料单

9. 在一定时期内连续记录若干项同类经济业务的会计凭证是(　　)。
   A. 原始凭证   B. 累计凭证   C. 记账凭证   D. 一次凭证

10. 下列原始凭证中，属于累计凭证的是(　　)。
    A. 收料单   B. 限额领料单   C. 制造费用分配表   D. 税收缴款书

11. (2021年真题)下列选项中，属于外来原始凭证的是(　　)。
    A. 材料领料单   B. 产品入库单   C. 折旧计算表   D. 出差的火车票

12. (2022年真题)下列选项中，属于自制原始凭证的是(　　)。
    A. 生产通知单   B. 购物时取得的增值税发票
    C. 差旅费报销单   D. 从银行取得的银行结算凭证

13. 发料凭证汇总表单属于(　　)。
    A. 通用凭证   B. 一次凭证   C. 累计凭证   D. 汇总凭证

14. 下列会计凭证，属于外来原始凭证的是(　　)。
   A. 限额领料单　　　B. 工资计算单　　　C. 差旅费报销单　　　D. 职工出差的火车票

15. 出差人员的差旅费报销单按填制的手续及内容分类，属于原始凭证中的是(　　)。
   A. 一次凭证　　　B. 累计凭证　　　C. 汇总凭证　　　D. 专用凭证

16. 下列各项中，既属于一次凭证，也是专用凭证的是(　　)。
   A. 领料单　　　B. 增值税专用发票　　　C. 付款通知书　　　D. 现金收据

17. 以下项目中，属于一次凭证和累计凭证的主要区别是(　　)。
   A. 一次凭证是记载一笔经济业务，累计凭证是记载多笔经济业务
   B. 累计凭证是自制原始凭证，一次凭证是外来原始凭证
   C. 累计凭证填制的手续是多次完成的，一次凭证填制的手续是一次完成的
   D. 累计凭证是汇总凭证，一次凭证是单式凭证

18. 原始凭证按照填制手续及内容不同，分为一次凭证、累计凭证和汇总凭证。下列各原始凭证中，不属于同一类别的是(　　)。
   A. 领料单和限额领料单
   B. 飞机票和收料单
   C. 差旅费报销单和工资结算汇总表
   D. 借款单和银行结算凭证

19. (2019年真题)填制原始凭证时应做到大、小写数字符合规范，填写正确。例如，大写金额"叁仟零捌元柒角整"，其小写金额应为(　　)。
   A. 3 008.70元　　　B. 3 008.70元　　　C. ￥3 008.70　　　D. ￥3 008.70元

20. 下列关于一次凭证的说法中，不正确的有(　　)。
   A. 一次凭证是指反映一项经济业务，或者同时反应若干项同类性质的经济业务
   B. 一次凭证的填制手续是一次完成的会计凭证
   C. 企业购进材料验收入库，由仓库保管员填制的"收料单"属于一次凭证
   D. 工业企业常用的限额领料单是常见的一次凭证

21. 下列关于原始凭证的填制要求的相关说法中，正确的是(　　)。
   A. 大写金额有分的，写"整"或"正"字
   B. 原始凭证金额有错误的，应当由出具单位重开或更正，更正处应当加盖出具单位印章
   C. 小写金额前要标明"￥"字样，中间不能留有空位；大写金额前要加"人民币"字样，大写金额与小写金额要相符
   D. 金额数字一律写到角、分，无角无分的，可以不写

22. 审核原始凭证所记录的经济业务是否符合企业生产经营活动的需要、是否符合有关的计划和预算，属于(　　)审核。
   A. 合理性　　　B. 合法性　　　C. 真实性　　　D. 完整性

23. 在填制会计凭证时，"￥9 080.05"的规范大写金额是(　　)。
   A. 人民币玖仟零捌拾元伍分整
   B. 人民币玖仟零捌拾元零伍分
   C. 人民币玖仟捌拾元零伍分整
   D. 人民币玖仟零捌拾元伍分

24. 下列内容中，不属于原始凭证的审核内容的是(　　)。
   A. 凭证是否符合有关的计划和预算
   B. 会计科目使用是否正确
   C. 凭证是否符合规定的审核程序

D. 凭证是否有填制单位的公章和填制人员签章

25. 下列各项中，对于金额有误的原始凭证处理方法正确的是( )。

　　A. 由出具单位在凭证上更正并加盖出具单位印章

　　B. 由出具单位在凭证上更正并由经办人员签名

　　C. 由出具单位在凭证上更正并由单位负责人签名

　　D. 由出具单位重新开具凭证

26. 在审核原始凭证时，对于内容不完整、手续不完备的原始凭证，应该( )。

　　A. 拒绝办理，并向本单位负责人报告　　　B. 予以抵制，对经办人员进行批评

　　C. 由会计人员重新编制或予以更正　　　　D. 予以退回，要求更正、补充

27. 登记总分类账的直接依据是( )。

　　A. 原始凭证　　　B. 记账凭证　　　C. 经济业务　　　D. 原始凭证汇总表

28. 记账凭证是企业财务部门根据已审核的原始凭证填制的，载有( )并作为记账依据的书面证明。

　　A. 经济业务　　　B. 会计分录　　　C. 金额　　　　　D. 会计科目

29. 记账凭证的填制是由( )进行的。

　　A. 出纳人员　　　B. 会计人员　　　C. 经办人员　　　D. 主管人员

30. 当企业收付款业务量不多时，为简化核算，一般采用( )。

　　A. 收款凭证　　　B. 付款凭证　　　C. 转账凭证　　　D. 通用凭证

31. 下列各项中，( )能够全面反映经济业务的账户对应关系，有利于检验会计分录的正确性，但不便于会计岗位上的分工记账。

　　A. 单式凭证　　　B. 复式凭证　　　C. 通用凭证　　　D. 专用凭证

32. (2020年真题)按规定计算本年应交企业所得税50 000元，该项经济业务应填制的专用记账凭证是( )。

　　A. 一次凭证　　　B. 收款凭证　　　C. 付款凭证　　　D. 转账凭证

33. (2022年真题)采用专用记账凭证时，下列经济业务应编制付款凭证的是( )。

　　A. 取得借款存入银行　　　　　　　B. 预提短期借款利息

　　C. 从银行提取库存现金　　　　　　D. 收到货款存入银行

34. (2023年真题)销售产品一批，该笔款项未收应填制( )凭证。

　　A. 收款凭证　　　B. 付款凭证　　　C. 转账凭证　　　D. 结账凭证和付款凭证

35. 甲企业销售产品一批价款100 000元，增值税税额13 000元，产品已发出，发票已交给销货方，购货方开出一张50 000元的支票，余款尚未收到。甲企业应根据有关原始凭证编制( )。

　　A. 收款凭证　　　B. 付款凭证　　　C. 通用记账凭证　　　D. 转账凭证

36. 企业将零星销售取得的现金收入存入银行，应根据有关原始凭证填制的凭证是( )。

　　A. 银行收款凭证　　B. 现金付款凭证　　C. 现金收款凭证　　D. 转账凭证

37. 根据同一张原始凭证编制几张记账凭证的，应( )。

　　A. 编制原始凭证分割单

　　B. 采用分数编号法

　　C. 不必做任何说明

　　D. 在未附原始凭证的记账凭证上注明其原始凭证附在哪张记账凭证下

38. (2023年真题)收款凭证借方科目登记(　　)。

　　A. 应收账款　　B. 库存现金　　C. 预付账款　　D. 应付票据

39. 付款凭证左上角的"贷方科目"可能登记的科目是(　　)。

　　A. "预收账款"　　B. "银行存款"　　C. "预付账款"　　D. "其他应付款"

40. 付款凭证科目借贷对应方式正确的是(　　)。

　　A. 多借多贷　　B. 多贷一借　　C. 多借一贷　　D. 以上全正确

41. 张明出差归来报销差旅费，经整理共有飞机票、火车票、市内公交车票等共计20张，张明填制了报销清单并粘贴妥当且经领导签字审批后，出纳员当即给予报销，会计人员在根据该项业务编制记账凭证时，记账凭证的附件数量应填(　　)张。

　　A. 1　　B. 5　　C. 10　　D. 20

42. 下列各项中，不能验证记账凭证内容是否真实的是(　　)。

　　A. 应借、应贷科目是否正确

　　B. 是否有原始凭证为依据

　　C. 内容与所附原始凭证的内容是否一致

　　D. 记账凭证汇总表的内容与其所依据的记账凭证的内容是否一致

43. (2023年真题)对于不真实不合法凭证，应该(　　)。

　　A. 退回原开具单位或个人，令其重开

　　B. 由会计人员重新填制或予以更正

　　C. 退回原开具单位或个人，令其予以更正。

　　D. 会计机构、会计人员有权不予接受，并向单位负责人报告

44. (2019年真题)一笔经济业务需要填制三张记账凭证时，凭证顺序号为16，则这三张凭证的编号是(　　)。

　　A. 16 1/3, 16 2/3, 16 3/3　　B. 16(1), 16(2), 16(3)

　　C. 16-1, 16-2, 16-3　　D. 16, 17, 18

45. 一项经济业务需要连续编制多张记账凭证的，应(　　)。

　　A. 自制内容相同的多张原始凭证　　B. 编制原始凭证分割单

　　C. 采用分数编号的方法　　D. B和C两种方法均可

46. 下列各项中，关于记账凭证填制基本要求的表述不正确的是(　　)。

　　A. 登记账簿前，记账凭证填制错误的应重新填制

　　B. 可以将不同内容和类别的原始凭证合并填制一张记账凭证

　　C. 除结账和更正错账可以不附原始凭证，其他记账凭证必须附原始凭证

　　D. 记账凭证应连续编号

47. (2021年真题)记账凭证上记账栏"√"符号表示(　　)。

　　A. 不需登记入账　　B. 已经登记入账　　C. 此凭证编制正确　　D. 此凭证作废

48. 下列既可以作为登记总账依据，又可以作为登记明细账依据的是(　　)。

　　A. 记账凭证　　B. 汇总记账凭证　　C. 原始凭证　　D. 汇总原始凭证

49. 下列关于会计凭证的保管，表述不正确的是(　　)。

　　A. 会计机构应定期(每天、每旬或每月)对各种会计凭证进行分类整理

　　B. 各种记账凭证应连同原始凭证一起，装订成册，并在装订线上加贴封签，防止抽换凭证

C. 会计主管人员和保管人员等应在会计凭证的封面上签章

D. 从外单位取得的原始凭证遗失时，必须取得原签发单位盖有公章的证明

50. 当年形成的会计档案，在会计年度终了后，可由单位会计机构临时保管的期限为(　　)。

　　A. 一年　　　　　　　B. 两年　　　　　　　C. 三年　　　　　　　D. 半年

51. 因工作需要确需推迟移交会计档案的，应当经单位档案管理机构同意，且最长不超过(　　)。

　　A. 两年　　　　　　　B. 三年　　　　　　　C. 五年　　　　　　　D. 十年

52. 关于会计凭证的保管，下列说法不正确的是(　　)。

　　A. 原始凭证较多时，可单独装订

　　B. 出纳人员不得兼管会计档案

　　C. 单位保存的会计档案一般不得对外借出，其他单位如有特殊原因，确实需要使用单位会计档案时，经本单位会计机构负责人、会计主管人员批准，可以复制

　　D. 经单位领导批准，会计凭证在保管期满前可以销毁

53. 下列关于会计凭证的说法中，错误的是(　　)。

　　A. 会计凭证的传递是指从会计凭证的得取或填制时起至归档保管过程中，在单位内部有关部门和人员之间的传递程序

　　B. 会计凭证应定期装订成册，防止散失

　　C. 经审批的记账凭证即可交记账人员记账

　　D. 传递的会计凭证既包括原始凭证，也包括记账凭证

二、多项选择题

1. 款项是指作为支付手段的货币资金，主要包括现金、银行存款以及其他视同现金、银行存款使用的(　　)。

　　A. 外埠存款　　　　　B. 信用证存款　　　　C. 银行本票存款　　　D. 信用卡存款

2. 下列关于会计凭证的说法中，正确的有(　　)。

　　A. 会计凭证是记录经济业务发生和完成情况的书面证明

　　B. 会计凭证是登记账簿的依据

　　C. 任何单位，每发生一项经济业务，经办人员必须按照规定的程序和要求，认真填制会计凭证

　　D. 任何会计凭证均可作为登记账簿的依据

3. 会计凭证的意义在于(　　)。

　　A. 记录经济业务，提供记账依据　　　　　　B. 明确经济责任，强化内部控制

　　C. 监督经济活动，控制经济运行　　　　　　D. 编制会计报表，输出会计信息

4. 下列各项中，属于会计核算内容的有(　　)。

　　A. 款项和有价证券的收付　　　　　　　　　B. 财物的收发、增减和使用

　　C. 债权、债务的发生和结算　　　　　　　　D. 收入、支出、费用、成本的计算

5. 下列各项中，属于原始凭证的基本要素的有(　　)。

　　A. 接受凭证单位的全称　　　　　　　　　　B. 经办人员的签名或者盖章

　　C. 凭证的名称和编号　　　　　　　　　　　D. 经济业务涉及的科目、方向和金额

6. 原始凭证按照填制手续及内容不同，可以分为(　　)。

　　A. 一次凭证　　　　　B. 累计凭证　　　　　C. 专用凭证　　　　　D. 汇总凭证

7. 下列项目中，属于原始凭证的有(　　)。

A. 发票　　　　　　　B. 差旅费报销单　　　　C. 发出材料汇总表　　　D. 产品成本计算单

8. 下列关于累计凭证的说法中，正确的有(　　)。
A. 累计凭证是在一定时期不断重复地反映同类经济业务的完成情况
B. 累计凭证是由经办人每次经济业务完成后在其上面重复填制而成的
C. "限额领料单"属于累计凭证
D. 累计凭证是在一定时期不断重复地反映不同类经济业务的完成情况

9. 下列凭证中，属于自制原始凭证的有(　　)。
A. 折旧计算表　　　　B. 销售货物发票　　　　C. 限额领料单　　　　D. 收款收据

10. 购货取得的增值税专用发票属于(　　)。
A. 自制凭证　　　　　B. 外来凭证　　　　　　C. 一次凭证　　　　　D. 汇总凭证

11. 下列各项中，属于汇总凭证的有(　　)。
A. 差旅费报销单　　　B. 工资结算汇总表　　　C. 限额领料单　　　　D. 发料凭证汇总表

12. 下列各项中，不属于原始凭证的有(　　)。
A. 往来款项对账单　　　　　　　　　　　　B. 库存现金盘点报告表
C. 银行对账单　　　　　　　　　　　　　　D. 银行存款余额调节表

13. 下列单据中，经审核无误后可以作为编制记账凭证依据的有(　　)。
A. 填制完毕的工资计算单　　　　　　　　　B. 运费发票
C. 银行转来的进账单　　　　　　　　　　　D. 银行转来的对账单

14. 在签发支票时，3 100.67的大写金额正确的有(　　)。
A. 叁仟壹佰元陆角柒分　　　　　　　　　　B. 叁仟壹佰零陆角柒分正
C. 叁仟壹佰元零陆角柒分　　　　　　　　　D. 叁仟壹佰零零元陆角柒分

15. 在原始凭证上书写阿拉伯数字，正确的有(　　)。
A. 金额数字一律填写到角分
B. 无角分的，角位和分位可写"00"或者符号"—"
C. 有角无分的，分位应当写"0"
D. 有角无分的，分位也可以用符号"—"代替

16. 以下各项中，属于原始凭证所必须具备的基本内容有(　　)。
A. 凭证名称、填制日期和编号
B. 经济业务的计量单位、数量、单价和金额
C. 对应的记账凭证号数
D. 填制、经办人员的签字、盖章

17. 关于原始凭证填制的基本要求，下列表述中正确的有(　　)。
A. 原始凭证所填列经济业务的内容和数字，必须真实可靠，符合实际情况
B. 原始凭证所要求填列的项目必须逐项填列齐全，不得遗漏或省略
C. 自制的原始凭证必须有经办部门和经办人员的签名或盖章
D. 原始凭证要按规定填写，文字要简明，字迹要清楚，易于辨认，不得使用未经国务院公布的简化汉字

18. 关于原始凭证，下列说法正确的有(　　)。
A. 原始凭证一律不能作为记账的直接依据

B. 审核无误的原始凭证可以作为编制记账凭证的依据

C. 审核无误的原始凭证可能作为登记明细账的直接依据

D. 自制的原始凭证都是一次凭证,外来原始凭证可能是一次凭证也可能是累计凭证

19. 下列各项中,属于原始凭证的审核内容的有(　　)。

　A. 真实性　　　　　B. 合法性、合理性　　　C. 正确性　　　　　D. 完整性

20. 下列各项中,属于原始凭证审核内容的有(　　)。

　A. 原始凭证所记录经济业务是否符合国家法律法规

　B. 原始凭证业务内容和数据是否真实

　C. 原始凭证记载的各项内容是否正确

　D. 原始凭证各项基本要素是否齐全

21. 记账凭证是(　　)填制的。

　A. 经办人　　　　　　　　　　　　　　　B. 会计人员

　C. 经济业务发生时　　　　　　　　　　　D. 根据审核无误的原始凭证

22. (2021年真题)记账凭证按照用途不同,可以分为(　　)。

　A. 专用记账凭证　　B. 通用记账凭证　　　C. 复式凭证　　　　D. 单式凭证

23. 专用记账凭证按其所反映的经济业务是否与现金和银行存款有关,通常可以分为(　　)。

　A. 收款凭证　　　　B. 付款凭证　　　　　C. 转账凭证　　　　D. 结算凭证

24. 单位的职工出差归来报销差旅费并交回剩余现金,根据差旅费报销单和收据,应填制的专用记账凭证有(　　)。

　A. 现金付款凭证　　B. 现金收款凭证　　　C. 银行收款凭证　　D. 转账凭证

25. 下列业务中,需要编制付款凭证的有(　　)。

　A. 从银行提取现金　　　　　　　　　　　B. 将现金存入银行

　C. 用现金购买办公用品　　　　　　　　　D. 收回前欠货款

26. 在填制的付款凭证中借方科目可能涉及(　　)账户。

　A. "库存现金"　　B. "销售费用"　　　C. "应付账款"　　　D. "应交税费"

27. 现金日记账的登记依据有(　　)。

　A. 现金收支的原始凭证　　　　　　　　　B. 现金收款凭证

　C. 现金付款凭证　　　　　　　　　　　　D. 银行存款付款凭证

28. 记账凭证的填制,可以根据(　　)。

　A. 每一张原始凭证　　　　　　　　　　　B. 若干张同类原始凭证

　C. 原始凭证汇总表　　　　　　　　　　　D. 不同内容和类别的原始凭证

29. 下列记账凭证和事项中,可以不附原始凭证的有(　　)。

　A. 收款凭证　　　　B. 转账凭证　　　　　C. 结账凭证　　　　D. 更正错误

30. 必须附有原始凭证的记账凭证有(　　)。

　A. 错账更正的记账凭证　　　　　　　　　B. 所有收款凭证

　C. 所有付款凭证　　　　　　　　　　　　D. 结账的记账凭证

31. 下列关于在记账过程中发生跳行、隔页的处理方法的表述中,正确的有(　　)。

　A. 将空行、空页划线注销

　B. 注明"此行空白""此页空白"字样

C. 记账人员和会计主管人员应签名盖章

D. 在空行、空页处添加有关记录

32. 关于记账凭证的填制要求，下列说法中，说法错误的有(   )。

A. 记账凭证的填制日期一定是原始凭证的填制日期

B. 发现以前年度记账凭证有错误的，应当用红字填制一张更正的记账凭证

C. 一张原始凭证所列支出需要几个单位共同负担的费用，可以将原始凭证复印，附在记账凭证后面

D. 当一张或几张原始凭证涉及几张记账凭证时，可以将原始凭证附在一张主要的记账凭证后，然后在其他记账凭证上注明该原始凭证的记账凭证的编号，以便于查找

33. 记账凭证必须要由(   )签名或盖章。

A. 审核人员　　　　　B. 会计主管人员　　　　　C. 记账人员　　　　　D. 制证人员

34. 记账凭证的填制必须做到记录真实、内容完整、填制及时、书写清楚外，还必须符合(   )要求。

A. 如有空行，应当在空行处划线注销

B. 发生错误应该按规定的方法更正

C. 必须连续编号

D. 除另有规定外，应该有附件并注明附件张数

35. 关于会计凭证，下列表述中正确的有(   )。

A. 会计凭证是记录经济业务发生或者完成情况的书面证明

B. 原始凭证是指在经济业务发生或完成时取得或填制的，用以记录或证明经济业务的发生或完成情况的原始凭据

C. 记账凭证是指会计人员根据审核无误的原始凭证，按照经济业务的内容加以归类，并据以确定会计分录后填制的会计凭证，作为登记账簿的直接依据

D. 原始凭证是登记账簿的直接依据

36. 下列各项中，有关记账凭证的表述正确的有(   )。

A. 收款凭证的借方科目只能是"库存现金"或"银行存款"

B. 付款凭证的贷方科目只能是"库存现金"或"银行存款"

C. 收款凭证和付款凭证是出纳人员登记库存现金日记账或银行存款日记账的依据

D. 转账凭证中不会涉及"库存现金"或"银行存款"科目

37. 下列选项中，可以作为现金日记账借方登记依据的有(   )。

A. 库存现金收款凭证　　　　　　　　　　B. 库存现金付款凭证

C. 银行存款收款凭证　　　　　　　　　　D. 银行存款付款凭证

38. 下列各项中，属于记账凭证填制的基本要求的有(   )。

A. 记账凭证可以根据每一张原始凭证填制

B. 记账凭证不得将不同内容和类别的原始凭证汇总填制在一张记账凭证上

C. 记账凭证应连续编号

D. 记账凭证的书写应当清楚、规范

39. 下列各项中，属于记账凭证审核内容的有(   )。

A. 金额是否正确　　　B. 项目是否齐全　　　C. 科目是否正确　　　D. 书写是否正确

40. 记账凭证审核的内容包括(   )。

A. 会计分录的正确性

B. 记账凭证内容的完整性

C. 记账凭证的内容与原始凭证的一致性

D. 编写内容的重要性

41. 涉及现金与银行存款之间的划款业务时,可以编制的记账凭证有(　　)。

　　A. 银行收款凭证　　　B. 银行付款凭证　　　C. 现金收款凭证　　　D. 现金付款凭证

42. 下列各项中,关于会计凭证保管的表述正确的有(　　)。

A. 单位保存的会计档案一般不得对外借出

B. 其他单位如有特殊原因,确实需要使用单位会计档案时,经本单位会计机构负责人、会计主管人员批准,可以复制

C. 向外单位提供的会计档案复制件,应在专设的登记簿上登记,并由提供人员和收取人员共同签名或者盖章

D. 单位应当严格遵守会计档案的保管期限要求,保管期满前不得任意销毁

43. 其他单位因特殊原因需要使用本单位的会计凭证,正确的做法有(　　)。

A. 可以外借

B. 将外借的会计凭证拆封抽出

C. 不得外借,经本单位会计机构负责人、会计主管人员批准,可以复制

D. 将向外单位提供的会计档案复制件在专设的登记簿上登记

44. 当年形成的会计档案,正确的保管方法有(　　)。

A. 在年度终了后,可暂由会计机构保管一年

B. 会计机构保管一年期满后,移交本单位档案机构统一保管

C. 未设立档案机构的,应当在会计机构内部指定专人保管

D. 出纳人员可以兼管会计档案

三、判断题

1. 会计凭证,是指记录经济业务发生或完成时取得或填制的,是登记账簿的依据。(　　)

2. 会计凭证按照填制程序和用途可分为自制凭证和外来凭证。(　　)

3. 会计凭证按其取得的来源不同,可以分为原始凭证和记账凭证。(　　)

4. 原始凭证是财务人员根据审核无误的记账凭证填制的,用来记载经济业务的简要内容,确定会计分录,作为记账直接依据的一种会计凭证。(　　)

5. (2020年真题)原始凭证的内容应包括会计分录。(　　)

6. 自制原始凭证必须由单位会计人员自行填制。(　　)

7. 外来的原始凭证一般都是属于一次凭证。(　　)

8. 外来原始凭证,是指在经济业务发生或完成时,从其他单位或个人直接取得的原始凭证。(　　)

9. 累计凭证,是指对一定时期内反映经济业务内容相同的若干张原始凭证,按照一定标准综合填制的原始凭证。(　　)

10. 发料凭证汇总表属于累计凭证。(　　)

11. 出纳人员在办理收款或付款业务后,应在原始凭证上加盖"收讫"或"付讫"的戳记,以免重收重付。(　　)

12. (2020年真题)原始凭证金额有错误的,应当由出具单位重开,不得在原始凭证上更正。(　　)

13. (2021年真题)累计凭证是指同时记录若干项同类性质的经济业务的原始凭证。（　）
14. 填写原始凭证，汉字大写金额数字一律用正楷或草书书写，汉字大写金额数字到元位角位为止的后面必须写"正"或"整"，分位后面不写"正"或"整"。（　）
15. 原始凭证仅是填制记账凭证的依据，记账凭证才是登记账簿的依据。（　）
16. 企业使用累计原始凭证，如限额领料单，既可以对领用材料进行事前控制，又可以减少凭证的使用手续。（　）
17. 各种原始凭证的填制，都应由会计人员填写，非会计人员不得填写，以保证原始凭证的正确性。（　）
18. 原始凭证在有些情况下也可以作为登记账簿的依据。（　）
19. ￥9 700.95的汉字大写金额应写为人民币玖仟柒佰元玖角伍分。（　）
20. 原始凭证发生错误，正确的更正方法是由出具单位在原始凭证上更正。（　）
21. 对于数量过多的原始凭证，可以单独装订保管，但应在记账凭证上注明"附件另订"。（　）
22. 发料凭证汇总表是一种汇总记账凭证。（　）
23. 汇总原始凭证是指在会计的实际工作日，为了简化记账凭证的填制工作，将一定时期若干份记录同类经济业务的原始凭证汇总编制一张汇总凭证，用以集中反映某项经济业务。（　）
24. 原始凭证金额有错误的，应由填制单位更正并加盖公章。（　）
25. 记账凭证仅用以记录、证明经济业务已经发生或完成，而原始凭证则使用会计科目对已经发生或完成的经济业务进行归类、整理。（　）
26. 对各种重要的原始凭证，如押金收据、提货单等，以及各种需要随时查阅和退回的单据，应另编目录，单独保管，并在有关的记账凭证和原始凭证上分别注明日期和编号。（　）
27. 现金存入银行时，为避免重复记账，只编制银行存款收款凭证，不编制现金付款凭证。（　）
28. 记账凭证所附的原始凭证数量过多，也可以单独装订保管，但应在其封面及有关记账凭证上加注说明。（　）
29. 收款凭证是依据库存现金收款业务的原始凭证所编制的记账凭证。（　）
30. 记账凭证应连续编号，其中收、付款凭证不得由出纳编号。（　）
31. 并非所有的记账凭证都应附有原始凭证并注明张数。（　）
32. 转账凭证是用以记录与货币收付有关的转账业务的凭证，它是由会计人员根据审核无误的转账业务原始凭证填制的。（　）
33. 经上级有关部门批准的经济业务，可以将批准文件作为原始凭证附件归档，也可以将批准文件单独归档。（　）
34. 对于职工出差开具的借款凭证，在收回借款时应退还原借款收据。（　）
35. (2019年真题)除结账和更正错账的记账凭证可以不附原始凭证外，其他记账凭证必须附有原始凭证。（　）
36. (2019年真题)付款凭证借方科目为"库存现金"或"银行存款"。（　）
37. 填写会计凭证，所有以元为单位的阿拉伯数字，除单价等情况外，一律填写到角分；有角无分，分位应当写"0"或用符号"—"代替。（　）
38. 大写金额到元或角为止的，后面要写"整"或"正"，有分的，不写"整"或"正"。（　）
39. 作为企业所编制的记账凭证至少要附有一张原始凭证。（　）
40. 记账凭证必须连续编号，如写错作废时，应加盖"作废"戳记，并全部保存，不允许撕毁。（　）

41. 记账凭证的金额栏最后一笔金额数字下应划线注销。   （   ）

42. 会计部门应当定期对各种会计凭证进行分类整理并装订成册，由会计部门的负责人在装订线封签处签名或盖章。   （   ）

43. 会计凭证传递是指从原始凭证的填制或取得起，到会计凭证归档保管止，在财会部门内部按规定的路线进行传递和处理的程序。   （   ）

44. （2023年真题）支票出票日期应该使用中文大写。   （   ）

四、综合题

(一)填制原始凭证

北京光明实业有限公司为增值税一般纳税人，适用增值税率为13%，其基本信息如下：

纳税人识别号：911860027267006883

地址：北京市朝阳区团结湖路甲80号

电话：010-85940650

开户行：中国工商银行北京青年路支行

账号：0200538827990088700

2022年9月发生部分经济业务如下，按要求填制相关的原始凭证。

1. 2日，签发转账支票一张，用于从北京兴达文化用品公司购买产品包装袋一批，金额13 248元。请填制转账支票。

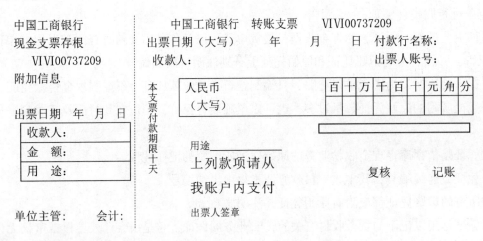

2. 18日，向北京市益民便利超市销售100箱复印纸，不含税单价100元，税率13%，价税款尚未收到。开具增值税专用发票。

北京市益民便利超市信息：

纳税人识别号：911710027267006471

地址：北京市海淀区四季青路甲20号

电话：010-83229831

开户行：中国工商银行北京海淀路支行

账号：0200927835860000846

北京增值税专用发票
记 账 联
No.06214641

开票日期：　　年　月　日

购货单位	名　　称： 纳税人识别号： 地　址、电　话： 开户行及账号：	密码区	略

货物或应税劳务名称	规格型号	单位	数量	单价	金额	税率	税额
合　　　　计							

价税合计（大写）	（小写）

销货单位	名　　称： 纳税人识别号： 地　址、电　话： 开户行及账号：	备注	

收款人：　　　　复核：　　　　　　开票人：　　　　销货单位（章）

第一联　记账联　销货方记账凭证

(二)编制专用记账凭证

1. 2022年8月12日，销售部门王好预借出差差旅费2 000元，用库存现金支付。附现金付款单1张。会计人员为李四。
2. 2022年8月16日，王好出差回来，报销差旅费1 975元，余款退回。除差旅报销单1张外，其余住宿费等单据共4张。付款单1张。会计人员为李四。

要求：请自行选择收款、付款、转账凭证进行填写。(前一号相关凭证编号为现收006、现付008、银收015、银付020、转031)

付　款　凭　证

贷方科目　＿＿＿＿＿＿＿　　　　年　月　日　　　　　字第　号

摘　　要	借方总账科目	明　细　科　目	√	金　额									附单据
				千	百	十	万	千	百	十	元	角	分
													张
合　　　计													

财务主管　　　　　记账　　　　出纳　　　　审核　　　　制单

收 款 凭 证

借方科目 _____ 　　　　　年　月　日　　　　　字第　号

摘　要	贷方总账科目	明细科目	√	金　额 千百十万千百十元角分	附单据　　张
合　计					

财务主管　　　　　记账　　　　　出纳　　　　　审核　　　　　制单

转 账 凭 证

年　月　日　　　　　　　　　转字第　号

摘　要	总账科目	明细科目	√	借方金额 千百十万千百十元角分	√	贷方金额 千百十万千百十元角分	附单据　　张
合　计							

财务主管　　　　　记账　　　　　出纳　　　　　审核　　　　　制单

(三)编制通用记账凭证

1. 2022年8月5日，甲公司上个月从盛达工厂购入的A材料入库，数量800千克，单价50元。附单据1张。会计人员为李四。前一笔业务编号为记15号。(采用通用记账凭证填制)

记 账 凭 证

年　月　日　　　　　　　　　记字第　号

摘　要	总账科目	明细科目	√	借方金额 千百十万千百十元角分	√	贷方金额 千百十万千百十元角分	附单据　　张
合　计							

财务主管　　　　　记账　　　　　出纳　　　　　审核　　　　　制单

2. 2022年8月30日，开出现金支票支付本月水电费，收到增值税专用发票，注明金额为500元，税额为65元。其中车间耗用300元，办公室耗用200元。附原始凭证3张。会计人员为李四。前一笔业务编号为记62号。

记 账 凭 证

年　月　日　　　　　　　　　记字第　号

摘　要	总账科目	明细科目	√	借方金额 千百十万千百十元角分	√	贷方金额 千百十万千百十元角分
合　计						

附单据　　张

财务主管　　　　记账　　　　出纳　　　　审核　　　　制单

第五章 会计账簿

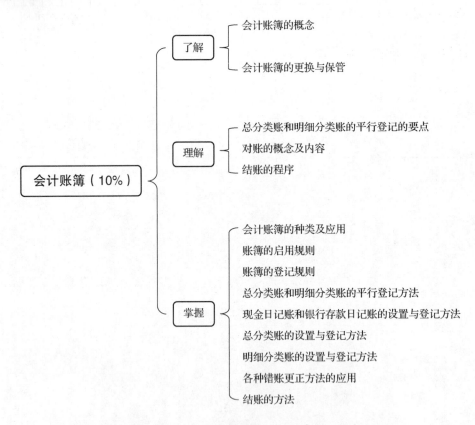

第一节 会计账簿概念和种类

一、会计账簿的概念 ■了解

账簿是由具有一定格式,按一定形式相互联结的账页组成的,以经过审核的会计凭证为依据,连续、系统、全面、综合地记录和反映各项经济业务的簿籍。

设置和登记账簿是编制会计报表的基础,是连接会计凭证和会计报表的中间环节,在会计核算中具有重要意义。

二、会计账簿的意义

1. 记载、储存会计信息;
2. 分类、汇总会计信息;
3. 检查、校正会计信息;
4. 编报、输出会计信息。

三、会计账簿与账户的关系

账户是根据会计科目开设的,账户存在于账簿之中,账簿中的每一账页就是账户的存在形式和载体,没有账簿,账户就无法存在;账簿序时、分类地记载经济业务,是在账户中完成的。因此,账簿只是一个外在形式,账户才是它的真实内容。因而,账簿与账户的关系,是形式和内容的关系。

四、会计账簿的种类 ●掌握

(一)按用途分类

会计账簿按用途分类如表5-1所示。

表5-1 会计账簿按用途分类

按用途分类	序时账簿	定义		序时账簿又称日记账,是按照经济业务发生或完成时间的先后顺序逐日逐笔进行登记的账簿
		类别	普通日记账	用来记录全部经济业务的账簿
			特种日记账	用来记录某一类经济业务的账簿,如现金日记账、银行存款日记账和转账日记账
	分类账簿	定义		分类账簿是指按照总分类账户和明细分类账户对全部经济业务进行分类登记的账簿
		类别	总分类账	也称总账,是指按照总分类账户登记的账簿,是用来核算经济业务的总括内容
			明细分类账	也称明细账,是指按照明细分类账户登记的账簿,是用来核算经济业务的明细内容
	备查账簿	定义		简称备查簿,是对某些在序时账簿和分类账簿等主要账簿中都不予登记或登记不够详细的经济业务事项进行补充登记时使用的账簿,例如:租入固定资产登记簿、受托加工材料登记簿、代销商品登记簿。备查账可能不需要记账凭证,甚至不需要一般意义上的原始凭证作为登记依据;备查账更注重用文字来表述某项经济业务的发生情况

注意:分类账簿是会计账簿的主体,也是编制会计报表的主要依据。

(二)按账页格式分类

会计账簿按账页格式分类如表5-2所示。

表 5-2 会计账簿按账页格式分类

按账页格式分类	三栏式账簿	定义	是设有借方、贷方和余额三个基本栏目的账簿
		适用范围	适用于只需要对金额进行核算分析的经济业务,如:日记账、总分类账以及资本、债权、债务明细账
	多栏式账簿	定义	是在账簿的两个基本栏目借方和贷方按需要分设若干专栏的账簿
		适用范围	收入、成本、费用、本年利润等明细账、应交税费——应交增值税明细账
	数量金额式账簿	定义	是在借方、贷方和余额三个栏目内,都分设数量、单价和金额三小栏,借以反映财产物资的实物数量和价值量
		适用范围	原材料、库存商品、周转材料等明细账
	横线登记式账簿	定义	又称"平行式账簿",是在同一张账页的同一行,记录某一项经济业务从发生到结束的有关内容
		适用范围	应收票据、应付票据、其他应收款、在途物资等明细账

(三) 按外表形式分类

会计账簿按外表形式分类如表 5-3 所示。

表 5-3 会计账簿按外表形式分类

按外表形式分类	订本式账簿	定义	是启用之前就已将账页装订在一起,并对账页进行了连续编号的账簿
		优缺点	优点:能避免账页散失和防止抽换账页 缺点:账页固定,不便于分工记账,不能增减账页,容易造成浪费
		适用范围	总分类账、现金日记账和银行存款日记账
	活页式账簿	定义	是在账簿登记完毕之前并不固定装订在一起,而是装在活页账夹中
		优缺点	优点:记账时可以根据实际需要,随时增补账页,便于分工记账 缺点:会造成账页散失或故意抽换账页
		适用范围	各种明细账
	卡片式账簿	定义	是将账户所需格式印刷在硬卡上。严格地说,卡片账是一种活页账,只不过它不是装在活页账夹中,而是装在卡片箱内。也是活页式账簿的一种
		优缺点	优点:使用灵活,便于分工;可以跨年度使用 缺点:账页易散失、抽换
		适用范围	固定资产明细账

典型例题

【例题 1·单项选择题】下列项目中,( )是连接会计凭证和会计报表的中间环节。

A. 成本计算 B. 设置和登记账簿
C. 设置会计科目和账户 D. 填制会计凭证

答案:B

解析:设置和登记账簿是编制会计报表的基础,是连接会计凭证和会计报表的中间环节,在会计核算中具有重要意义。

【例题 2·判断题·2023 年真题】 账簿和账页是形式和内容的关系，账页存在于账簿之中，没有账簿，账页就无法存在。（ ）

答案：√

解析：考查账户和账簿之间的关系。账户是根据会计科目开设的，账户存在于账簿之中，账簿中的每一账页就是账户的存在形式和载体，没有账簿，账户就无法存在；账簿序时、分类地记载经济业务，是在个别账户中完成的。因此，账簿只是一个外在形式，账户才是它的真实内容。因而，账簿与账户的关系，是形式和内容的关系。

【例题 3·单项选择题·2023 年真题】 库存商品明细账最好采用（ ）。

A. 多栏式　　　　B. 三栏式　　　　C. 数量金额式　　　　D. 横线登记式

答案：C

解析：考查账簿的种类。数量金额式账簿适用于库存商品明细账。

【例题 4·判断题·2021 年真题】 备查账与其他账簿之间没有钩稽关系。（ ）

答案：√

解析：考查备查账簿。备查账是对某些在序时账簿和分类账簿等主要账簿中都不予登记或登记不够详细的经济业务事项进行补充登记时使用的账簿。

【例题 5·多项选择题·2021 年真题】 下列选项中，属于明细账账页格式的有（ ）。

A. 多栏式　　　　B. 三栏式　　　　C. 数量金额式　　　　D. 横线登记式

答案：ABCD

解析：考查账簿的种类。账簿按账页格式分为三栏式、多栏式、数量金额式和横线登记式，均适用于明细账。

第二节　会计账簿的使用规则

一、会计账簿的基本内容

会计账簿的基本内容如表 5-4 所示。

表 5-4　会计账簿的基本内容

封面	标明账簿的名称、记账单位的名称
扉页	账簿名称、编号、页数、启用日期、经管人员姓名及交接记录、账户目录、主管会计人员签章
账页	账户名称、总页数和分页数；经济业务内容；记账日期栏、凭证种类及号数栏、摘要栏、借贷方金额栏、余额方向栏、余额栏

二、账簿的启用规则　●掌握

1. 启用会计账簿时，应当在封面上写明单位名称和账簿名称，并在账簿扉页上附启用表。

2. 在账簿扉页上附"账簿使用登记表",包括:启用日期、账簿页数、记账人员和会计机构负责人、会计主管人员姓名,并加盖人名章和单位公章。

3. 记账人员或会计机构负责人、会计主管人员在调动工作时,应当注明交接日期、接办人员或监交人员姓名,并由交接双方人员签名或盖章,以明确双方经济责任。

4. 启用订本式账簿应当从第一页到最后一页顺序编定页数,不得跳页、缺号。

5. 使用活页式账簿应当按账户顺序编号,并须定期装订成册,装订后再按实际使用的账页顺序编定页码,另加目录以便于记明每个账户的名称和页次。

三、账簿的登记规则　●掌握

1. 登记及时,会计人员必须根据审核无误的会计凭证,及时完成登账工作,不得拖延、迟办。

2. 内容准确、清楚、完整,并标明记账符号("√"),表示已记账,避免重记漏记。

3. 一般用蓝黑水笔填写,不得使用铅笔或圆珠笔(银行的复写账簿除外),红色墨水笔必须按规定使用。

红色墨水使用范围:

(1)划线;

(2)改错;

(3)用红色墨水笔填写红字记账凭证冲销错误记录;

(4)在不设借贷等栏的多栏式账簿中,登记减少数;

(5)在三栏式账簿中,如未印明余额方向的,在余额栏内登记负数余额;

(6)根据国家统一会计制度的规定可以用红字登记的其他会计记录。

4. 文字与数字书写时,不占满格,紧靠本行底线,一般应占格距的二分之一。

5. 各种账簿必须按照编定的页次,连续记录,不得隔页、跳行。如不慎发生隔页、跳行时,应将空页或空行划线注销,或者注明"此行空白""此页空白"字样,由记账人员在空白处签名或盖章。

6. 凡需结出余额的账户,结出余额后,应当在"借或贷"等栏内写明"借"或"贷"字样。没有余额的账户,应当在"借或贷"等栏内写"平"字,并在余额栏内的"元"位上用"0"表示。

7. 过次承前:

(1)对需要结计本月发生额的账户,结计"过次页"的本页合计数应为自本月初起至本页末止的发生额合计数。

(2)对需要结计本年累计发生额的账户,结计"过次页"的本页合计数应当为自本年初起至本页末止的累计数。

(3)对既不需要结计本月发生额也不需要结计本年累计发生额的账户,可以只将每页末(倒数第二行)的余额结转次页。

典型例题

【例题1·多项选择题】会计账簿的基本构成包括( )。

A. 封面　　　　　B. 扉页　　　　　C. 使用说明　　　　　D. 账页

答案:ABD

解析:考查会计账簿的基本内容,包括封面、扉页和账页。

【例题2·单项选择题·2022年真题】下列关于会计账簿启用表述不正确的是(　　)。

A. 启用账簿时，应当在账簿封面上写明单位名称

B. 启用账簿时，要填写《账簿启用和经管人员一览表》

C. 启用订本式账簿时，应当从第一页到最后一页顺序编定页码

D. 启用活页式账簿时，应当从第一页到最后一页顺序编定页码

答案：D

解析：考查账簿的启用规则。启用订本式账簿应当从第一页到最后一页顺序编定页数，不得跳页、缺号。使用活页式账簿应当按账户顺序编号，并须定期装订成册，装订后再按实际使用的账页顺序编定页码，另加目录以便于记明每个账户的名称和页次。

【例题3·多项选择题·2022年真题】下列选项中，符合账簿登记规则的有(　　)。

A. 及时、完整、顺序、连续登记　　　　B. 已经登账的应标明记账符号

C. 书写的文字和数字必须规范　　　　　D. 红色墨水笔必须按照规定使用

答案：ABCD

解析：考查账簿登记规则。

【例题4·多项选择题】按照规定，可以用红色墨水记账的情况有(　　)。

A. 按照红字冲账的记账凭证，冲销错误记录

B. 在不设借贷等栏的多栏式账页中，登记减少数

C. 在三栏式账户的余额栏前，如未印明余额方向的(如借或贷)，在余额栏内登记负数余额

D. 会计制度中规定可以用红字登记的其他会计记录

答案：ABCD

解析：考查账簿登记规则中的红色墨水笔使用情况。包括：划线；改错；用红色墨水笔填写红字记账凭证冲销错误记录；在不设借贷等栏的多栏式账簿中，登记减少数；在三栏式账簿中，如未印明余额方向的，在余额栏内登记负数余额；根据国家统一会计制度的规定可以用红字登记的其他会计记录。

【例题5·判断题】账簿中书写的文字和数字上面要留有适当空距，一般应占格距的二分之一，以便于发现错误时进行修改。(　　)

答案：√

解析：考查账簿登记规则。文字与数字书定时，不占满格，紧靠本行底线，一般应占格距的二分之一。

第三节　会计账簿设置和登记

一、总分类账户和明细分类账户的平行登记

(一)总账和明细账的关系

总账是根据总分类科目开设的，明细账是根据明细分类科目开设的。总账对明细账是控制和统驭的作用，明细账对总账是补充和说明的作用。两者核算的内容是一样的，只是反映的详细程度不同。

(二)平行登记的概念

平行登记是指对所发生的经济业务都要以会计凭证为依据，一方面计入有关总分类账户，另一方面

计入明细分类账户的方法。

(三)平行登记的四要点 ●掌握

1. 依据相同。对发生的经济业务,都要以相关会计凭证为依据,既要登记有关总分类账户,又要登记其所属明细分类账户。

2. 方向相同。将经济业务计入总分类账户和明细分类账户时,记账方向必须相同。即总分类账户记入借方,明细分类账户也记入借方;总分类账户记入贷方,明细分类账户也计入贷方。

3. 期间相同。对每项经济业务在计入总分类账户和明细分类账户的过程中,可以有先有后,但必须在同一会计期间(如同一个月、同一季度、同一年度)全部登记入账。

4. 金额相等。记入总分类账户的金额,应与记入其所属明细分类账户的金额合计相等。

总分类账户借方(贷方)发生额=所属明细分类账户借方(贷方)发生额之和。

总分类账户借方(贷方)余额=所属明细分类账户借方(贷方)余额之和。

(四)平行登记的方法 ●掌握

举例:

下面以"应付账款"账户为例,说明总分类账和明细分类账平行登记的方法。

假设美达公司"应付账款"总分类账和所属明细分类账户期初余额如表5-5~表5-7所示。

表5-5 应付账款总账

2022年		凭证编号	摘要	借方	贷方	借或贷	余额/元
月	日						
11	1		期初余额			贷	320 000

表5-6 应付账款明细账

账户名称:海城公司

2022年		凭证编号	摘要	借方	贷方	借或贷	余额/元
月	日						
11	1		期初余额			贷	230 000

表5-7 应付账款明细账

账户名称:长城公司

2022年		凭证编号	摘要	借方	贷方	借或贷	余额/元
月	日						
11	1		期初余额			贷	90 000

本月发生如下和应付账款相关的业务:

1. 5日，用银行存款偿还上月欠长城公司货款 21 000 元和海城公司货款 35 000 元。（记字 8 号）

  借：应付账款——长城公司   21 000

       ——海城公司   35 000

    贷：银行存款   56 000

2. 10日，从长城公司购入甲材料 500 千克，每千克 40 元，价款 20 000 元；购入乙材料 700 千克，每千克 50 元，价款 35 000 元，税款共 7 150 元。材料入库，款项尚未支付。（记字 15 号）

  借：原材料——甲材料   20 000

      ——乙材料   35 000

    应交税费——应交增值税（进项税额）   7 150

    贷：应付账款——长城公司   62 150

3. 15日，从海城公司购入乙材料 2 000 千克，每千克 48 元，价款 96 000 元，税款 12 480 元。材料入库，款项尚未支付。（记字 25 号）

  借：原材料——乙材料   96 000

    应交税费——应交增值税（进项税额）   12 480

    贷：应付账款——海城公司   108 480

4. 22日，用银行存款偿还上月欠长城公司货款 18 000 元，偿还欠海城公司货款 40 000 元。（记字 38 号）

  借：应付账款——长城公司   18 000

      ——海城公司   40 000

    贷：银行存款   58 000

根据上述资料，进行平行登记，如表 5-8~表 5-10 所示。

表 5-8 应付账款总账　　　　　　　　　　　　　　　　　　　　　　　　　　　　　元

2022 年		凭证编号	摘要	借方	贷方	借或贷	余额
月	日						
11	1		期初余额			贷	320 000
	5	记 8	偿还货款	56 000		贷	264 000
	10	记 15	购料未付款		62 150	贷	326 150
	15	记 25	购料未付款		108 480	贷	434 630
	22	记 38	偿还货款	58 000		贷	376 630
	30		本月合计	114 000	170 630	贷	376 630

表 5-9 应付账款明细账

账户名称：海城公司　　　　　　　　　　　　　　　　　　　　　　　　　　　　　　元

2022 年		凭证编号	摘要	借方	贷方	借或贷	余额
月	日						
11	1		期初余额			贷	230 000
	5	记 8	偿还货款	35 000		贷	195 000
	15	记 38	购料未付款		108 480	贷	303 480
	22	记 38	偿还货款	40 000		贷	263 480
	30		本月合计	75 000	108 480	贷	263 480

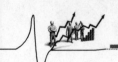

表 5-10　应付账款明细账

账户名称：长城公司　　　　　　　　　　　　　　　　　　　　　　　　　　　　元

2022年		凭证编号	摘要	借方	贷方	借或贷	余额
月	日						
11	1		期初余额			贷	90 000
	5	记8	偿还货款	21 000		贷	69 000
	10	记25	购料未付款		62 150	贷	131 150
	22	记38	偿还货款	18 000		贷	113 150
	30		本月合计	39 000	62 150	贷	113 150

说明：

(1)在"应付账款"总分类账与所属明细分类账户，先登记期初余额。

(2)将本期发生的新债务和已清偿的债务，按发生日期先后计入"应付账款"总账和明细账。

(3)月末，对"应付账款"总账和明细账进行结账，结出本期发生额和月末余额，并进行核对。

从上述平行登记的结果可以看出，"应付账款"总分类账的期初、期末余额及本期借、贷发生额，与其所属明细账的期初、期末余额之和及本期借、贷发生额之和是相等的。利用这种关系，可以核对总账和明细账的登记是否正确。如有不同，就表明记账出现差错，即应查明予以更正。

二、现金日记账和银行存款日记账的设置与登记　●掌握

(一)现金日记账的设置和登记方法

1. 现金日记账采用三栏式或多栏式账页(一般是三栏式)、订本式账簿。

2. 现金日记账是由出纳人员按照经济业务发生的时间先后顺序，根据有关现金收款凭证和现金付款凭证或提取现金的银行付款凭证，逐日逐笔进行登记的账簿。

3. 现金日记账的登记依据：现金收款凭证、现金付款凭证和银行存款付款凭证。

4. 每日，出纳人员依据审核无误的现金收款凭证、现金付款凭证和银行存款付款凭证逐笔登记现金日记账，并结出余额，每日终了应将余额数与库存现金进行核对，以检查账实是否相符，做到日清日结。

5. 现金日记账的登记方法如表 5-11 所示。

表 5-11　现金日记账的登记方法

日期栏	日期栏是指记账凭证的日期，应与现金实际收付日期一致
凭证栏	凭证栏是指登记入账的收付款凭证的种类和编号
摘要栏	摘要说明登记入账的经济业务的内容
对方科目栏	对方科目栏系指现金收入的来源科目或支出的用途科目
收入、支出栏（或借贷栏）	这是指现金实际收付的金额 现金日记账的借方栏依据现金收款凭证和从银行提现的银行付款凭证；贷方栏依据现金的付款凭证
日清	每日终了，应分别计算现金收入和付出的合计数，结出余额，同时将余额与出纳员保管的库存现金核对
日结	计算现金收、付的合计数和结存数

(二)银行存款日记账的设置和登记方法

1. 银行存款日记账采用三栏式或多栏式账页(一般是三栏式)、订本式账簿。
2. 银行存款日记账是出纳根据有关银行存款的收款凭证、付款凭证按照经济业务发生的时间顺序,逐日逐笔地记录和反映银行存款的增减变化及其结果的账簿。
3. 银行存款日记账的登记依据:银行存款收款凭证、银行存款付款凭证和现金付款凭证。
4. 期末,应将本单位的银行存款日记账与开户银行转来的对账单进行逐笔核对,以检验企业银行存款日记账的记录是否正确。
5. 银行存款日记账的登记方法如表5-12所示。

表 5-12 银行存款日记账的登记方法

日期栏	日期栏是指记账凭证的日期
凭证栏	凭证栏是指登记入账的收付款凭证的种类和编号
摘要栏	摘要说明登记入账的经济业务的内容
对方科目栏	对方科目栏是指银行存款收入的来源科目或支出的用途科目
收入、支出栏(或借贷栏)	这是指银行存款实际收付的金额 银行存款日记账的借方栏依据银行存款的收款凭证或将现金存入银行的现金付款凭证;贷方栏依据银行存款的付款凭证
日清月结	月终要计算银行存款收、付的合计数和结存数

三、总账和明细账的设置和登记方法

(一)总账

1. 总账采用三栏式、订本式。
2. 总账的登记方法由于企业采用的会计核算组织程序的不同而有所差异。总账可以根据记账凭证、汇总记账凭证和科目汇总表来登记。

(二)明细账

1. 明细账采用活页式,账页格式有三栏式、多栏式、数量金额式和横线登记式。
2. 明细账可以根据原始凭证、原始凭证汇总表和记账凭证来登记。

所以,记账凭证既是登记总账又是登记明细账的依据。

注意:固定资产、债权债务明细账应逐日逐笔登记;库存商品、原材料收发明细账以及收入、费用明细账可以逐笔登记,也可定期汇总登记。

典型例题

【例题1·单项选择题·2023年真题】总账和明细账平行登记的依据(   )。

A. 会计凭证　　　　B. 会计账簿　　　　C. 会计科目　　　　D. 会计报表

答案:A

解析:考查平行登记要点中的依据相同。对发生的经济业务,都要以相关会计凭证为依据,既要登记有关总分类账户,又要登记其所属明细分类账户。

【例题2·多项选择题·2022年真题】下列选项中,属于明细分类账登记方法的有( )。

A. 根据汇总原始凭证登记明细账　　　　B. 根据原始凭证登记明细账

C. 根据记账凭证登记明细分类账　　　　D. 根据科目汇总表登记明细账

答案：ABC

解析：考查明细账的登记方法中的内容。明细账可以根据原始凭证、原始凭证汇总表和记账凭证来登记。

【例题3·单项选择题·2023年真题】必须逐笔登记的明细账是( )。

A. 原材料明细账　　　　　　　　　　　B. 应收账款明细账

C. 管理费用明细账　　　　　　　　　　D. 主营业务收入明细账

答案：B

解析：固定资产、债权债务明细账应逐日逐笔登记；库存商品、原材料收发明细账以及收入、费用明细账可以逐笔登记,也可定期汇总登记。

【例题4·多项选择题】银行存款日记账的登记方法正确的有( )。

A. 由出纳人员登记

B. 其借方根据银行存款的收款凭证或与银行存款有关的现金付款凭证登记

C. 其贷方根据银行存款的付款凭证登记

D. 出纳人员应定期与会计人员登记的银行存款总账核对相等

答案：ABCD

解析：考查银行存款日记账的登记方法。

【例题5·判断题】现金日记账是由出纳人员根据审核无误的现金收、付款凭证和转账凭证按照经济业务的发生顺序,逐日逐笔序时登记。( )

答案：×

解析：考查现金日记账的登记方法。

第四节　对账与结账

一、对账

(一)概念　◆理解

对账就是核对账目,是对账簿记录所进行的核对工作。

对账工作一般在记账后结账前,即月末进行。

(二)对账内容　◆理解

1. 账证核对：是指将账簿记录与会计凭证核对,核对账簿记录与原始凭证、记账凭证的时间、凭证字号、内容、金额等是否一致,记账方向是否相符,做到账证相符。

2. 账账核对：是指核对不同会计账簿之间的账簿记录是否相符。主要包括：

(1)总分类账簿之间的核对。

①全部账户的本期借方发生额合计=全部账户的本期贷方发生额合计；

②全部账户的借方期初余额合计=全部账户的贷方期初余额合计；
③全部账户的借方期末余额合计=全部账户的贷方期末余额合计。
(2)总分类账簿与所属明细分类账簿核对：
①总分类账户的期初余额=所属的明细分类账户的期初余额之和；
②总分类账户的本期借方发生额=所属的明细分类账户的本期借方发生额之和；
③总分类账户的本期贷方发生额=所属的明细分类账户的本期贷方发生额之和；
④总分类账户的期末余额=所属的明细分类账户的期末余额之和。
(3)总分类账簿与序时账簿核对：检查现金总账和银行存款总账的期末余额，与现金日记账和银行存款日记账的期末余额是否相符。
(4)明细分类账簿之间的核对：会计部门有关实物资产的明细账与财产物资保管部门或使用部门的明细账定期核对，以检查其余额是否相符。

3. 账实核对：账实核对是指各项财产物资、债权债务等账面余额与实有数额之间的核对。
(1)库存现金日记账账面余额与库存现金实际库存数逐日核对是否相符；
(2)银行存款日记账账面余额与银行对账单的余额定期核对是否相符；
(3)各项财产物资明细账账面余额与财产物资的实有数额定期核对是否相符；
(4)有关债权债务明细账账面余额与对方单位的账面记录核对是否相符。
在实际工作中，账实核对是通过财产清查工作来进行的。

二、结账

结账，是指在把一定时期内所发生的全部经济业务登记入账的基础上，将各类账簿记录核算完毕，结出各种账簿本期发生额合计和期末余额的一项会计核算工作。

具体包括：月结、季结、年结。

结账的内容通常包括两个方面：一是结清各种损益类账户，据以计算确定本期利润；二是结出各资产、负债和所有者权益账户的本期发生额合计和期末余额。

(一)结账的程序 ◆理解

1. 结账前，将本期发生的经济业务全部登记入账，并保证其正确性。对于发现的错误，应采用适当的方法进行更正。

2. 在本期经济业务全面入账的基础上，根据权责发生制的要求，调整有关账项，合理确定应计入本期的收入和费用。

3. 将各损益类账户余额全部转入"本年利润"账户，结平所有损益类账户。

4. 结出资产、负债和所有者权益账户的本期发生额和余额，并转入下期。

(二)结账的方法 ●掌握

1. 对不需按月结计本期发生额的账户，如各项应收、应付款明细账和各项财产物资明细账等，每次记账以后，都要随时结出余额，每月最后一笔余额是月末余额。月末结账时，只需要在最后一笔经济业务记录下面划通栏单红线，不需要再次结计余额。

2. 库存现金、银行存款日记账和需要按月结计发生额的收入、费用等明细账，每月结账时，要在最后一笔经济业务记录下面划通栏单红线，结出本月发生额和余额，在摘要栏内注明"本月合计"字样，并在下面划通栏单红线。

3. 对于需要结计本年累计发生额的明细账户，每月结账时，应在"本月合计"行下结出自年初起至本月末止的累计发生额，登记在月份发生额下面，在摘要栏内注明"本年累计"字样，并在下面划通栏单红线。12月末的"本年累计"就是全年累计发生额，全年累计发生额下面划通栏双红线。

4. 总账账户平时只需结出月末余额。年终结账时，为总括反映全年各项资金运动情况的全貌，核对账目，要将所有总账账户结出全年发生额和年末余额，在摘要栏内注明"本年合计"字样，并在合计数下面划通栏双红线。

5. 年度终了结账时，有余额的账户，应将其余额结转下年，并在摘要栏注明"结转下年"字样；在下一会计年度新建有关账户的第一行余额栏内填写上年结转的余额，并在摘要栏注明"上年结转"字样，使年末有余额账户的余额如实地在账户中加以反映，以免混淆有余额的账户和无余额的账户。

注意：结转账簿年度余额时，应将计算出的年末余额记入与余额方向相反的"借方（或贷方）"栏，无须另编制记账凭证。

典型例题

【例题1·多项选择题·2019年真题】 下列选项中，属于对账的主要内容有（　　）。

A. 账证核对　　　　B. 账账核对　　　　C. 账表核对　　　　D. 账实核对

答案：ABD

解析：对账的内容是账证、账账、账实核对。

【例题2·单项选择题·2019年真题】 年度结账需要在"本年累计"行下面划（　　）。

A. 一条半栏红线　　B. 两条半栏红线　　C. 一条通栏红线　　D. 两条通栏红线

答案：D

解析：年度结账需要在"本年累计"行下面划通栏双红线。

【例题3·多项选择题·2021年真题】 下列选项中，属于账实核对的有（　　）。

A. 现金日记账账面余额与现金实际库存数核对

B. 银行存款日记账账面余额与银行对账单余额核对

C. 财产物资明细账账面结存数与财产物资实存数核对

D. 应收款项明细账账面余额与有关债务单位或个人核对

答案：ABCD

解析：账实核对是指各项财产物资、债权债务等账面余额与实有数额之间的核对。

【例题4·单项选择题·2021年真题】 会计账簿与会计凭证核对属于（　　）。

A. 账实核对　　　　B. 账证核对　　　　C. 账账核对　　　　D. 账表核对

答案：B

解析：账证核对是指将账簿记录与会计凭证核对。

【例题5·多项选择题·2021年真题】 下列选项中，属于账账核对的有（　　）。

A. 银行存款日记账账面余额与银行对账单核对

B. 总分类账簿与其所属明细分类账簿核对

C. 总分类账簿与序时账簿核对

D. 有关债权债务明细账账面余额与对方单位的账面记录核对

答案：BC

解析：账账核对是指核对不同会计账簿之间的账簿记录是否相符。

【例题6·多项选择题·2022年真题】下列关于结账方法表述正确的有( )。

A. 月度结账，在"本月合计"的下面划两条通栏红线

B. 季度结账，在"本季合计"的下面划两条通栏红线

C. 年度结账，明细账需要结计"本年累计"的下面划两条通栏红线

D. 年度结账，总分类账需要结计"本年合计"的下面划两条通栏红线

答案：CD

解析：A、B选项需要划通栏单红线。

【例题7·多项选择题·2023年真题】属于账实核对的是( )。

A. 银行存款日记账和对账单的核对

B. 总账和明细账的核对

C. 财会部门物资明细账与物资保管部门物资明细账的核对

D. 总账和日记账的核对

答案：AC

解析：B、C选项属于账实核对。

第五节 错账更正方法

一、错账更正方法 ●掌握

在记账过程中，可能由于种种原因会使账簿记录发生错误。账簿记录发生错误，应当采用正确、规范的方法予以更正，不得涂改、挖补、刮擦或者用药水消除字迹，不得重新抄写。

错账更正的方法一般有划线更正法、红字更正法和补充登记法三种。

(一)划线更正法

1. 适用范围：在结账前的核查时，发现记账凭证填制无误而账簿记录由于会计人员不填出现笔误或计算失误，造成账上文字或数字错误。

2. 操作方法：

(1)先在错误的文字或全部数字正中划一条红线，表示错误内容已被注销，但应保持原记录文字或数字的内容清晰易于辨认(文字可只划错误的文字，数字要全部划销)。

(2)将正确的文字或数字用蓝、黑墨水笔写在被注销的文字或数字上端的空白处，并由记账人员在更正处签章(以明确相关人员责任)。

(二)红字冲销法(红字更正法)

1. 适用范围一：

在记账后，经核对发现由于原记账凭证上会计科目名称写错或应借、应贷的方向记错而造成账簿记录错误。

操作方法：

①首先用红字填制一张与原错误的记账凭证内容完全相同的记账凭证，在凭证的"摘要"栏注明"冲销某月某日×号凭证"字样，并据此红字凭证用红字登记入账，将原有错误记录冲销。

②用蓝字重新填制一张内容正确的记账凭证，在"摘要"栏注明"更正某月某日号×凭证"字样，并依此记账凭证登记入账。

2. 适用范围二：

在记账或结账以后，核对时发现原记账凭证上应借应贷方向无误，只是所记载的金额大于应记金额，造成账簿记录错误。

操作方法：

按多记金额用红字填制一张记账凭证，其中使用的会计科目，应借、应贷方向与原记账凭证相同，并在"摘要"栏注明"冲销某月某日×号凭证多记金额"，并据以用红字金额登记入账，将原记录中多记的金额冲销。

(三) 补充登记法

1. 适用范围：在记账或结账以后，经核对发现记账凭证中使用的会计科目，应借、应贷方向没有错误，只是所记金额小于应记金额，造成账簿记录错误。

2. 操作方法：按少记金额，填写一张与原记账凭证中的会计科目应借、应贷方向完全相同的记账凭证，在"摘要"栏注明"补记某月某日×号凭证少记金额"，并据以用蓝字登记入账。

典型例题

【例题1·单项选择题·2020年真题】 会计人员根据审核无误的记账凭证，在登记账簿时误将3 000元填写成300元，这种错误应采用的错账更正方法是(　　)。

A. 红字更正法　　　B. 划线更正法　　　C. 补充登记法　　　D. 平行登记法

答案：B

解析：记账凭证无误，发生过账错误，应采用划线更正法。

【例题2·单项选择题·2023年真题】 记账凭证上会计科目方向正确，所记金额大于应记金额，并已入账，应采用的更正方法是(　　)。

A. 划线更正法　　　B. 补充登记法　　　C. 红字更正法　　　D. 重新填制。

答案：C

解析：红字更正法适用范围：在记账或结账以后，经核对发现记账凭证中使用的会计科目，应借、应贷方向没有错误，只是所记金额大于应记金额，造成账簿记录错误。

【例题3·实务题·2019年真题】 某企业在查账时，发现下列错账，要求根据错账所存在的问题指出应采用的错账更正方法并按照错账更正方法更正错账(在数字上加外框表示红字)：

1. 3月12日，企业开出现金支票一张，支付前欠W公司货款40 000元。记账凭证上编制会计分录如下，并据以登记入账：

借：应付账款——W公司　　　　　　　　　　　　　　　　　　　　40 000
　　贷：库存现金　　　　　　　　　　　　　　　　　　　　　　　　　　40 000

解析：

更正方法：红字冲销法

更正过程：

编制红字冲销凭证

借：应付账款——W公司　　　　　　　　　　　　　　　　　　　　[40 000]
　　贷：库存现金　　　　　　　　　　　　　　　　　　　　　　　　　　[40 000]

并据以入账

编制蓝字正确凭证

借：应付账款——W公司　　　　　　　　　　　　　　　　40 000
　　贷：银行存款　　　　　　　　　　　　　　　　　　　　　　40 000

并据以入账

2. 3月15日，企业购入机器设备一台，价款195 300元（不考虑增值税），款项尚未支付。记账凭证上编制会计分录如下，并已据已登记入账：

借：固定资产　　　　　　　　　　　　　　　　　　　　　193 500
　　贷：应付账款　　　　　　　　　　　　　　　　　　　　　　193 500

解析：

更正方法：补充登记法

更正过程：

编制蓝字正确凭证

借：固定资产　　　　　　　　　　　　　　　　　　　　　　1 800
　　贷：应付账款　　　　　　　　　　　　　　　　　　　　　　1 800

并据以入账

【例题4·实务题·2021年真题】

6月末发现错误凭证6月15日取得增值税专用发票。购入固定资产170 000元，增值税22 100元。款项未付，已投入使用。

记账凭证：

借：固定资产　　　　　　　　　　　　　　　　　　　　　192 100
　　贷：应付账款　　　　　　　　　　　　　　　　　　　　　　192 100

并据已入账

要求：写出更正方法及更正过程

解析：

更正方法：红字冲销法

更正过程：

编制红字冲销凭证

借：固定资产　　　　　　　　　　　　　　　　　　　　　192 100
　　贷：应付账款　　　　　　　　　　　　　　　　　　　　　　192 100

并据以入账

编制蓝字正确凭证

借：固定资产　　　　　　　　　　　　　　　　　　　　　170 000
　　应交税费——应交增值税（进项税额）　　　　　　　　　22 100
　　贷：应付账款　　　　　　　　　　　　　　　　　　　　　　192 100

并据以入账

【例题5·实务题·2022年真题】 转销无法支付的款项2 860元，记账凭证为：

借：应付账款　　　　　　　　　　　　　　　　　　　　　2 680
　　贷：其他业务收入　　　　　　　　　　　　　　　　　　　2 680

要求写出错误类型、更正方法和更正过程。

解析：

错误类型：记账凭证上会计科目用错，并已入账。

更正方法：红字冲销法

更正过程：

编制红字冲销凭证

借：应付账款　　　　　　　　　　　　　　　　　　　　　　2 680

　　贷：其他业务收入　　　　　　　　　　　　　　　　　　　　　2 680

并据以入账

编制蓝字正确凭证

借：应付账款　　　　　　　　　　　　　　　　　　　　　　2 860

　　贷：营业外收入　　　　　　　　　　　　　　　　　　　　　　2 860

并据以入账

第六节　会计账簿的更换与保管

一、会计账簿的更换

会计账簿的更换通常在新会计年度建账时进行。

1. 总账、日记账及多数明细账需要每年更换。

2. 变动较小的明细账（如固定资产明细账、物资明细账、债权债务明细账）备查账簿可以跨年度使用，不必每年更换。

二、会计账簿的保管

年度终了，各种账户在结转下年、建立新账后，一般应将旧账集中统一管理。会计账簿暂由本单位财务会计部门保管一年，期满后，由本单位财务会计部门编造清册移交本单位的档案部门保管。

各种账簿应当按年度分类归档，编造目录，妥善保管。既保证在需要时迅速查阅，又保证各种账簿的安全和完整。保管期满后，还要按照规定的审批程序经批准后才能销毁。

典型例题

【例题1·多项选择题·2023年真题】能跨年度使用不必每年更换的账簿（　　）。

A. 库存现金日记账　　　　　　　　　B. 财产物资明细账

C. 固定资产卡片账　　　　　　　　　D. 债权债务明细账

答案：BCD

解析：变动较小的明细账（如固定资产明细账、物资明细账、债权债务明细账）备查账簿可以跨年度使用，不必每年更换。

【例题2·判断题】年度终了，会计账簿由单位的档案部门保管。　　　　　　　　　　（　　）

答案： ×

解析： 年度终了，各种账户在结转下年、建立新账后，一般应将旧账集中统一管理。会计账簿暂由本单位财务会计部门保管一年，期满后，由本单位财务会计部门编造清册移交本单位的档案部门保管。

习题精选

一、单项选择题

1. 登记会计账簿的依据是(　　)。
   A. 原始凭证　　　　B. 会计凭证　　　　C. 经济业务　　　　D. 会计科目

2. 对全部经济业务事项按照会计要素的具体类别而设置的分类账户进行登记的账簿称为(　　)。
   A. 数量金额式账簿　　B. 多栏式账簿　　　C. 备查账簿　　　　D. 分类账簿

3. 总分类账一般采用的账页格式为(　　)。
   A. 两栏式　　　　　B. 三栏式　　　　　C. 多栏式　　　　　D. 数量金额式

4. 一般情况下，适合于采用活页式账簿形式的是(　　)。
   A. 明细分类账　　　B. 银行存款日记账　C. 库存现金日记账　D. 备查账

5. "代管商品物资登记簿"属于(　　)。
   A. 流水账　　　　　B. 序时账　　　　　C. 分类账　　　　　D. 备查账

6. 订本式账簿主要适用于(　　)。
   A. 债权债务明细账　　　　　　　　　　B. 收入、费用明细账
   C. 材料、商品明细账　　　　　　　　　D. 总账、日记账

7. "库存商品"明细账一般应采用(　　)。
   A. 平行式账簿　　　B. 三栏式账簿　　　C. 多栏式账簿　　　D. 数量金额式账簿

8. 在通常情况下企业购买的尚未验收入库的原材料登记明细账使用(　　)。
   A. 三栏式账簿　　　B. 多栏式账簿　　　C. 数量金额式账簿　D. 平行式账簿

9. (2021年真题)下列选项中，适合使用多栏式明细账登记的是(　　)。
   A. 应收账款明细账　　　　　　　　　　B. 预收账款明细账
   C. 库存商品明细账　　　　　　　　　　D. 管理费用明细账

10. 应采用横线登记式账页格式的明细分类账是(　　)。
    A. 生产成本明细账　　　　　　　　　　B. 营业外支出明细账
    C. 租入固定资产登记簿　　　　　　　　D. 其他应收款-备用金明细账

11. 主营业务收入总分类账采用的账页格式是(　　)。
    A. 三栏式　　　　　B. 多栏式　　　　　C. 横线登记式　　　D. 数量金额式

12. (2021年真题)总分类账簿应采用的外表形式是(　　)。
    A. 订本式　　　　　B. 活页式　　　　　C. 卡片式　　　　　D. 多栏式

13. 使用(　　)账簿，在一个会计年度结束后，应按账户顺序连续编号，装订。
    A. 订本式　　　　　B. 活页式　　　　　C. 卡片式　　　　　D. 多栏式

14. 账簿中的文字或数字不要顶格书写，一般占格宽的(　　)。

A. 1/2　　　　　　　B. 2/3　　　　　　　C. 1/3　　　　　　　D. 3/5

15. 下列四类账簿中,不是依据记账凭证登记的是( )。

A. 明细账　　　　　B. 总账　　　　　　C. 日记账　　　　　D. 备查账

16. ( )是指对所发生的每项经济业务事项,都要以会计凭证为依据,一方面,记入有关总分类账户;另一方面,记入总账所属明细分类账户的方法。

A. 复式记账法　　　B. 借贷记账法　　　C. 平行登记　　　　D. 同时登记

17. 总分类账户与明细分类账户的主要区别在于( )。

A. 记录经济业务的详细程度不同　　　B. 记账的依据不同

C. 记账金额不同　　　　　　　　　　D. 记账期间不同

18. 下列不能作为登记明细分类账依据的是( )。

A. 原始凭证　　　　B. 汇总原始凭证　　C. 记账凭证　　　　D. 汇总记账凭证

19. 存现业务,出纳人员根据( )登记银行存款日记账。

A. 现金收款凭证　　　　　　　　　　B. 现金付款凭证

C. 存现的银行存款收款凭证　　　　　D. 银行存款付款凭证

20. (2023年真题)下列不能作为银行存款日记账的依据是( )。

A. 现金付款凭证　　　　　　　　　　B. 现金收款凭证

C. 银行存款收款凭证　　　　　　　　D. 银行存款付款凭证

21. 在登账过程中,每一账页的最后一行及下一页第一行都要办理转页手续,是为了( )。

A. 防止重页　　　　　　　　　　　　B. 保持账簿记录的连续性

C. 防止隔页　　　　　　　　　　　　D. 便于查账

22. 库存现金日记账和银行存款日记账的登记依据是( )。

A. 审核无误的收、付款原始凭证　　　B. 审核无误的收、付款记账凭证

C. 审核无误的所有原始凭证　　　　　D. 审核无误的所有记账凭证

23. 对需要结计本年累计发生额的账户,在各账页最末一行结计"过次页"时,"本页合计数"的金额应当为( )。

A. 本页末的余额

B. 自本月初起至本月末止的发生额合计数

C. 自本年初起至本页末止的发生额合计数

D. 0

24. 对既不需要结计本月发生额也不需要结计本年累计发生额的账户,可以只将( )结转次页。

A. 本页的累计数

B. 自本月初起至本页末止的发生额合计数

C. 自年初起至本页末止的累计数

D. 本页末的余额

25. 下列各项中,既可以逐笔登记,也可以定期汇总登记的是( )。

A. 固定资产明细账　　　　　　　　　B. 应收账款明细账

C. 应付账款明细账　　　　　　　　　D. 库存商品收发明细账

26. 下列各项中,必须逐日逐笔登记的明细分类账是( )。

A. 原材料　　　　　B. 库存商品　　　　C. 固定资产　　　　D. 管理费用

27. 在登记账簿时,每记满一页时,应(　　)。
A. 计算本页的发生额
B. 计算本页的余额
C. 计算本页的发生额和余额,同时在摘要栏注明"转次页"字样
D. 不计算本页的发生额和余额,但应在摘要栏注明"转次页"字样

28. 下列关于结账方法的说法中,错误的是(　　)。
A. 总账账户平时只需结出月末余额
B. 对不需按月结计本期发生额的明细账户,每次记账后都要随时结出余额
C. 对需要结计本年累计发生额的明细账户,年终结账时,应在全年累计发生额下通栏划双红线
D. 年终结账时,对有余额的账户应编制记账凭证,从而使该账户的余额结转下年

29. 月末结账时,以下做法正确的是(　　)。
A. 应收账款明细账在最后一笔经济业务记录之下通栏划单红线,不结计余额
B. 银行存款日记账在最后一笔经济业务记录之下通栏划单红线,不结计余额
C. 库存商品明细账在最后一笔经济业务记录下面通栏划双红线,不结计余额
D. 管理费用明细账在最后一笔经济业务记录之下通栏划单红线,不结计余额

30. 核对会计账簿记录与原始凭证、记账凭证的时间、凭证字号、内容金额是否一致被称为(　　)。
A. 账账核对　　　B. 账证核对　　　C. 账实核对　　　D. 账表核对

31. 企业"银行存款日记账"与"银行对账单"之间的核对属于(　　)。
A. 账证核对　　　B. 账账核对　　　C. 账实核对　　　D. 账表核对

32. 下列项目中,属于账证核对内容的是(　　)。
A. 会计账簿与记账凭证核对　　　B. 总分类账簿与所属明细分类账簿核对
C. 原始凭证与记账凭证核对　　　D. 银行存款日记账与银行对账单核对

33. (2020年真题)期末,会计人员按规定计算并记录各账户的本期发生额和期末余额,这项工作称为(　　)。
A. 调账　　　B. 对账　　　C. 记账　　　D. 结账

34. 由财产物资保管部门或使用部门定期编制收发结存汇总表报会计部门核对的方法属于(　　)。
A. 账账核对　　　B. 账实核对　　　C. 账证核对　　　D. 账表核对

35. 划线更正法适用于(　　)。
A. 记账凭证上会计科目或记账方向错误
B. 记账凭证正确,在记账时发生错误
C. 记账凭证上会计科目和记账方向正确,但所记金额大于应记金额
D. 记账凭证上会计科目和记账方向正确,但所记金额小于应记金额

36. 某会计人员在审核记账凭证时,发现误将8 000元写成800元,尚未入账,一般应采用(　　)改正。
A. 重新编制记账凭证　　B. 红字更正法　　　C. 补充登记法　　　D. 冲账法

37. 下列说法中,错误的是(　　)。
A. 记账凭证中会计科目错误且已登账,应采用红字更正法更正
B. 记账凭证中金额多记且已登账,应采用红字更正法更正
C. 记账凭证中金额少记且已登账,应采用补充登记法更正

D. 记账凭证无错误但账簿金额少记，应采用补充登记法更正

38. 错账更正时，补充登记法的适用范围是（　　）。

A. 记账凭证中会计科目或借贷方向错误，导致账簿记录错误

B. 记账凭证正确，登记账簿时发生文字或数字错误

C. 记账凭证中会计科目或借贷方向正确，所记金额大于应记金额，导致账簿记录错误

D. 记账凭证中会计科目或借贷方向正确，所记金额小于应记金额，导致账簿记录错误

39. 用转账支票归还欠 A 公司货款 50 000 元，会计人员编制的记账凭证为：借记应收账款 50 000 元，贷记银行存款 50 000 元，审核并已登记入账，该记账凭证（　　）。

  A. 没有错误   B. 有错误，使用划线更正法

  C. 有错误，使用红字更正法   D. 有错误，使用补充登记法

40. 填制记账凭证时无误，根据记账凭证登记账簿时，将 20 000 元误记为 2 000 元，已登记入账，更正时应采用（　　）。

  A. 划线更正法   B. 红字更正法   C. 补充登记法   D. 更换账页法

41. 已经登记入账的记账凭证，在当年内发现有误，可以用红字填写一张与原内容相同的记账凭证在摘要栏注明（　　）字样，再用蓝字做一张正确的登记入账。

  A. "注销某月某日某号凭证"   B. "订正某月某日某号凭证"

  C. "经济业务的内容"   D. "对方单位"

42. 登记账簿时，错误的做法是（　　）。

  A. 文字和数字的书写占格距的二分之一   B. 发生的空行、空页一定要补充书写

  C. 用红字冲销错误记录   D. 在发生的空页上注明"此页空白"

43. 记账人员根据记账凭证登记完毕账簿后，要在记账凭证上注明已记账的符号，主要是为了（　　）。

  A. 便于明确记账责任   B. 避免错行或隔页

  C. 避免重记或漏记   D. 防止凭证丢失

44. 在登记账簿时，红色墨水不能用于（　　）。

  A. 更正错账   B. 记账   C. 结账   D. 冲账

45. 下列既可以作为登记总账依据，又可以作为登记明细账依据的是（　　）。

  A. 记账凭证   B. 汇总记账凭证   C. 原始凭证   D. 科目汇总表

46. 下列关于会计账簿的说法中，不正确的是（　　）。

A. 设置和登记账簿是连接会计凭证与会计报表的中间环节

B. 会计账簿是以经过审核的记账凭证为依据，全面、系统、连续地记录各项经济业务的簿籍

C. 各单位应该按照国家统一的会计制度的规定和会计业务的需要设置会计账簿

D. 会计账簿是由一定格式的账页组成的

47. 结账前，发现记账凭证中科目使用错误，但所记金额无误，导致账簿记录错误，正确的更正方法是（　　）。

  A. 红字更正法   B. 补充登记法   C. 划线更正法   D. 以上三种方法均可

48. 发生销售费用 5 000 元，在填制记账凭证时误写为 50 000 元，并已登记入账，可以采用的正确更正方法是（　　）。

A. 先填制一张与原错误凭证相同的红字凭证，再填制一张正确的蓝字凭证

B. 直接撕毁原错误记账凭证，填制一张正确的记账凭证

C. 在记账凭证和账簿上同时采用划线更正法更正

D. 填制一张科目相同，金额为45 000元的红字凭证冲减错误金额

49. 当新的会计年度开始，启用新账时，可以继续使用不必更换新账的是(　　)。

　　A. 总分类账　　　　B. 固定资产卡片　　　C. 财务费用明细账　　D. 现金日记账

二、多项选择题

1. 下列属于会计账簿设置意义的有(　　)。

　　A. 会计账簿可以记载、存储会计信息　　　　B. 会计账簿可以分类、汇总会计信息

　　C. 通过会计账簿可以检查、校正会计信息　　D. 通过会计账簿可以编报、输出会计信息

2. 会计账簿是由一定格式、相互联系的账页组成，是用来(　　)全面记录和反映一个单位经济业务事项的会计簿籍。

　　A. 序时　　　　　　B. 分类　　　　　　　C. 连续　　　　　　　D. 综合

3. 下列名称中，属于账页应包括的内容的有(　　)。

　　A. 账户名称　　　　　　　　　　　　　　　B. 记账凭证的种类和号数

　　C. 摘要栏　　　　　　　　　　　　　　　　D. 总页次和分户页次

4. 任何会计主体都必须设置的账簿有(　　)。

　　A. 日记账　　　　　B. 辅助账簿　　　　　C. 总分类账簿　　　　D. 明细分类账

5. 下列各项中，属于会计账簿的主要分类标准的有(　　)。

　　A. 用途　　　　　　B. 账页格式　　　　　C. 外型特征　　　　　D. 金额

6. (2019年真题)会计账簿按照外表形式划分为(　　)。

　　A. 订本式账簿　　　B. 活页式账簿　　　　C. 卡片式账簿　　　　D. 三栏式账簿

7. (2020年真题)会计账簿按用途不同可分为(　　)。

　　A. 序时账簿　　　　B. 分类账簿　　　　　C. 备查账簿　　　　　D. 活页账簿

8. (2019年真题)下列各账簿中，其账页可以使用三栏式的有(　　)。

　　A. 总分类账　　　　B. 现金日记账　　　　C. 应收账款明细账　　D. 原材料明细账

9. (2020年真题)下列明细账中，账页格式采用三栏式的有(　　)。

　　A. 应收账款明细账　　　　　　　　　　　　B. 库存商品明细账

　　C. 预收账款明细账　　　　　　　　　　　　D. 应付账款明细账

10. 下列账簿中，可选用活页式的有(　　)。

　　A. "应付账款"总账　　　　　　　　　　　　B. "固定资产"总账

　　C. "材料采购"明细账　　　　　　　　　　　D. "应收账款"明细账

11. 采用订本式账簿的有(　　)。

　　A. 总分类账　　　　B. 现金日记账　　　　C. 银行存款日记账　　D. 原材料明细分类账

12. (2023年真题)可以使用多栏式账页的是(　　)。

　　A. 库存商品明细账　　　　　　　　　　　　B. 应收账款明细账

　　C. 生产成本明细账　　　　　　　　　　　　D. 管理费用明细账

13. 下列各项中，可以采用数量金额式格式的有(　　)。

　　A. 库存商品明细分类账　　　　　　　　　　B. 银行存款日记账

　　C. 应收账款明细账　　　　　　　　　　　　D. 原材料明细分类账

14. 多栏式明细账的账页格式分为(　　)。
   A. 借方多栏　　　　B. 贷方多栏　　　　C. 借贷方均多栏　　　D. 三栏式
15. 下列各项中,属于备查账簿的有(　　)。
   A. 应收账款明细账　　　　　　　　　　B. 租入固定资产登记簿
   C. 受托加工材料登记簿　　　　　　　　D. 工作人员登记簿
16. 应收账款总账一般属于(　　)。
   A. 订本式　　　　　B. 三栏式　　　　　C. 序时账　　　　　D. 分类账
17. 横线登记式明细分类账适用于登记(　　)业务。
   A. 材料采购　　　　B. 应收票据　　　　C. 制造费用　　　　D. 一次性备用金
18. 启用新账簿要求完成下列(　　)工作。
   A. 在账簿封面填写单位名称、账簿名称　　B. 填写账簿启用表
   C. 贴印花税票　　　　　　　　　　　　D. 编制订本账页码
19. 下列关于会计账簿的说法中,正确的有(　　)。
   A. 会计账簿一般都由封面、扉页、账页等几部分构成
   B. 启用会计账簿时,应当在账簿封面上写明单位名称和账簿名称
   C. 使用订本式账簿,应当按账户顺序编号,并须定期装订成册
   D. 会计账簿应当有专人负责登记
20. 下列关于会计账簿记账规则的表述中,正确的是(　　)。
   A. 账页记满时,应办理转页手续
   B. 根据审核无误的会计凭证登记账簿时,应按照凭证上的日期来填写账簿上的日期栏
   C. 对订本式账簿,不得任意撕毁账页,但是对活页式账簿,如在登记过程中不慎出现错误,可将其抽出替换
   D. 凡需结出余额的账户,结出余额后,应在"借或贷"栏内写明"借"或"贷"字样没有余额的账户,应在"借或贷"栏内写"平"字,并在余额栏内元位用"Q"表示
21. 下列关于登记账簿的要求中,正确的表述有(　　)。
   A. 账簿中书写的文字和数字上面要留有适当的空格,不要写满格,一般应占格距的1/2
   B. 登记账簿要用圆珠笔、蓝或黑色墨水书写,不得用铅笔
   C. 各种账簿按页次顺序连续登记,不得跳行、隔页
   D. 账簿登记后,要在记账凭证上签名或盖章,注明已登账的符号,表示已记账
22. 下列各项中,可以使用红色墨水记账的情况有(　　)。
   A. 按照红字冲账的记账凭证,冲销错误记录
   B. 在三栏式账户的余额栏前,如未印明余额方向的,在余额栏内登记负数余额
   C. 在不设借贷等栏的多栏式账页中,登记增加数
   D. 根据国家统一的会计制度的规定可以用红字登记的其他会计记录
23. 现金日记账的登记依据有(　　)。
   A. 现金收支的原始凭证　　　　　　　　B. 现金收款凭证
   C. 现金付款凭证　　　　　　　　　　　D. 银行存款付款凭证
24. (2020年真题)下列选项中,可以作为现金日记账借方登记依据的有(　　)。
   A. 库存现金收款凭证　　　　　　　　　B. 库存现金付款凭证

C. 银行存款收款凭证　　　　　　　　　　D. 银行存款付款凭证

25. 登记总账的依据有（　　）。
   A. 记账凭证　　　B. 明细账　　　C. 科目汇总表　　　D. 汇总记账凭证

26. 下列各项中，可以作为不同类型经济业务的明细分类账根据管理需要，逐日逐笔登记或定期登记依据的有（　　）。
   A. 记账凭证　　　B. 科目汇总表　　　C. 原始凭证　　　D. 汇总原始凭证

27. 下列观点中，正确的有（　　）。
   A. 总分类账户提供总括核算指标
   B. 不是所有账户都需要开设明细分类账户
   C. 明细分类账户提供详细、具体的核算指标
   D. 总账必须采用订本式账簿

28. （2019年真题）下列选项中，属于总分类账户与明细分类账户平行登记要点的有（　　）。
   A. 依据相同　　　B. 方向相同　　　C. 期间相同　　　D. 金额相等

29. 平行登记法下总账与其所属明细账之间在数量上的钩稽关系是（　　）。
   A. 总账账户的期初余额＝所属明细账户期初余额合计
   B. 总账账户的本期借方发生额＝所属明细账户本期借方发生额合计
   C. 总账账户的本期贷方发生额＝所属明细账户本期贷方发生额合计
   D. 总账账户的期末余额＝所属明细账户期末余额合计

30. 在不同会计核算程序下，可以作为登记总分类账依据的有（　　）。
   A. 记账凭证　　　B. 科目汇总表　　　C. 汇总记账凭证　　　D. 多栏式日记账

31. 下列（　　）明细账即可逐日逐笔登记，也可定期汇总登记。
   A. 固定资产　　　B. 库存商品　　　C. 应收账款　　　D. 管理费用

32. 以下说法正确的有（　　）。
   A. 总账账户平时只需结出月末余额
   B. 年度终了结账时，有余额的账户，要将其余额结转下年
   C. 对不需要按月结计本期发生额的账户，每月最后一笔余额为月末余额
   D. 库存现金日记账需要按月结计发生额

33. 下列需要划双红线的是（　　）。
   A. 在"本月合计"的下面　　　　　　　　　B. 在"本年累计"的下面
   C. 在12月末的"本年累计"的下面　　　　　D. 在"本年合计"下面

34. 下列各项中，属于结账的一般程序的有（　　）。
   A. 在结账前将本期发生的经济业务事项全部登记入账
   B. 调整有关账项，合理确定本期应计的收入和应计的费用
   C. 将损益类科目转入"本年利润"科目，结平所有损益类科目
   D. 结算出资产、负债和所有者权益科目的本期发生额和余额，并结转下期

35. （2022年真题）下列选项中，符合账簿登记规则的有（　　）。
   A. 及时、完整、顺序、连续登记　　　　　B. 已经登账的应标明记账符号
   C. 书写的文字和数字必须规范　　　　　　D. 红色墨水笔必须按照规定使用

36. 记账时不得漏页、跳行登记，如果发生漏页、跳行时，不得随意涂改，应将（　　）。

A. 账页撕下并装入档案保管　　　　　　　B. 空页、空行用线对角划掉
C. 加盖"作废"字样　　　　　　　　　　　D. 由记账人员签字盖章

37. 下列关于账簿与账户的关系表述，正确的有(　　)。
A. 账户存在于账簿之中，没有账簿，账户就无法存在
B. 账簿存在于账户之中，没有账户，账簿就无法真实存在
C. 账户只是一个外在形式，账簿才是它的真实内容
D. 账簿只是一个外在形式，账户才是它的真实内容

38. 库存现金和银行存款日记账(　　)。
A. 一般采用三栏式账页　　　　　　　　B. 由出纳人员登记
C. 据审核后的收付款记账凭证登记　　　D. 逐日逐笔序时登记

39. 查找错账可以采用的方法主要有(　　)。
A. 除2法　　　　B. 除9法　　　　C. 差数法　　　　D. 尾差法

40. 由于记账凭证错误而导致账簿登记错误的错账更正方法有(　　)。
A. 划线更正法　　B. 红字更正法　　C. 补充登记法　　D. 尾数更正法

41. 下列各类错账中，应采用红字更正法进行更正的有(　　)。
A. 记账凭证没有错误，但账簿记录有数字发生差错
B. 记账凭证中的会计科目正确但所记金额大于应记金额所引起的账簿记录错误
C. 记账凭证中的会计科目正确但所记金额小于应记金额所引起的账簿记录错误
D. 因记账凭证中的会计科目有错误而引起的账簿记录错误

42. (2022年真题)下列选项中，属于明细分类账登记方法的有(　　)。
A. 根据原始凭证登记明细账　　　　　　B. 根据汇总原始凭证登记明细账
C. 根据科目汇总表登记明细账　　　　　D. 根据记账凭证登记明细分类账

43. 以下属于账账核对内容的有(　　)。
A. 财产物资明细账与财产物资的实有数额核对
B. 会计部门财产物资明细账和财产物资保管和使用部门的有关财产物资明细账核对
C. 现金日记账和库存现金总分类账的核对
D. 总账和备查账的核对

44. 下列关于会计账簿的更换和保管，说法正确的有(　　)。
A. 会计账簿的更换通常在新会计年度建账时进行
B. 会计账簿直接交由本单位档案管理机构保管
C. 各种备查账簿可以连续使用
D. 总账和所有明细账均应每年更换一次

三、判断题

1. 账簿中的每一账页就是账户的存在形式和载体，没有账簿，账户就无法存在。(　　)
2. 会计账簿按照外表形式可以分为订本式账簿、活页式账簿和卡片式账簿三类。(　　)
3. 为便于管理，"应收账款""预收账款"明细账必须采用多栏式账页格式。(　　)
4. 三栏式账簿就是具有日期、摘要、金额三栏内容的账页格式。(　　)
5. 应收账款明细账应采用三栏式账页的订本账。(　　)
6. 多栏式账簿主要适用于既需要记录金额，又需要记录实物数量的财产物资明细账户。(　　)

7. 当多栏式明细账只设置借方发生额专栏时，其贷方发生额可以用红字登记。（   ）
8. 应交税费——应交增值税明细账，一般采用借方多栏式账页。（   ）
9. （2023年真题）活页式账簿的优点是可以根据需要随时增加账页，有利于分工记账。（   ）
10. 在登记账簿时，如果发生了跳行、隔页，必须补充登记，账簿不得留有空白行和空白页。（   ）
11. 登账后发生记录错误时，必须按规定方法更正，严禁刮、擦、挖、补，或使用化学药物清除字迹。（   ）
12. 在贷方多栏式明细账中，平时如果发生借方发生额，应该用红字在贷方对应明细栏中登记。（   ）
13. "登记账簿"时一般用蓝黑或碳素墨水满格书写，不得使用圆珠笔或铅笔，除会计制度允许外，不得用红色墨水记账。（   ）
14. 记账凭证是登记总账的依据，原始凭证是登记明细账的依据。（   ）
15. 账户结出余额后，应在"借或贷"一栏内空置不填。（   ）
16. （2021年真题）平行登记要求总分类账与其所属的明细分类账必须同一时刻登记。（   ）
17. （2021年真题）总分类账户都要设置明细分类账户。（   ）
18. （2020年真题）现金日记账和银行存款日记账均采用订本式账簿。（   ）
19. （2019年真题）明细账的登记依据，可以是原始凭证、原始凭证汇总表或记账凭证。（   ）
20. （2019年真题）为保证总账与其所属的明细账记录相符，总账应根据其所属明细账直接登记。（   ）
21. 库存现金日记账的账页格式均为三栏式，而且必须使用订本账。（   ）
22. 现金日记账应日清月结，如果出现贷方余额，表示有透支现金。（   ）
23. 登记库存现金日记账的依据是现金收付款凭证和银行收付款凭证。（   ）
24. 企业库存现金日记账应由出纳人员根据审核的涉及现金收付的记账凭证，按照现金收付业务发生的先后顺序逐日逐笔序时登记。（   ）
25. 库存现金日记账和银行日记账必须采用订本式账簿，但企业可以用银行对账单代替日记账。（   ）
26. 现金日记账由出纳人员根据与现金收付有关的记账凭证，逐日逐笔进行登记。（   ）
27. 库存现金日记账的借方是根据收款凭证登记的，贷方是根据付款凭证登记的。（   ）
28. 现金日记账登记完毕，应当逐项复核，复核无误后在记账凭证上的"账页"一栏内打上过账符号"√"表示已核对。（   ）
29. 企业的库存现金日记账的保管期限属于定期保管。（   ）
30. 银行存款日记账的格式与库存现金日记账相同，可采用三栏式，也可以采用多栏式。（   ）
31. 对于原材料明细账，可以根据原始凭证直接登记明细分类账，暂不编制记账凭证。（   ）
32. 将发生的交易或事项记入总分类账户及其所属明细分类账户时，所依据的原始凭证是相同的，但直接依据不一定相同。（   ）
33. 根据总账与明细账的平行登记要求，每项经济业务必须在同一天登记明细账和总账。（   ）
34. 总分类账和明细分类账反映经济业务的详细程度不同，但是两者登记的原始依据是相同的。（   ）
35. 每一账页登记完毕结转下页时，应当结出本页合计数及余额，写在本页最后一行和下页第一行有关栏内，并在摘要栏内注明"过次页"和"承前页"字样。（   ）

36. 更换账簿时,如有余额,应在新账簿中的第一行摘要栏内注明"上年结转"或"年初余额"。
(   )

37. 会计部门的财产物资明细账期末余额与财产物资使用部门的财产物资明细账期末余额相核对,属于账实核对。
(   )

38. 对账就是核对账目,即对各种会计账簿之间相对应记录进行核对。
(   )

39. 账证核对是期末将账簿记录与记账凭证进行核对。
(   )

40. 在登记现金日记账时,把十位数错记为百位数,应采用除2法查找差错。
(   )

41. 采用补充登记法更正错账时,按正确的金额与错误金额的差额,用蓝字编制一张账户对应关系与错误凭证相同的记账凭证,并用蓝字登记入账,以补记少记的金额。
(   )

42. 发现记账凭证科目方向正确,但所记金额小于应记金额,可以将少记金额用红字填制一张记账凭证登记入账。
(   )

43. 某企业生产领用原材料7 000元,会计人员填制的记账凭证为借记原材料700元,贷记生产成本700元,并已登记入账,当年发现记账错误,应采用补充登记法更正。
(   )

44. 采用划线更正法时,对错误的文字和数字,可以只划去错误的部分进行改正。
(   )

45. 划线更正法适用于结账之后发现账户记录有误,而记账凭证无误的情况。
(   )

46. 年度终了,日记账、总账和所有的明细账必须更换新账,不能延续使用旧账。
(   )

47. 年度终了须更换新的账簿。年度结账以后,将本年度账簿中的余额结转到下一会计年度对应的新账簿中去,然后将本年度的全部账簿整理归档。
(   )

48. 订本式账簿具有不易散失、防止抽换、便于分工等优点。
(   )

四、实务题

错账更正法(要求指出错误、写出适用更正方法和更正过程)

某企业于2022年9月30日将账簿记录与记账凭证进行核对时,发现下列经济业务的凭证内容或账簿记录有误:

1. 9月5日,用银行存款预付下季度所得税23 200元。原记账凭证(总字6号)的会计分录为:

借:预付账款　　　　　　　　　　　　　　　　　　　　　　　　22 300
　　贷:银行存款　　　　　　　　　　　　　　　　　　　　　　　　　　22 300

原账簿登记如下:

预付账款	银行存款
22 300	22 300

2. 10日,车间管理人员报销医药费1 120元,以现金支付。原记账凭证(总字12号)的会计分录为:

借:应付职工薪酬　　　　　　　　　　　　　　　　　　　　　　　1 210
　　贷:库存现金　　　　　　　　　　　　　　　　　　　　　　　　　　1 210

原账簿登记如下:

应付职工薪酬	库存现金
1 210	1 210

3. 20日,从银行借入为期一年的借款1 000 000元,原记账凭证(总字35号)的会计分录为:

借:银行存款　　　　　　　　　　　　　　　　　　　　　　　　　　　100 000
　　贷:短期借款　　　　　　　　　　　　　　　　　　　　　　　　　　　100 000

原账簿登记如下:

银行存款	短期借款
100 000	100 000

4. 30日,结转本月实际完工产品的生产成本共计4 500元。原记账凭证(总字47号)的会计分录为:

借:库存商品　　　　　　　　　　　　　　　　　　　　　　　　　　　　4 500
　　贷:生产成本　　　　　　　　　　　　　　　　　　　　　　　　　　　　4 500

原账簿登记如下:

库存商品	生产成本
4 500	5 400

第六章 主要经济业务的核算

考纲要求

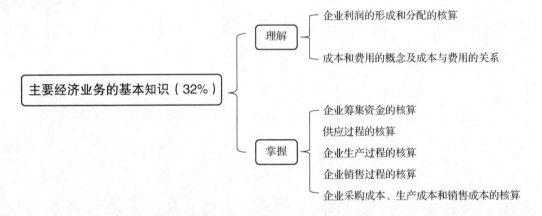

第一节 企业筹集资金的核算 ●掌握

一、权益筹资业务相关内容

企业的投资者包括：国家投资、法人单位投资、个人投资和外商投资。

投资方式：货币资金、固定资产、材料物资及无形资产等。

投资者向企业投入资本，一般情况下无需偿还，可以长期周转使用。

按公司法规定，全体投资者的货币出资额不得低于公司注册资本的30%。

企业从银行取得的借款按偿还期分为短期借款和长期借款。

二、账户设置

1."实收资本"账户：该账户属于所有者权益类，用来核算企业接受投资者投入资本的增减变动情况；贷方登记实际收到的投资额，借方登记按法定程序减少的资本数额，期末贷方余额表示投入资本的实有数额。该账户应按投资人设置明细账。

2. "资本公积"账户：该账户属于所有者权益类，用来核算企业收到投资者出资额超出其注册资本（或股本）所占份额的部分增减变动情况，贷方登记资本公积增加数额，借方登记按规定转增注册资本的数额，期末贷方余额表示资本公积的结余数。

3. "短期借款"账户：该账户属于负债类，用来核算短期借款的取得、偿还等情况。该科目的贷方登记取得短期借款本金的金额，借方登记偿还短期借款的本金金额，期末余额在贷方，反映企业尚未偿还的短期借款。该账户可按借款种类、贷款人和币种设置明细科目进行明细核算。

4. "长期借款"账户：该账户属于负债类，用来核算长期借款的借入、归还等情况。该账户按照贷款单位和贷款种类设置明细账，分"本金""利息调整"等进行明细核算。该账户的贷方登记长期借款本息的增加额，借方登记本息的减少额，期末贷方余额反映企业尚未偿还的长期借款。

三、账务处理

（一）接受投资业务处理

1. 接受投资者投入。

借：银行存款/固定资产/无形资产/原材料
　　应交税费——应交增值税（进项税额）
　　贷：实收资本——××投资者

2. 资本溢价账务处理。

借：银行存款
　　贷：实收资本（在注册资本中所占份额）
　　　　资本公积（超出其注册资本（或股本）所占份额的部分）

（二）借款业务处理

1. 借入一年期（包含一年）的资金。

借：银行存款
　　贷：短期借款

2. 借入一年期以上的资金。

借：银行存款
　　贷：长期借款——本金

3. 归还借款本金。

借：短期借款
　　长期借款——本金
　　贷：银行存款

典型例题

【例题1·分录题·2019年真题】 企业接受W公司投入机器设备一套，双方协商公允价值180 000元入账。

解析：

借：固定资产　　　　　　　　　　　　　　　　　　　　　　　　　　　　　　　　180 000
　　贷：实收资本　　　　　　　　　　　　　　　　　　　　　　　　　　　　　　180 000

【例题2·分录题·2019年真题】经批准企业将资本公积250 000元转增资本。

解析：

借：资本公积　　　　　　　　　　　　　　　　　　　　　　　　　　　250 000
　　贷：实收资本　　　　　　　　　　　　　　　　　　　　　　　　　　　　250 000

【例题3·分录题·2020年真题】向银行取得期限为9个月的借款500 000元，存入银行。

解析：

借：银行存款　　　　　　　　　　　　　　　　　　　　　　　　　　　500 000
　　贷：短期借款　　　　　　　　　　　　　　　　　　　　　　　　　　　　500 000

【例题4·分录题·2021年真题】向银行申请取得期限为一年的借款500 000元，存入银行。

解析：

借：银行存款　　　　　　　　　　　　　　　　　　　　　　　　　　　500 000
　　贷：短期借款　　　　　　　　　　　　　　　　　　　　　　　　　　　　500 000

【例题5·判断题·2021年真题】企业接受投资者投入及无偿捐赠的实物或货币，均属于企业的实收资本(或股本)。（　　）

答案：×

解析：接受捐赠属于营业外收入。

【例题6·分录题·2022年真题】收到捐赠的货币资金28 000元，存入银行。

解析：

借：银行存款　　　　　　　　　　　　　　　　　　　　　　　　　　　　28 000
　　贷：营业外收入　　　　　　　　　　　　　　　　　　　　　　　　　　　 28 000

【例题7·多项选择题·2023年真题】企业注册资本增加的来源有(　　)。

A. 借入借款　　　　　　　　　　　　　B. 盈余公积转增资本
C. 资本公积转增资本　　　　　　　　　D. 收到投资者追加的资本

答案：BCD

【例题8·分录题·2023年真题】收到企业投入的非专利技术，合同协议价96 000元。（不考虑增值税）

借：无形资产——非专利技术　　　　　　　　　　　　　　　　　　　　　96 000
　　贷：实收资本　　　　　　　　　　　　　　　　　　　　　　　　　　　　 96 000

第二节　供应过程的核算　●掌握

一、供应过程核算的内容

购入材料物资，确定材料采购成本，与销售方办理货款结算，将材料物资验收入库，形成物资储备。

二、账户设置

1."在途物资"账户：该账户属于资产类，用来核算企业进行材料、商品等物资采购的日常核算、货款已付尚未验收入库的在途物资的采购成本。借方登记购入物资的买价和采购费用,贷方登记已完成采购手续、验收入库材料物资的采购成本,期末如有借方余额表示尚未验收入库的在途物资成本。该账户按材料物资的种类设置明细户。

2. "原材料"账户:该账户属于资产类账户,用来核算企业库存的各种材料的实际成本。借方登记验收入库材料的实际成本,贷方登记发出材料的实际成本,期末借方余额表示库存材料的实际成本。该账户应按照材料的类别或供应商进行明细核算。

3. "应交税费——应交增值税"账户:该账户属于负债类账户,用来核算企业按照税法等规定计算应交纳的增值税;借方登记企业采购材料物资时向供应单位支付的进项税额和实际交纳的增值税,贷方登记企业销售产品时向购货单位收取的销项税额,期末借方余额表示尚未抵扣的增值税额。

4. "应付账款"账户:该账户属于负债类科目,用来核算企业因购买材料、商品或接受劳务、服务等日常生产经营活动应支付的款项。贷方登记应付给销售方的款项,借方登记实际偿还的款项,期末贷方余额表示尚未支付的应付账款。该账户应按对方单位(或个人)进行明细核算。

二、账务处理

(一) 材料购入与入库的核算

1. 购入材料,款已付且材料已验收入库。

借:原材料——××材料
　　应交税费——应交增值税(进项税额)
　贷:银行存款

2. 购入材料,材料已验收入库但款未付。

借:原材料——××材料
　　应交税费——应交增值税(进项税额)
　贷:应付账款——××公司

3. 购入材料,款已付但材料尚未验收入库。

借:在途物资——××材料
　　应交税费——应交增值税(进项税额)
　贷:银行存款

4. 支付采购费用。

借:在途物资——××材料
　贷:银行存款

5. 材料验收入库。

借:原材料——××材料
　贷:在途物资——××材料

(二) 购入材料采用预付款方式的核算

1. 根据合同预付部分款项。

借:预付账款——××公司
　贷:银行存款

2. 购入材料,收到发票,结算款项。

借:原材料/在途物资——××材料

　　　　应交税费——应交增值税(进项税额)
　　　　　贷：预付账款——××公司
　　3．结清余款。
　　(1)多还。
　　借：银行存款
　　　　贷：预付账款——××公司
　　(2)少补。
　　借：预付账款——××公司
　　　　贷：银行存款

三、固定资产业务核算

(一)账户设置

"固定资产"账户：该账户属于资产类，用来核算企业固定资产的原始价值。借方登记固定资产原始价值的增加额，贷方登记固定资产原始价值的减少额，期末借方余额表示现有固定资产的原始价值(成本)。该账户应按照固定资产类别和项目进行明细核算。

(二)账务处理

外购固定资产的初始计量成本包括买价、相关税费以及在固定资产达到预定可使用状态前发生的相关费用。

　　1．购入不需要安装的设备。
　　借：固定资产
　　　　应交税费——应交增值税(进项税额)
　　　　　贷：银行存款
　　2．需要安装的设备。
　　(1)购入时：
　　借：在建工程
　　　　应交税费——应交增值税(进项税额)
　　　　　贷：银行存款
　　(2)达到预计可使用状态时：
　　借：固定资产
　　　　贷：在建工程

四、无形资产业务核算

(一)账户设置

1．"无形资产"账户：该账户属于资产类，用来核算企业持有的无形资产成本，包括专利权、商标权、著作权、土地使用权等，借方登记无形资产的增加额，贷方登记无形资产的减少额，期末借方余额表示企业无形资产的成本。该账户应按照无形资产项目进行明细核算。

2．我国现行税收法律法规规定，销售服务、无形资产，适用税率为6%。

(二)账务处理

购入专利权、商标权、著作权等无形资产时：

借：无形资产
　　应交税费——应交增值税(进项税额)
　　贷：银行存款

典型例题

【例题 1·分录题·2020 年真题】 向丙公司购入 A 材料 400 000 元，增值税税额 52 000 元，材料已验收入库，款项尚未支付。

解析：

借：原材料——A 材料	400 000
应交税费——应交增值税(进项税额)	52 000
贷：应付账款——丙公司	452 000

【例题 2·分录题·2020 年真题】 以银行存款支付前欠丙公司材料款 98 500 元。

解析：

借：应付账款——丙公司	98 500
贷：银行存款	98 500

【例题 3·分录题·2020 年真题】 购买不需要安装的设备一套，取得增值税专用发票买价 156 000 元，增值税额 20 280 元，设备验收合格交付使用，款项当即以银行存款支付。

解析：

借：固定资产	156 000
应交税费——应交增值税(进项税额)	20 280
贷：银行存款	176 280

【例题 4·单项选择题·2021 年真题】 固定资产账户是用来反映固定资产的(　　)。

A. 历史价值　　　　B. 累计折旧　　　　C. 原始价值　　　　D. 净值

答案：C

解析：该账户属于资产类，用来核算企业固定资产的原始价值。

【例题 5·单项选择题·2022 年真题】 企业将购入的固定资产 2 000 元，错误地记入了"管理费用"账户，其结果将导致本期(　　)。

A. 费用少计 2 000 元　　　　　　　　B. 资产多计 2 000 元

C. 利润少计 2 000 元　　　　　　　　D. 收入多计 2 000 元

答案：C

解析：购买固定资产错记管理费用会导致资产少记，费用多记，利润少记。

【例题 6·分录题·2023 年真题】 购入不需要安装固定资产 30 000 元，增值税 3 900 元，用转账支票支付。

解析：

借：固定资产	30 000
应交税费——应交增值税(进项税额)	3 900
贷：银行存款	33 900

第三节 企业生产过程的核算 ●掌握

一、生产过程核算的内容

产品的生产过程是企业生产经营的中心环节,为了生产产品,要发生各种耗费。因此,生产过程核算的主要内容是归集和分配各项费用,计算产品的生产成本。

二、账户设置

1."生产成本"账户:该账户属于成本类,用来核算企业进行工业性生产发生的各项生产成本,包括生产各种产成品、自制半成品等。借方登记生产产品直接耗用的材料费和人工费以及应负担的制造费用,贷方登记已经生产完成并已验收入库的产成品成本,期末余额表示尚未加工完成的在产品成本。该账户应按产品的种类进行明细核算。

2."制造费用"账户:该账户属于成本类,用来核算企业生产车间(部门)为生产产品和提供劳务而发生的各项间接费用。借方登记车间发生的各项间接费用,贷方登记月末分配转入"生产成本",该账户期末一般无余额。

3."管理费用"账户:该账户属于损益类,用来核算企业为组织和管理生产经营发生的其他费用。包括管理人员的职工薪酬,行政管理部门发生的固定资产折旧费、修理费、办公费、水电费、差旅费、业务招待费、财产保险费等。借方登记企业发生的各项管理费用,期末将转入"本年利润"账户,结转后该账户无余额。该账户应按照费用项目进行明细核算。

4."财务费用"账户:该账户属于损益类,用来核算企业为筹集生产经营所需资金发生的筹资费用,包括利息费用、银行相关手续费等。借方登记企业发生的各项财务费用,期末转入"本年利润"账户。该账户期末无余额。

5."预付账款"账户:该账户属于资产类,用来核算企业按照合同规定预付的款项,包括根据合同规定预付的购货款、租金、工程款等。借方登记预付的各种款项,贷方登记按合同规定结算的款项,期末如为借方余额,反映预付的各种款项,期末如为贷方余额,反映尚未补付的款项,该账户按对方单位(或个人)进行明细核算。预付款项情况不多的,可以不设置预付账款账户,将预付的款项直接记入应付账款账户。

6."应付职工薪酬"账户:该账户属于负债类,用来核算企业根据有关规定应付给职工的各种薪酬,包括职工工资、奖金津贴和补贴、职工福利费、社会保险费、住房公积金等。贷方登记企业应付给职工的各种薪酬,借方登记实际发放的职工薪酬,期末贷方余额表示尚未支付的应付职工薪酬。该账户可按"工资""职工福利费""社会保险费""住房公积金"等进行明细核算。

7."累计折旧"账户:该账户属于资产类,用来核算固定资产的累计折旧额,贷方登记计提的折旧数,借方登记固定资产减少时冲销的折旧数,期末贷方余额表示现有固定资产的累计折旧数。

8."其他应收款":该账户属于资产类,用来核算企业除应收票据、应收账款、预付账款等以外的其他各种应收及暂付款项,如:应收的各种赔偿、罚款,应收出租包装物的租金,应向职工收取的各种垫付款项,存出保证金等。借方登记发生的其他各种应收款项,贷方登记收回的其他各种应收款项,期末借方余额表示尚未收回的其他各种款项。该账户应按对方单位(或个人)进行明细核算。

9."其他应付款":该账户属于负债类,用来核算企业除了应付票据、应付账款、预收账款、应付职工薪酬、应交税费等流动负债以外的其他各项应付、暂收的款项,包括应付经营租入固定资产和包装物的租金;存入保证金(如收取包装物押金);应付、暂收所属单位、个人的款项等。借方登记偿还或转销的各种应付、暂收的款项,贷方登记发生的各种应付、暂收的款项,期末余额在贷方,反映企业应付未付的其他应付款项。该账户按照其他应付款的项目和对方单位(或个人)进行明细核算。

二、账务处理

(一)用现金发放上月工资

借:应付职工薪酬——工资
　　贷:库存现金

(二)用现金购入办公用品

借:管理费用(行政管理部门用)
　　制造费用(生产车间用)
　　贷:库存现金

(三)预付各种款项

借:预付账款——××公司(××费用)
　　贷:银行存款

(四)出差人员预借差旅费

借:其他应收款——××
　　贷:库存现金

(五)报销差旅费,结算预借款

1. 少补:

借:管理费用/制造费用/销售费用
　　贷:其他应收款——××
　　　　库存现金

2. 多还:

借:管理费用/制造费用/销售费用
　　库存现金
　　贷:其他应收款——××

(六)根据领料汇总表分配材料费

借:生产成本——××产品
　　　　　　——××产品
　　制造费用
　　管理费用
　　贷:原材料——××材料
　　　　　　——××材料

(七)计提本月工资

借：生产成本——××产品
　　　　　——××产品
　　制造费用
　　管理费用
　　贷：应付职工薪酬——工资

(八)报销职工医药费

借：应付职工薪酬——职工福利
　　贷：银行存款

(九)计提本月固定资产折旧

借：管理费用(行政管理部门)
　　制造费用(生产车间)
　　贷：累计折旧

(十)支付水电费

1. 支付本月水电费，能直接分配到各部门时：

借：生产成本——××产品
　　制造费用
　　管理费用
　　应交税费——应交增值税(进项税额)
　　贷：银行存款

2. 先计提本月水电费，后支付。

计提时：

借：生产成本——××产品
　　制造费用
　　管理费用
　　贷：应付账款

支付时：

借：应付账款
　　应交税费——应交增值税(进项税额)
　　贷：银行存款

(十一)收到银行结算利息

借：银行存款
　　贷：财务费用

(十二)短期借款利息计提、支付业务

1. 按月计提借款利息。

借：财务费用
　　贷：应付利息

2. 按季支付利息。

借：应付利息(已计提的金额)

财务费用(未计提的金额)
   贷：银行存款

(十三) 结转本月制造费用
借：生产成本——××产品
   贷：制造费用

(十四) 结转完工入库产品成本
借：库存商品——××产品
            ——××产品
   贷：生产成本——××产品
            ——××产品

典型例题

【例题1·分录题·2019年真题】企业生产A产品领用甲材料60 000元，生产B产品领用甲材料40 000元，车间一般性耗料领用乙材料3 000元，行政管理部门一般性耗料领用乙材料2 000元。

解析：

借：生产成本——A产品	60 000
——B产品	40 000
制造费用	3 000
管理费用	2 000
贷：原材料——甲材料	100 000
——乙材料	5 000

【例题2·分录题·2019年真题】企业结算本月应付职工工资165 000元，其中生产A产品工人工资80 000元，生产B产品工人工资60 000元，车间管理人员工资10 000元，行政管理人员工资15 000元。

解析：

借：生产成本——A产品	80 000
——B产品	60 000
制造费用	10 000
管理费用	15 000
贷：应付职工薪酬——工资	165 000

【例题3·单项选择题·2019年真题】按经济内容分类，"累计折旧"账户属于(　　)。

A. 所有者权益类账户　　B. 资产类账户　　C. 负债类账户　　D. 损益类账户

答案：B

解析："累计折旧"账户属于资产类。

【例题4·分录题·2019年真题】以银行存款支付本月水电费5 200元，其中厂部用水电费2 000元，生产车间用水电费3 200元。

解析：

借：管理费用	2 000
制造费用	3 200

　　贷：银行存款　　　　　　　　　　　　　　　　　　　　　　　　　　　　　　　　5 200

【例题 5·分录题·2019 年真题】企业用银行存款支付本季度应负担的短期借款利息 14 400 元，其中前两月已经预提 9 600 元。

　　解析：

　　借：应付利息　　　　　　　　　　　　　　　　　　　　　　　　　　　　　　　　9 600

　　　　财务费用　　　　　　　　　　　　　　　　　　　　　　　　　　　　　　　　4 800

　　　　贷：银行存款　　　　　　　　　　　　　　　　　　　　　　　　　　　　　　14 400

【例题 6·单项选择题·2020 年真题】下列选项中，属于成本类账户的是(　　)。

　　A. 周转材料　　　　　B. 管理费用　　　　　C. 制造费用　　　　　D. 主营业务成本

　　答案：C

　　解析：成本类账户有生产成本和制造费用等。

【例题 7·判断题·2020 年真题】财务费用、制造费用、销售费用、管理费用均属于损益类科目，期末结转后应无余额。　　　　　　　　　　　　　　　　　　　　　　　　　　　　　　(　　)

　　答案：×

　　解析：制造费用属于成本类科目。

【例题 8·业务题·2020 年真题】厂部修理设备领用甲材料 200 千克，单位成本 60 元。

　　解析：

　　借：管理费用　　　　　　　　　　　　　　　　　　　　　　　　　　　　　　　　12 000

　　　　贷：原材料——甲材料　　　　　　　　　　　　　　　　　　　　　　　　　　12 000

【例题 9·业务题·2020 年真题】按规定计提本月固定资产折旧 42 000 元，其中：基本生产车间折旧 36 000 元，厂部折旧 6 000 元。

　　解析：

　　借：制造费用　　　　　　　　　　　　　　　　　　　　　　　　　　　　　　　　36 000

　　　　管理费用　　　　　　　　　　　　　　　　　　　　　　　　　　　　　　　　6 000

　　　　贷：累计折旧　　　　　　　　　　　　　　　　　　　　　　　　　　　　　　42 000

【例题 10·业务题·2020 年真题】计提本月应负担的短期借款利息 2 800 元。

　　解析：

　　借：财务费用　　　　　　　　　　　　　　　　　　　　　　　　　　　　　　　　2 800

　　　　贷：应付利息　　　　　　　　　　　　　　　　　　　　　　　　　　　　　　2 800

【例题 11·业务题·2020 年真题】以现金支付厂部张三出差预借差旅费 4 000 元。

　　解析：

　　借：其他应收款——张三　　　　　　　　　　　　　　　　　　　　　　　　　　　4 000

　　　　贷：库存现金　　　　　　　　　　　　　　　　　　　　　　　　　　　　　　4 000

【例题 12·业务题·2020 年真题】张三出差回厂报销差旅费 3 600 元，退回多余款，结清预借款。

　　解析：

　　借：管理费用　　　　　　　　　　　　　　　　　　　　　　　　　　　　　　　　3 600

　　　　库存现金　　　　　　　　　　　　　　　　　　　　　　　　　　　　　　　　400

　　　　贷：其他应收款——张三　　　　　　　　　　　　　　　　　　　　　　　　　4 000

【例题 13·业务题·2020 年真题】以银行存款支付本月电费 3 200 元，其中：车间用电 2 000 元，厂部用电 1 200 元。

解析：

借：制造费用　　　　　　　　　　　　　　　　　　　　　　　2 000
　　管理费用　　　　　　　　　　　　　　　　　　　　　　　1 200
　　贷：银行存款　　　　　　　　　　　　　　　　　　　　　　3 200

【例题 14·业务题·2021 年真题】用银行存款支付企业财产保险费 2 000 元。

解析：

借：管理费用　　　　　　　　　　　　　　　　　　　　　　　2 000
　　贷：银行存款　　　　　　　　　　　　　　　　　　　　　　2 000

【例题 15·业务题·2022 年真题】工业企业对外出租固定资产计提的折旧应记入的账户是(　　)。

A. 管理费用　　　　B. 制造费用　　　　C. 生产成本　　　　D. 其他业务成本

答案：D

解析：出租固定资产计提的折旧应记入其他业务成本。

【例题 16·业务题·2023 年真题】以银行存款支付董事会会议费 3 000 元。

解析：

借：管理费用　　　　　　　　　　　　　　　　　　　　　　　3 000
　　贷：银行存款　　　　　　　　　　　　　　　　　　　　　　3 000

【例题 17·业务题·2023 年真题】以现金支付李明报销的医药费 1 200 元。

解析：

借：应付职工薪酬——职工福利　　　　　　　　　　　　　　　1 200
　　贷：库存现金　　　　　　　　　　　　　　　　　　　　　　1 200

【例题 18·业务题·2023 年真题】收到银行通知，利息收入 1 500 元。

解析：

借：银行存款　　　　　　　　　　　　　　　　　　　　　　　1 500
　　贷：财务费用　　　　　　　　　　　　　　　　　　　　　　1 500

【例题 19·业务题·2023 年真题】租入包装物一批，支付押金 2 000 元，以转账支票付讫。

解析：

借：其他应收款　　　　　　　　　　　　　　　　　　　　　　2 000
　　贷：银行存款　　　　　　　　　　　　　　　　　　　　　　2000

第四节　企业销售过程的核算　●掌握

一、销售过程核算的内容

销售过程的核算主要有销售产品或提供劳务需确认的收入，支付销售过程的各项费用，结转销售成本，计算应上交的各项税金，计算与购买方的结算款等。

二、账户设置

1. "主营业务收入":该账户属于损益类,用来核算企业确认的销售商品或提供劳务、服务等主营业务的收入,贷方登记销售商品或提供劳务、服务所实现的销售收入,期末将余额转入"本年利润",结转后无余额。该科目应按主营业务种类进行明细核算。

2. "主营业务成本":该账户属于损益类,用来核算企业确认销售商品或提供劳务、服务等主营业务收入应结转的成本。借方登记计算应结转的主营业务成本,期末将余额转入"本年利润",结转后无余额。该科目应按主营业务种类进行明细核算。

3. "销售费用":该账户属于损益类,用来核算企业在销售商品或提供劳务、服务过程中发生的各种费用,包括运输费、装卸费、包装费、保险费、展览费、广告费,以及为销售本企业商品而专设的销售机构(含销售网点、售后服务网点等)的职工薪酬、折旧费等。借方登记企业发生的各项销售费用,期末将余额转入"本年利润",结转后无余额。该科目应按照费用项目进行明细核算。

4. "税金及附加":该账户属于损益类,用来核算企业开展日常生产经营活动应负担的印花税、城市维护建设税、教育费附加、消费税、房产税、城镇土地使用税、车船税等相关税费。借方登记企业按规定计算确定的与其日常生产经营相关的税费,期末将余额转入"本年利润",结转后无余额。

5. "应收账款":该账户属于资产类,用来核算企业因销售产品或提供劳务、服务等日常生产经营活动应收取的款项。借方登记因销售商品或提供劳务、服务形成的应收账款,贷方登记已收回的应收账款,期末借方余额表示尚未收回的应收账款,该账户应按对方单位(或个人)进行明细分类核算。

6. "预收账款":该账户属于负债类,用以核算企业按照合同规定预收的款项。预收账款情况不多的,也可以不设置本账户,将预收的款项直接记入"应收账款"账户。

7. "其他业务收入":该账户属于损益类,用来核算企业确认的除主营业务活动以外的其他日常生产经营活动实现的收入,如销售材料、出租固定资产、出租无形资产等实现的收入。贷方登记确认的其他业务收入,期末将余额转入"本年利润",结转后无余额。

8. "其他业务成本":该账户属于损益类,用来核算企业确认的除主营业务活动以外的其他日常生产经营活动所发生的支出,包括销售材料的成本、出租固定资产折旧、出租无形资产的摊销额、出租包装物的成本或摊销额等。借方登记发生的其他业务成本,期末将余额转入"本年利润",结转后无余额。该账户按照其他业务成本的种类进行明细核算。

三、账务处理

(一)销售产品,款已收/款未收

借:银行存款/应收账款——××公司
　　贷:主营业务收入——××产品
　　　　应交税费——应交增值税(销项税额)

(二)销售产品采用预收款方式的核算

1. 根据合同约定预收款项时:

借:银行存款
　　贷:预收账款——××公司

2. 发出产品,开出销售发票,结算货款。

借：预收账款——××公司
　　贷：主营业务收入——××产品
　　　　应交税费——应交增值税(销项税额)

3．结清余款。

(1)多还：

借：预收账款——××公司
　　贷：银行存款

(2)少补：

借：银行存款
　　贷：预收账款——××公司

(三)支付销售过程发生的广告费、展览费等费用

借：销售费用
　　贷：银行存款

(四)销售原材料

借：银行存款
　　贷：其他业务收入
　　　　应交税费——应交增值税(销项税额)

(五)结转已销产品成本

借：主营业务成本——××产品
　　贷：库存商品——××产品

(六)结转已销原材料成本

借：其他业务成本
　　贷：原材料——××材料

(七)计提出租固定资产折旧费、出租无形资产的摊销

借：其他业务成本
　　贷：累计折旧
　　　　累计摊销

(八)交纳印花税

借：税金及附加
　　贷：银行存款

注意：企业交纳的印花税不通过"应交税费"科目，在购买印花税票时，直接记入"税金及附加"。

(九)计提城建税和教育费附加

借：税金及附加
　　贷：应交税费——应交城建税(本月实际交纳增值税、消费税合计×适用税率)
　　　　　　　　——应交教育费附加(本月实际交纳增值税、消费税合计×适用费率)

本月应纳增值税＝当期销项税额－当期进项税额＋进项税额转出。

进项税额转出的情况：企业购入的货物发生非常损失，这里所说的"非常损失"，根据现行增值税制度规定，是指因管理不善造成货物被盗、丢失、霉烂变质，以及因违反法律法规造成货物或不动产被依法没收、销毁、拆除的情况。(业务处理详见第七章)

(十)增值税交纳、结转业务

1. 交纳当月增值税。

借：应交税费——应交增值税(已交税金)
　　贷：银行存款

2. 交纳上月增值税。

借：应交税费——未交增值税
　　贷：银行存款。

3. 结转当月应交未交增值税。

借：应交税费——应交增值税(转出未交增值税)
　　贷：应交税费——未交增值税

4. 结转当月多交增值税

借：应交税费——未交增值税
　　贷：应交税费——应交增值税(转出多交增值税)

典型例题

【例题1·业务题·2019年真题】销售B产品500件，单价300元，共计金额150 000元，增值税销项税额24 000元，款项已存入银行。

解析：

借：银行存款　　　　　　　　　　　　　　　　　　　　　　　　　174 000
　　贷：主营业务收入——B产品　　　　　　　　　　　　　　　　　150 000
　　　　应交税费——应交增值税(销项税额)　　　　　　　　　　　　24 000

【例题2·业务题·2019年真题】以银行存款交纳城建税700元、教育费附加300元。

解析：

借：应交税费——应交城市维护建设税　　　　　　　　　　　　　　　　700
　　　　　　——应交教育费附加　　　　　　　　　　　　　　　　　　300
　　贷：银行存款　　　　　　　　　　　　　　　　　　　　　　　　1 000

【例题3·业务题·2019年真题】计算本月应交纳的城市维护建设税2 100元和教育费附加900元。

解析：

借：税金及附加　　　　　　　　　　　　　　　　　　　　　　　　　3 000
　　贷：应交税费——应交城市维护建设税　　　　　　　　　　　　　2 100
　　　　　　　　——应交教育费附加　　　　　　　　　　　　　　　　900

【例题4·业务题·2019年真题】结转本月已销售甲材料的成本30 000元。

解析：

借：其他业务成本　　　　　　　　　　　　　　　　　　　　　　　　30 000
　　贷：原材料——甲材料　　　　　　　　　　　　　　　　　　　　30 000

【例题5·业务题·2020年真题】Z企业向大华公司出售M产品10 000千克，单位售价200元，增值税税率为13%，款项采用商业汇票结算。

解析：

借：应收票据——大华公司	2 260 000
贷：主营业务收入——M产品	2 000 000
应交税费——应交增值税(销项税额)	260 000

【例题6·业务题·2020年真题】以银行存款支付本月广告费20 000元。

解析：

借：销售费用	20 000
贷：银行存款	20 000

【例题7·业务题·2020年真题】用银行存款支付上月应交城市维护建设税1 000元。

解析：

借：应交税费——应交城市维护建设税	1 000
贷：银行存款	1 000

【例题8·单项选择题·2022年真题】不单独设置预收账款账户的企业，对其预收客户的款项，应记入(　　)。

A. 预收账款　　　　B. 应收账款　　　　C. 应付账款　　　　D. 预付账款

答案：B

解析：预收账款情况不多的，也可以不设置本账户，将预收的款项直接记入"应收账款"账户。

【例题9·单项选择题·2023年真题】不通过应交税费科目核算的是(　　)。

A. 印花税　　　　B. 企业所得税　　　　C. 城建税　　　　D. 教育费附加

答案：A

解析：企业交纳的印花税不通过"应交税费"科目，在购买印花税票时，直接记入"税金及附加"。

【例题10·判断题·2023年真题】税金及附加是日常活动中产生的附加税费，包括增值税、印花税、消费税。(　　)

答案：×

解析："税金及附加"账户核算内容不包括增值税。

【例题11·业务题·2023年真题】企业取得租金收入5 000元，存入银行。(不考虑增值税)

解析：

借：银行存款	5 000
贷：其他业务收入	5 000

【例题12·业务题·2023年真题】结转出租房屋的折旧费1 500元。

解析：

借：其他业务成本	1 500
贷：累计折旧	1 500

【例题13·业务题·2023年真题】交纳上月未交增值税3 500元，以转账支票支付。

解析：

借：应交税费——未交增值税	3 500
贷：银行存款	3 500

【例题14·业务题·2023年真题】支付销售过程中的运输费3 000元，以转账支票支付。

解析：

借：销售费用	3 000
贷：银行存款	3 000

第五节　利润的形成和分配的核算　◆理解

一、利润的构成

利润包括收入减去费用后的净额、直接计入当期利润的利得和损失等，利得是指出企业非日常活动所形成的、会导致所有者权益增加的、与所有者投入资本无关的经济利的流入。损失是指由企业非日常活动所发生的、会导致所有者权益减少的，与向所有者分配利润无关的经济利益的流出。

(一)营业利润

营业利润的构成内容如下：

营业利润=营业收入-营业成本-税金及附加-销售费用-管理费用-研发费用-财务费用+投资收益(-投资损失)+资产处置收益(-资产处置损失)。

其中：营业收入是指企业经营业务所实现的收入总额，包括主营业务收入和其他业务收入。营业成本是指企业经营业务所发生的实际成本总额，包括主营业务成本和其他业务成本。研发费用是指企业计入管理费用的进行研究与开发过程中发生的费用化支出，以及计入管理费用的自行开发无形资产的摊销。投资收益(或损失)是指企业以各种方式对外投资所取得的收益(或损失)。资产处置收益(或损失)反映企业处置固定资产、无形资产而产生的处置利得或损失。

(二)利润总额

利润总额=营业利润+营业外收入-营业外支出。

(三)净利润

净利润=利润总额-所得税费用。

(四)营业外收入与营业外支出

1. 营业外收入。

(1)营业外收入核算的内容：是指企业确认的与其日常活动无直接关系的各项利得。营业外收入主要包括非流动资产毁损报废收益、与企业日常活动无关的政府补助、盘盈利得、捐赠利得、转销无法支付的应付款等。

盘盈利得：指企业对现金等资产清查盘点时发生盘盈，报经批准后计入营业外收入的金额。

捐赠利得：指企业接受捐赠产生的利得。

(2)营业外收入：该账户属于损益类，借方登记期末将"营业外收入"余额转入"本年利润"账户的营业外收入，贷方登记企业确认的营业外收入，结转后，"营业外收入"科目无余额。"营业外收入"账户可按营业外收入项目进行明细核算。

2. 营业外支出。

(1)营业外支出的核算内容：是指企业发生的与其日常活动无直接关系的各项损失，主要包括非流动资产毁损报废损失、捐赠支出、盘亏损失、非常损失、罚款支出等。

其中：非流动资产毁损报废损失，指因自然灾害等发生毁损、已丧失使用功能而报废的非流动资产所产生的清理损失。

捐赠支出：指企业对外进行捐赠发生的支出。

盘亏损失：主要指对于财产清查盘点中盘亏的资产，查明原因并报经批准计入营业外支出的损失。

非常损失：指企业对于因客观因素（如自然灾害等）造成的损失，扣除保险公司赔偿后应计入营业外支出的净损失。

罚款支出：指企业支付的行政罚款、税务罚款，以及其他违反法律法规、合同协议等而支付的罚款、违约金、赔偿金等支出。

(2)营业外支出：该账户属于损益类，借方登记确认的营业外支出，贷方登记期末将"营业外支出"余额转入"本年利润"账户的营业外支出，结转后"营业外支出"科目无余额。"营业外支出"账户可按营业外支出项目进行明细核算。

(五) 投资收益

该账户属于损益类，用来核算企业确认的投资收益或投资损失。贷方登记确认的投资收益，借方登记发生的投资损失，期末将余额转入"本年利润"，期末结转后无余额。该账户应按照投资项目进行明细核算。

(六) 本年利润

该账户属于所有者权益类，用来核算企业当期实现的净利润（或发生的净亏损）。贷方登记从损益类科目转入的收入数，借方登记从损益类科目转入的费用数，期末贷方（或借方）余额表示实现的利润（或发生的亏损）。年末，应将全年实现的利润（或发生的亏损）转入"利润分配"科目，结转后年末无余额。

注意："本年利润"借方余额：表示年初至本月止实现的亏损；

"本年利润"贷方余额：表示年初至本月止实现的利润。

(七) 所得税费用

该账户属于损益类，核算企业根据企业所得税法确定的应从当期利润总额中扣除的所得税费用。借方登记按照企业所得税法规定计算确定的当期应纳所得税税额，期末余额转入"本年利润"账户，期末结转后无余额。

应纳税所得额=税前会计利润+纳税调整增加额–纳税调整减少额。

应交所得税额=应纳税所得额×适用的税率。

二、利润形成的账务处理

(一) 期末将损益类有关收入账户的余额结转"本年利润"账户

借：主营业务收入

  其他业务收入

  营业外收入

  投资收益

  贷：本年利润

(二) 期末将损益类有关费用账户的余额结转"本年利润"账户

借：本年利润

  贷：主营业务成本

    税金及附加

    其他业务成本

    管理费用

    销售费用

    财务费用

营业外支出

注意：

1. 投资收益如为借方余额的应反向结转，即：

借：本年利润
　　贷：投资收益

2. 财务费用如有贷方余额的应反向结转，即：

借：财务费用
　　贷：本年利润

(三) 计提、结转、上交所得税

1. 计提所得税。

借：所得税费用
　　贷：应交税费——应交所得税

2. 结转所得税费用。

借：本年利润
　　贷：所得税费用

3. 上交所得税。

借：应交税费——应交所得税
　　贷：银行存款

(四) 年终结转"本年利润"账户余额

1. "本年利润"如有贷方余额(即盈利)。

借：本年利润
　　贷：利润分配——未分配利润

2. "本年利润"如有借方余额(即亏损)。

借：利润分配——未分配利润
　　贷：本年利润

注意：结转前，如果"利润分配——未分配利润"明细科目的余额在借方，上述结转当年所实现净利润的分录同时反映了当年实现的净利润自动弥补以前年度亏损的情况。因此，在用当年实现的净利润弥补以前年度亏损时，不需另行编制会计分录。

三、利润分配的核算

(一) 未分配利润

1. 未分配利润是指企业实现的净利润经过弥补亏损，提取盈余公积和向投资者分配利润后留存在企业的利润。

2. 利润分配：是指企业根据国家有关规定和企业章程、投资者协议等，对企业当年可供分配的利润所进行的分配。利润分配以可供分配利润为基础，按以下顺序进行：

(1) 提取法定盈余公积；

(2) 提取任意盈余公积；

(3) 向投资者分配利润，其中，可供分配利润的计算公式如下：

可供分配利润 = 当年实现的净利润(或净亏损) + 年初未分配利润(或 - 年初未弥补亏损) + 其他转入。

(二)盈余公积

1. 盈余公积是指企业按照有关规定从净利润中提取的积累资金。公司制企业包括法定盈余公积和任意盈余公积。法定盈余公积是指企业按照规定的比例从净利润中提取的盈余公积；任意盈余公积是指企业按照股东会或股东大会决议提取的盈余公积。

2. 企业提取的盈余公积的用途：

(1)弥补亏损；

(2)转增资本；

(3)发放现金股利或利润等。

3. 按照《中华人民共和国公司法》有关规定，公司制企业应按照净利润(减弥补以前年度亏损，下同)的10%提取法定盈余公积。非公司制企业法定盈余公积的提取比例可超过净利润的10%，法定盈余公积累计额已达注册资本的50%时可以不再提取。

注意：如果以前年度未分配利润有盈余(即年初未分配利润余额为贷方余额)，在计算提取法定盈余公积的基数时，不应包括企业年初未分配利润；如果以前年度有未弥补的亏损(即年初未分配利润余额为借方余额)，应先弥补以前年度亏损再提取盈余公积。

即盈余公积的计提基数=本年度实现的净利–以前年度未弥补亏损。

(三)账户设置

1. 利润分配：该账户属于所有者权益类，用来核算企业利润的分配(或亏损弥补)和历年分配(或弥补)后的余额，借方登记利润的分配数，贷方登记从"本年利润"账户转入的全年实现的净利润，年末贷方余额表示历年累计未分配利润，该账户应设置"提取法定盈余公积""应付股利""未分配利润"等进行明细分类核算。

2. 盈余公积：该账户属于所有者权益类，用来核算企业从税后利润中提取的法定公积金和任意公积金；贷方登记盈余公积的提取数，借方登记用盈余公积弥补亏损和转增资本数，期末贷方余额表示盈余公积的结余数，该账户应当分别设置"法定盈余公积""任意盈余公积"明细科目进行明细核算。

(四)账务处理

1. 提取法定盈余公积。

借：利润分配——提取法定盈余公积

　　贷：盈余公积

2. 向投资者分配利润。

借：利润分配——应付股利

　　贷：应付股利

3. 盈余公积转增资本。

借：盈余公积

　　贷：实收资本

4. 盈余公积分配股利。

借：盈余公积

　　贷：应付股利

5. 盈余公积补亏。

借：盈余公积

　　贷：利润分配——盈余公积补亏

6. 年末"利润分配"各明细账户之间的结转。

借：利润分配——未分配利润
　　贷：利润分配——提取法定盈余公积
　　　　　　——提取法定盈余公积
　　　　　　——应付股利
借：利润分配——盈余公积补亏
　　贷：利润分配——未分配利润

典型例题

【例题1·多项选择题·2019年真题】下列选项中，由净利润形成的所有者权益有（　　）。
A. 盈余公积　　　　B. 资本公积　　　　C. 实收资本　　　　D. 未分配利润
答案：AD
解析：盈余公积、未分配利润来源于净利润。

【例题2·分录题·2019年真题】用银行存款向灾区捐款150 000元。
解析：
借：营业外支出　　　　　　　　　　　　　　　　　　　　　　　　　　150 000
　　贷：银行存款　　　　　　　　　　　　　　　　　　　　　　　　　150 000

【例题3·分录题 2019年真题】收到联营公司分来的投资利润80 000元，存入银行。
解析：
借：银行存款　　　　　　　　　　　　　　　　　　　　　　　　　　　80 000
　　贷：投资收益　　　　　　　　　　　　　　　　　　　　　　　　　80 000

【例题4·分录题·2019年真题】年终结转本年实现的净利润568 600元。
解析：
借：本年利润　　　　　　　　　　　　　　　　　　　　　　　　　　　568 600
　　贷：利润分配——未分配利润　　　　　　　　　　　　　　　　　　568 600

【例题5·分录题·2019年真题】计算本月应交的企业所得税9 560元。
解析：
借：所得税费用　　　　　　　　　　　　　　　　　　　　　　　　　　9 560
　　贷：应交税费——应交企业所得税　　　　　　　　　　　　　　　　9 560

【例题6·多项选择题·2020年真题】企业利润总额的构成包括（　　）。
A. 所得税费用　　　B. 营业利润　　　C. 营业外收入　　　D. 营业外支出
答案：BCD
解析：利润总额包括营业利润、营业外收入、营业外支出。

【例题7·单项选择题·2020年真题】"所得税费用"账户属于（　　）。
A. 资产类账户　　　B. 负债类账户　　　C. 成本类账户　　　D. 损益类账户
答案：D
解析：所得税费用账户属于损益类。

【例题8·分录题·2020年真题】以银行存款交纳企业所得税58 000元。

解析：

借：应交税费——应交所得税　　　　　　　　　　　　　　　　　　　　　　58 000
　　贷：银行存款　　　　　　　　　　　　　　　　　　　　　　　　　　　　　58 000

【例题9·分录题·2020年真题】12月18日，Z公司开出转账支票100 000元向灾区捐款。

解析：

借：营业外支出　　　　　　　　　　　　　　　　　　　　　　　　　　　　100 000
　　贷：银行存款　　　　　　　　　　　　　　　　　　　　　　　　　　　　100 000

【例题10·判断题·2021年真题】企业收到某公司无偿捐赠的固定资产，应计入资本公积。（　　）

答案：×

解析：企业接受捐赠记入营业外收入

【例题11·多项选择题·2021年真题】下列选项中，会影响企业利润总额的有(　　)。

A. 营业外收入　　　　B. 财务费用　　　　C. 管理费用　　　　D. 所得税费用

答案：ABC

解析：利润总额=营业利润+营业外收入-营业外支出，不包括所得税费用。

【例题12·判断题·2021年真题】企业发生的营业外支出，应当计入企业当期的营业利润。（　　）

答案：×

解析：营业外支出应记入利润总额。

【例题13·单项选择题】某企业截至6月30日，"本年利润"账户借方余额200 000元，表示(　　)。

A. 该企业6月30日实现利润200 000元

B. 该企业6月30日发生亏损200 000元

C. 该企业1月1日至6月30日累计实现利润200 000元

D. 该企业1月1日至6月30日累计发生亏损200 000元

答案：D

解析："本年利润"借方余额表示年初至本月止实现的亏损。

【例题14·判断题·2021年真题】企业的营业外收入会影响营业利润。（　　）

答案：×

解析：营业外收入影响的是利润总额。

【例题15·判断题·2021年真题】收入包括主营业务收入、其他业务收入和营业外收入。（　　）

答案：×

解析：收入包括主营业务收入，其他业务收入。

【例题16·判断题·2022年真题】管理费用和本年利润账户都是损益类账户。（　　）

答案：×

解析：本年利润账户是所有者权益类。

【例题17·判断题·2022年真题】企业营业收入包括主营业务收入、其他业务收入和营业外收入金额的总和。（　　）

答案：×

解析：营业外收入不属收入。

【例题18·判断题·2022年真题】本年发生亏损，结转后利润分配的余额应在借方。（　　）

答案：×

解析：本年发生亏损，结转后利润分配的余额也可能在贷方。

【例题19·分录题·2023年真题】以净利润的10%提取法定盈余公积15 000元。

解析：

借：利润分配——提取法定盈余公积   15 000
  贷：盈余公积——法定盈余公积   15 000

【例题20·分录题·2023年真题】以银行存款支付税收滞纳金2 000元。

解析：

借：营业外支出   2 000
  贷；银行存款   2 000

第六节 成本计算

一、成本与费用

(一) 成本与费用概念 ◆理解

1. 成本：是指企业为生产产品或提供劳务、服务而发生的各种耗费。
2. 费用：是指企业为销售商品或提供劳务、服务等日常生产经营活动所发生的经济利益的总流出。

(二) 成本费用的区别与联系 ◆理解

成本与费用是两个并行使用的概念，两者之间既有联系也有区别。

联系：成本是按一定对象所归集的费用，是对象化了的费用。即产品成本是相对于一定的产品而言所发生的费用，是按照产品品种等成本计算对象对当期发生的费用进行归集而形成的。

区别：费用是资产的耗费，它与一定的会计期间有关，而与生产哪一种产品无关；成本与一定种类和数量的产品有关，跟哪一个会计期间无关。

二、材料采购成本的计算 ●掌握

1. 材料采购成本=买价+采购费用。

采购费用包括：运杂费、装卸费、运输途中的合理损耗、入库前的整理挑选费用、进口关税。为了简化核算，采购人员的差旅费不计入材料物资采购成本，直接计入管理费用。

2. 采购费用的分配。

(1) 采购费用分配率=采购费用总额/各种材料物资的重量(或买价)之和。

(2) 某种材料物资应负担的采购费用=该种材料物资的重量(或买价)×采购费用分配率。

注意：当分配率除不尽的时候，应采用倒挤法算出最后一种材料的采购费用分摊金额。

三、产品生产成本的计算 ●掌握

(一) 产品生产成本的计算

产品生产成本的计算就是把生产过程中发生的应计入产品成本的费用，以生产的各种产品作为成本计算对象归集费用，计算产品的总成本和单位成本。

(二)产品成本由直接材料、直接人工和制造费用三个项目构成

1. 制造费用的分配：

(1)制造费用分配率=制造费用总额/各种产品生产工时(或生产工人工资)之和。

(2)某种产品应负担的制造费用=该种产品生产工时(或生产工人工资比例)×制造费用分配率。

注意：当分配率除不尽的时候，应采用倒挤法算出最后一种产品应负担的制造费用。

2. 产品成本的计算：

(1)本月完工产品成本=月初在产品成本+本月发生的生产费用-月末在产品成本。

(2)月末在产品成本按单位定额成本计算方法：

月末在产品成本=月末在产品数量×月末在产品单位定额成本。

四、产品销售成本的计算 ●掌握

1. 产品销售成本是指已销售产品的生产成本。

2. 产品销售成本=产品销售数量×产品的单位生产成本。

典型例题

【例题1·分录题·2019年真题】企业购入甲、乙两种材料。其中甲材料600千克，单价30元；乙材料400千克，单价30元。增值税进项税额4 800元，共发生运杂费2 000元(运杂费按材料重量比例在甲、乙两种材料之间进行分配，运费不考虑增值税)，甲、乙两种材料已运达企业验收入库，款项全部用银行存款支付。

解析：

借：原材料——甲材料	19 200
——乙材料	12 800
应交税费——应交增值税(进项税额)	4 800
贷：银行存款	36 800

【例题2·分录题·2019年真题】结转本月B产品完工入库生产成本165 000元。

解析：

借：库存商品——B产品   165 000
　　贷：生产成本——B产品   165 000

【例题3·分录题·2019年真题】结转本月销售B产品的生产成本120 000元。

解析：

借：主营业务成本——B产品   120 000
　　贷：库存商品——B产品   120 000

【例题4·分录题·2019年真题】计算并结转本月发生的制造费用90 000元(制造费用按生产工时比例在A、B两产品间分配，其中A产品生产工时6 000小时，B产品生产工时4 000小时)。

解析：

借：生产成本——A产品   54 000
　　　　——B产品   36 000

  贷：制造费用   90 000

【例题5·分录题·2020年真题】 结转本月制造费用68 000元至M产品。

解析：

借：生产成本——M产品   68 000

  贷：制造费用   68 000

【例题6·单项选择题·2021年真题】 下列选项中，应计入当期损益的是（ ）。

A. 直接材料   B. 期间费用   C. 直接人工费   D. 制造费用

答案：B

解析：ACD计入产品的成本。

【例题7·多项选择题·2021年真题】 下列选项中，应当计入材料采购成本的有（ ）。

A. 入库前的挑选整理费用   B. 入库后的仓储费用

C. 运输途中的合理损耗   D. 采购人员的差旅费

答案：AC

解析：材料采购成本＝买价+采购费用。采购费用包括：运杂费、装卸费、运输途中的合理损耗、入库前的整理挑选费用、进口关税。采购人员的差旅费计入管理费用。

【例题8·单项选择题·2022年真题】 企业购进一批材料，买价20 000元，入库前的挑选整理费200元，运费200元，增值税2 600元，材料的采购成本为（ ）。

A. 22 000元   B. 23 000元   C. 20 400元   D. 20 000元

答案：C

解析：材料采购成本＝买价+采购费用。采购费用包括：运杂费、装卸费、运输途中的合理损耗、入库前的整理挑选费用、进口关税。

【例题9·判断题·2023年真题】 费用和成本是既有联系又有区别的两个概念，费用是与特定对象相联系，成本是与会计期间相联系。   （ ）

答案：×

解析：费用是资产的耗费，它与一定的会计期间有关，而与生产哪一种产品无关；成本与一定种类和数量的产品有关，跟哪一个会计期间无关。

【例题10·判断题·2023年真题】 材料的采购成本包括买价、采购费用和入库后的挑选整理费。   （ ）

答案：×

解析：材料采购成本＝买价+采购费用。采购费用包括：运杂费、装卸费、运输途中的合理损耗、入库前的整理挑选费用、进口关税。

【例题11·分录题·2023年真题】 结转本月销售产品，M产品1 000件，生产总成本374 000元；K产2 500件，总成本256 000元。

解析：

借：主营业务成本——M产品   374 000

      ——K产品   256 000

  贷：库存商品——M产品   374 000

      ——K产品   256 000

习题精选

一、单项选择题

1. 实收资本是指企业实际收到的投资者投入的资本,它是企业( )中的主要组成部分。
   A. 资产　　　　　　B. 负债　　　　　　C. 所有者权益　　　　D. 收入
2. 下列有关"实收资本"账户的说法中,错误的是( )。
   A. 其属于所有者权益的账户　　　　　　B. 其借方登记按规定减少的资本
   C. 其贷方登记投资者投入的资本　　　　D. 期末无余额
3. 企业收到投资者投入设备一台,原价60 000元,双方评估确认价50 000元(暂不考虑固定资产增值税)。则"实收资本"账户贷方登记的金额为( )。
   A. 10 000元　　　　B. 50 000元　　　　C. 60 000元　　　　D. 110 000元
4. 甲有限责任公司收到投资方以库存现金投入的资本,甲有限责任公司应该按投资方在注册资本中所占份额的部分记入( )账户。
   A. "实收资本"　　　B. "资本公积"　　　C. "盈余公积"　　　D. "投资收益"
5. 某企业接受W公司投入机器设备一套,账面原值200 000元,双方协商按公允价值180 000元入账,确认投入的资本份额170 000元。则"资本公积"账户贷方登记的金额为( )。
   A. 300 000元　　　B. 10 000元　　　　C. 20 000元　　　　D. 170 000元
6. 出租固定资产折旧计入( )。
   A. 管理费用　　　　B. 财务费用　　　　C. 销售费用　　　　D. 其他业务成本
7. 不属于产品成本项目的费用有( )。
   A. 直接材料　　　　B. 直接人工　　　　C. 制造费用　　　　D. 管理费用
8. 企业购入材料发生的运杂费等采购费用应计入( )。
   A. 管理费用　　　　B. 材料物资采购成本　C. 生产成本　　　　D. 销售费用
9. 期末结转后可能有余额的账户是( )。
   A. 生产成本　　　　B. 税金及附加　　　　C. 财务费用　　　　D. 制造费用
10. ( )是不应计入当期损益的。
    A. 管理费用　　　　B. 财务费用　　　　C. 所得税费用　　　D. 制造费用
11. 不能计入产品成本的是( )。
    A. 制造费用　　　　B. 原材料　　　　　C. 工资及福利费　　D. 管理费用
12. "主营业务成本"账户的借方余额登记从( )账户中结转的本期已售产品的生产成本。
    A. 生产成本　　　　B. 库存商品　　　　C. 销售费用　　　　D. 在途物资
13. 资本公积是企业( )中的主要组成部分。
    A. 资产　　　　　　B. 负债　　　　　　C. 所有者权益　　　　D. 收入
14. 固定资产因损耗而减少的价值,应贷记( )账户。
    A. 固定资产　　　　B. 累计折旧　　　　C. 管理费用　　　　D. 制造费用
15. 企业应交纳的教育费附加应计入( )账户贷方。
    A. 税金及附加　　　B. 应交税费　　　　C. 其他应付款　　　D. 银行存款
16. "所得税费用"账户的贷方登记( )。

A. 实际交纳的所得税　　　　　　　　　　B. 转入"本年利润"账户的所得税
C. 应由本企业负担的税费　　　　　　　　D. 转入"生产成本"账户的税费

17. "生产成本"账户属于( )账户。
　　A. 负债类　　　　B. 所有者权益类　　　C. 资产类　　　　D. 成本类

18. "累计折旧"账户属于( )账户。
　　A. 资产类　　　　B. 负债类　　　　　　C. 所有者权益类　　D. 损益类

19. 企业生产完工验收入库的产成品，应于月末确定其实际生产成本，从( )账户结转到"库存商品"账户。
　　A. 主营业务成本　　B. 制造费用　　　　C. 生产成本　　　D. 本年利润

20. 年末，应将全年累计实现的净利润(或亏损)转入( )账户。
　　A. 本年利润　　　B. 应付股利　　　　C. 利润分配　　　D. 盈余公积

21. "固定资产"账户按固定资产的( )反映其增减变动和结存情况。
　　A. 原始价值　　　B. 折扣价值　　　　C. 重置价值　　　D. 市价

22. 折旧的增加表示固定资产实际价值的( )。
　　A. 损耗　　　　　B. 增加　　　　　　C. 补偿　　　　　D. 减少

23. 支付厂部的业务招待费应记入的账户是( )。
　　A. 财务费用　　　B. 管理费用　　　　C. 销售费用　　　D. 营业外支出

24. 下列采购费用中不应计入采购成本的是( )。
　　A. 材料运输保险费　　　　　　　　　B. 采购人员差旅费
　　C. 运输途中的合理损耗　　　　　　　D. 入库前的整理挑选费

25. 支付产品广告费时，应借记的账户是( )。
　　A. 制造费用　　　B. 财务费用　　　　C. 管理费用　　　D. 销售费用

26. 某企业购入一批材料，价款为40 000万元，销售方代垫运费400元(不考虑增值税)企业发生搬卸、搬运费100元，途中合理损耗100元，则该批材料的采购成本为( )。
　　A. 40 300元　　　B. 40 100元　　　　C. 40 400元　　　D. 40 500元

27. 下列选项中，属于工业企业"其他业务收入"账户核算内容的是( )。
　　A. 产品销售收入　　B. 材料销售收入　　C. 接受捐赠收入　　D. 罚款收入

28. "生产成本"账户的期末借方余额表示( )。
　　A. 期末在产品的实际成本　　　　　　B. 本期完工产品的实际成本
　　C. 期末库存商品的实际成本　　　　　D. 本期销售产品的实际成本

29. 下列费用应计入本月产品生产成本的是( )。
　　A. 支付的本月管理部门使用的固定资产修理费
　　B. 支付的本月短期借款利息
　　C. 支付的本月购买原材料的运费
　　D. 计提的本月基本生产车间设备折旧费

30. 8月31日"本年利润"账户有借方余额50 000元，表示( )。
　　A. 8月份实现亏损50 000元
　　B. 8月31日实现亏损50 000元
　　C. 1月1日至8月31日共计实现的亏损为50 000元

D. 结转利润分配后的剩余价值

31. 采购员出差预借差旅费时，应借记(　　)账户。
   A. 其他应收款　　　B. 管理费用　　　C. 在途物资　　　D. 制造费用

32. 关于"生产成本"账户，下列说法中正确的是(　　)。
   A. 生产成本账户的余额表示本期发生的生产费用总额
   B. 生产成本账户期末肯定无余额
   C. 生产成本账户期末若有余额，肯定在借方
   D. 生产成本账户余额表示已完工产品的成本

33. 下列费用中，不属于期间费用的是(　　)。
   A. 企业生产部门发生的差旅费　　　　B. 企业行政管理部门发生的办公费
   C. 企业专设销售机构发生的各项经费　　　　D. 企业为筹集资金而发生的有关费用

34. 2023年年初，"利润分配——未分配利润"账户的余额为贷方余额，金额为40万元。2023年实现净利润100万元，提取盈余公积10万元，分配股利30万元，则2023年年末，未分配利润的数额为(　　)万元。
   A. 100　　　B. 120　　　C. 60　　　D. 180

35. 制造费用期末一般结转至(　　)账户。
   A. "本年利润"　　　B. "库存商品"　　　C. "管理费用"　　　D. "生产成本"

36. 企业收回代购货方垫付的运费、包装费时，应贷记(　　)账户。
   A. "银行存款"　　　B. "其他应收款"　　　C. "应收账款"　　　D. "其他业务收入"

37. 下列不通过"应付职工薪酬——工资"科目核算的内容是(　　)。
   A. 支付的职工津贴　　　B. 职工出差的差旅费　　　C. 代扣的社保基金　　　D. 发放职工的奖金

38. 不单独设置预收账款账户的企业，对其预收客户的款项，应计入(　　)。
   A. 预收账款　　　B. 应收账款　　　C. 应付账款　　　D. 预付账款

二、多项选择题

1. 企业的投资者包括(　　)。
   A. 国家　　　B. 法人单位　　　C. 个人　　　D. 外商

2. 企业的投资方式有(　　)。
   A. 货币资金　　　B. 固定资产　　　C. 材料物资　　　D. 无形资产

3. (　　)应计入产品成本，记入"生产成本"账户。
   A. 生产产品领用的材料　　　　B. 生产工人的工资
   C. 管理部门人员工资及福利费　　　　D. 管理部门办公费

4. 应由企业负担，不记入"税金及附加"账户的税费有(　　)。
   A. 教育费附加　　　B. 增值税　　　C. 城市维护建设税　　　D. 所得税

5. "在途物资"账户，借方登记购入的货款已付但尚未验收入库的在途物资的(　　)。
   A. 采购员的差旅费　　　B. 买价　　　C. 采购费用　　　D. 在途物资成本

6. 应记入"制造费用"账户的项目有(　　)。
   A. 生产车间的固定资产折旧费　　　　B. 生产车间机器设备的修理费
   C. 管理部门的水电费　　　　D. 生产车间的办公费

7. 职工福利费是企业用于职工福利方面的耗费，应记入(　　)账户。

A. 生产成本　　　　　B. 制造费用　　　　　C. 管理费用　　　　　D. 应付职工薪酬

8. (　　)属于销售费用。

A. 产品包装费　　　　B. 广告费　　　　　　C. 进货运杂费　　　　D. 产品展览费

9. 材料领用的核算可能涉及的账户有(　　)。

A. 原材料　　　　　　B. 应付账款　　　　　C. 生产成本　　　　　D. 制造费用

10. 下列项目中,可通过"管理费用"核算的有(　　)。

A. 产品展览费　　　　B. 业务招待费　　　　C. 银行手续费　　　　D. 咨询费

11. 一般纳税人企业购入材料的采购成本包括(　　)。

A. 买价　　　　　　　B. 采购费用　　　　　C. 增值税进项税额　　D. 采购人员差旅费

12. 企业购销活动中,表示企业负债减少的记录有(　　)。

A. "应付账款"账户的借方　　　　　　　　　B. "预付账款"账户的借方
C. "应付票据"账户的借方　　　　　　　　　D. "预收账款"账户的借方

13. 固定资产应按取得时的实际成本入账,具体包括(　　)。

A. 买价　　　　　　　B. 税金　　　　　　　C. 运杂费、包装费　　D. 安装费、保险费

14. 下列项目中,属于其他业务收入的是(　　)。

A. 材料销售收入　　　　　　　　　　　　　B. 产品销售收入
C. 转让无形资产使用权收入　　　　　　　　D. 出租固定资产收入

15 下列关于"预付账款"账户的表述中,正确的有(　　)。

A. 预付及补付的款项登记在账户的借方
B. 该账户的借方余额表示预付给供货单位的款项
C. 该账户的贷方余额,表示应当补付的款项
D. 预付款项不多的企业,也可将预付款项并入"应付账款"账户核算

16. 属于企业收入的有(　　)。

A. 销售产品取得的收入　　　　　　　　　　B. 让渡资产使用权获得的收入
C. 出售固定资产获得的收入　　　　　　　　D. 提供劳务获得的收入

17. 下列各项中,影响利润确认因素的有(　　)。

A. 直接计入当期利润的利得　　　　　　　　B. 直接计入当期损益的收入
C. 直接计入当期损益的费用　　　　　　　　D. 直接计入当期利润的损失

18. 营业外支出是企业发生的与其日常活动没有直接关系的各项损失,主要包括(　　)。

A. 非流动资产处置损失　　　　　　　　　　B. 公益性捐赠支出
C. 非常损失　　　　　　　　　　　　　　　D. 盘亏损失

19. 下列费用中,应作为销售费用处理的有(　　)。

A. 非专设销售机构人员工资　　　　　　　　B. 销售产品过程中发生的运杂费
C. 专设销售机构的折旧费　　　　　　　　　D. 业务招待费

20. 下列各会计科目中,在固定资产核算时可能会涉及的有(　　)。

A. 固定资产　　　　　B. 累计折旧　　　　　C. 银行存款　　　　　D. 在建工程

21. (　　)属于期间费用。

A. 管理费用　　　　　B. 制造费用　　　　　C. 财务费用　　　　　D. 销售费用

22. 直接记入"管理费用"账户借方的支出有(　　)。

A. 职工报销的差旅费 B. 管理部门的办公费
C. 广告费 D. 捐赠支出

23. "盈余公积"账户的借方登记盈余公积金的支用，如( )。
A. 支付给投资者利润 B. 转增资本金
C. 弥补亏损 D. 留作以后继续分配

三、判断题

1. "本年利润"账户，在年度中间余额保留在本账户，不予转账。年末结转后应无余额。 （ ）
2. 固定资产因耗损而减少的价值应计入"固定资产"账户的贷方。 （ ）
3. "制造费用"账户期末在费用结转后一般没有余额。 （ ）
4. 企业购入材料，不论是否运达企业和是否验收入库，采购材料的实际支出都要记入"原材料"账户的借方。 （ ）
5. 盈余公积是按利润总额的一定比例计算提取的。 （ ）
6. 职工报销差旅费退回余额时应借记"其他应收款"账户。 （ ）
7. 职工福利费是用于职工生活困难补助等职工福利方面的资金。 （ ）
8. "制造费用"账户的贷方登记期末转入"本年利润"账户的费用。 （ ）
9. 向投资者分配利润，应借记"利润分配"账户。 （ ）
10. 产品销售成本＝产品销售数量×单位售价。 （ ）
11. "资本公积"账户的贷方余额表示投入资本的结余额。 （ ）
12. 生产车间使用固定资产计提的折旧属于间接费用。 （ ）
13. 公益救济性捐款属于企业的营业外支出。 （ ）
14. 制造费用属于间接费用，与产品生产无直接联系，不计入产品成本，可直接计入当期损益。 （ ）
15. 如果没有在产品则本月发生的费用就是本月完工产品成本。 （ ）
16. "生产成本"账户的期末借方余额表示尚未完工的在产品成本。 （ ）
17. 企业采购材料的实际成本包括买价和运输费两项。 （ ）
18. 产品的实际生产成本的构成基本项目包括：直接材料、直接人工和制造费用。 （ ）
19. "累计折旧"账户的余额在贷方，属于负债类账户。 （ ）
20. 企业确实无法支付的应付账款经批准转入营业外收入。 （ ）
21. 企业提取的法定盈余公积金累计达到注册资本金额的50%时可以不再提取。 （ ）
22. 企业用转账支票支付购货款时应通过"应付票据"账户核算。 （ ）
23. 利润总额＝营业利润+营业外收入–营业外支出。 （ ）
24. 本年发生亏损，应将本年利润金额结转到利润分配的借方。 （ ）
25. 企业收到某公司无偿捐赠的固定资产，应计入资本公积。 （ ）
26. 企业的盈余公积包括法定盈余公积和任意盈余公。 （ ）
27. 营业外收入是企业正常生产经营活动以外的收入，所以不要交纳所得税。 （ ）。
28. 用法定盈余公积转增资本或弥补企业过去发生的亏损时，所有者权益总额不会发生变化。（ ）
29. 短期借款的利息不可以预提，均应在实际支付时直接计入当期损益。 （ ）
30. "短期借款"账户不核算应支付的借款利息。 （ ）
31. "固定资产"账户的期末借方余额，反映期末实有固定资产的净值。 （ ）

32. 营业外收入的多少，不会影响营业利润的计算，因为两个指标没有相关性。（　　）

33. 利润是收入与成本配比相抵后的差额，是经营的最终成果。（　　）

34. 未分配利润是指企业实现的净利润，经过弥补亏损，提取盈余公积和向投资者分配利润后留存在企业的，本年结存的利润。（　　）

35. 成本是指企业为生产产品、提供劳务而发生的各种耗费，它与一定期间相联系，是对象化的费用。（　　）

36. 企业计提当年盈余公积的基数，不包括年初未分配利润。（　　）

37. 企业接受其他单位的固定资产投资时，"固定资产"账户入账金额应考虑投资方原账面价值，但"实收资本"账户金额应按双方合同约定的价值入账。（　　）

四、综合业务题

（一）资料

南方工厂为增值税一般纳税人，增值税税率13%。2023年12月发生下列部分经济业务：

1. 1日，向某商业银行借入期限为六个月的借款200 000元，存入银行。

2. 2日，接受红旗公司投入的甲材料一批，价值100 000元，增值税进项税额为13 000元，材料已验收入库。

3. 3日，从东益公司购进下列材料：甲材料6 000千克，每千克50元；乙材料3 000千克，每千克100元，取得增值税专用发票上注明增值税款78 000元，两种材料的运杂费18 000元（暂不考虑增值税），材料已验收入库，款项均未支付。运杂费按材料采购重量比例分配。

4. 5日，购买车间用劳动保护用品一批，用现金支付1 200元，取得增值税普通发票一张，注明价款1 062元，增值税额138元，劳动保护用品直接由车间领用。

5. 6日，以银行存款支付本月水电费15 000元，其中生产车间耗用11 000元，管理部门耗用4 000元。

6. 7日，以银行存款交纳上月的消费税2 000元。

7. 7日，向明东公司出租包装物一批，收到押金3 000元，存入银行。

8. 8日，签发一张面值为100 000元的商业汇票用，以偿还上个月所欠H公司的购料款。

9. 13日，以银行存款支付本月短期借款利息5 000元。

10. 14日，采购员陈五出差回来报销差旅费3 000元，不足500元出纳用现金补付，结清上月预借款项。

11. 14日，因违反有关法律规定，企业用银行存款支付违法经营的罚款55 000元。

12. 14日，购进一台生产设备，取得增值税专用发票上注明价款为900 000元，增值税进项税额为117 000元，价税款已用银行存款支付，设备已投入使用。

13. 16日，经领导批示，将无法支付应付账款2 000元予以转销。

14. 17日，按合同向强盛公司预收订货款20 000元，款项存入银行。

15. 19日，以银行存款归还到期的五年期借款300 000元。

16. 20日，向强公司发出A产品1 400件，每件售价1 000元，货款1 400 000元，增值税销项税额182 000元，价税合计1 582 000元。

17. 23日，以银行存款支付本月3日从东益公司购进甲、乙材料的欠款。

18. 26日，接受某外商捐赠生产用设备一台，价值70 000元（暂不考虑增值税），设备已交付使用。

19. 28日，出租办公楼一幢，收到本月租金10 000元（暂不考虑增值税），款项存入银行。

20. 31日，分配结转本月应付职工工资，其中：生产A产品工人工资60 000元，生产B产品工人工资40 000元，生产车间管理人员工资30 000元，专设销售机构人员工资12 000元，企业管理人员工资48 000元。

21. 31日，计提本月固定资产折旧144 800元，其中，车间用固定资产折旧96 800元，行政管理部门用固定资产折旧34 000元，专设销售机构用固定资产折旧10 000元，出租用固定资产折旧4 000元。

22. 31日，仓库发出甲、乙两种材料，"发料凭证汇总表"如下表所示：

元

材料种类	生产A产品	生产B产品	车间一般耗用	厂部一般耗用	合计
甲材料	120 000	70 000			190 000
乙材料			11 000	3 000	14 000
合计	120 000	70 000	11 000	3 000	204 000

23. 31日，归集本月的制造费用按生产工人工资比例分配计入A、B产品生产成本。

24. 31日，本月投产的A产品500件全部完工验收入库，结转完工入库A产品生产成本。

25. 31日，结转本月已销售A产品的生产成本900 000元。

26. 31日，计算本月应交城市维护建设税2 800元，应交教育费附加1 200元。

27. 31日，将本月损益类有关收入账户转入"本年利润"。

28. 31日，将本月损益类有关费用账户转入"本年利润"。

29. 31日，计算本月应交企业所得税(假设不考虑纳税调整因素，适用税率为25%)。

30. 31日，将本月发生的所得税费用转入"本年利润"。

31. 31日，将全年实现的净利润全额转入"利润分配——未分配利润"账户("本年利润"账户11月末贷方余额为370 000元)。

32. 31日，按10%提取法定盈余公积。

33. 31日，宣告对投资者分配利润160 000元。

34. 31日，年末将"利润分配"账户下其他明细账户的余额结转到"利润分配——未分配利润"账户。

要求：根据以上经济业务，编制会计分录。

(二)资料

企业生产A、B两种产品，12月初A产品有在产品300件，总成本10 000元，B产品无月初在产品，本月两种产品各继续投产1 000件，2023年12月份发生如下业务：

1. 1日，开出现金支票，向银行提取现金12 000元备用。

2. 2日，以银行存款50 000元偿还前欠淮海工厂的购买材料款。

3. 3日，从银行取得五年期借款100 000元，年利率6%，存入银行。

4. 4日，接受投资人投入的无形资产，双方协商作价30 000元，占公司注册资本中的份额为25 000元。

5. 5日，收到被投资分来的现金股利160 000元，存入银行。

6. 7日，购进甲材料一批，价款100 000元，取得的增值税专用发票上注明增值税额13 000元，运费2 000元(不考虑增值税)，材料已验收入库，款项115 000元已用转账支票支付。

7. 8日，企业开出转账支票购入印花税票200元。

8. 10日，以银行存款125 000元上缴上个月的企业所得税。

9. 10日，企业因未及时交纳税款，以银行存款支付税收滞纳金10 000元。

10. 支付上个月电费，增值税专用发票注明电费30 000元，税额3 900元，开出转账支票支付。

11. 11日，厂部小明报销差旅费3 000元，出纳以现金支付。

12. 12日，购进一台需要安装的生产设备，取得的增值税专用发票上注明价款2 000 000元，增值税进项税额260 000元，款项用银行存款支付。

13. 13日，本月共发出乙材料270 000元，其中生产A产品耗费150 000元，生产B产品耗用80 000元，车间一般耗用22 000元，行政管理部门耗用8 000元，专设销售机构耗用10 000元。

14. 14日，购进甲材料500千克，单价80元，购进乙材料800千克，单价50元，取得的增值税专用发票上注明价款为80 000元，增值税进项税额10 400元，开出商业承兑汇票支付价税款，材料尚未入库。

15. 15日，用银行存款20 000元支付给某电视台销售产品广告费(不考虑增值税)。

16. 16日，通过开户银行用银行存款280 000元发放工资。

17. 17日，销售A产品1 200件，每件1 100元，增值税销项税额171 600元，价税已收，存入银行。

18. 20日，订购甲材料，按合同向南丰公司预付货款46 800元，款项用银行存款支付。

19. 23日，收到上月购入的乙材料160 000元，已办理验收入库手续。

20. 25日，摊销应由本月负担的财产保险费300元。

21. 26日，开出现金支票2 000元，支付租入包装物押金。

22. 26日，预提应由本月负担的办公室设备修理费1 300元。

23. 31日，用银行存款支付本季度短期借款利息13 000元，其中本季度前两个月已预提8 000元。

24. 31日，分配结转本月应付职工工资280 000元，其中生产A产品工人工资100 000元，生产B产品工人工资90 000元，车间管理人员工资40 000元，行政管理人员工资26 000元。专设销售机构人员工资24 000元。

25. 31日，计提固定资产折旧50 000元，其中车间用固定资产30 000元，行政管理部门用固定资产17 000元，专设销售机构用固定资产折旧3 000元。

26. 31日，将本月发生的制造费用92 000元，按生产工时比较分配计入A、B产品成本，其中A产品工时150 000小时，B产品工时50 000小时。

27. 31日，A产品全部完工，结转其生产成本。

28. 31日，结转已售A产品的生产成本。

29. 31日，计提本月应交纳的城市维护建设税1 400元，教育费附加1 000元。

30. 31日，经批准用资本公积转增注册资本金500 000元。

31. 31日，将全年实现的净利5 100 000元转入利润分配——未分配利润。

32. 31日，提取法定盈余公积510 000元。

33. 31日，宣告对投资者分配利润800 000元。

34. 31日，年末，将利润分配账户下其他明细账户的余额结转到"利润分配——未分配利润"。

要求：根据以上经济业务，编制会计分录。

(三)资料

启胜工厂为增值税一般纳税人，增值税税率13%。2023年12月发生下列经济业务：

1. 3日，收到投资者甲投入机器一台，价值100 000元，增值税进项税额13 000元。

2. 4日，购入的A种材料现已到达，并验收入库，结转其实际采购成本60 000元。

3. 8日从永昌工厂购入A材料600千克，买价30 000元，增值税进项税额3 900元，B材料400千克，买价 8 000 元，增值税进项税额 1 040 元，共发生运杂费 500 元，运杂费按 A、B 材料重量分配，款项已用银行存款支付，材料尚未到达。

4. 10 日，从永昌工厂购入的 A、B 材料已到达并验收入库。

5. 13 日，出售给宏达公司 #102 产品 350 件，每件售价 120 元，增值税销项税额 5 460 元，代垫运费 850 元，以现金支付，款项尚未收到。

6. 15 日，以现金购入厂部办公用品计 90 元。

7. 16 日，车间主任小张出差，预借差旅费 900 元，以现金支付。

8. 17 日，以银行存款支付明年报纸杂志费 3 000 元。

9. 19 日，出售 A 材料 200 千克，每千克 65 元，B 材料 100 千克，每千克 70 元，销项增值税 2 600 元。价税已全部收到，存入银行。

10. 20 日，小张出差回来，报销差旅费 850 元，余款退回。

11. 20 日，向长江公司出售产品，增值税专用发票注明：#101 产品 1 000 件，每件售价 100 元，增值税销项税额 13 000 元，收到银行承兑汇票一张。

12. 21 日，按规定计提应由本月负担的借款利息 3 000 元。

13. 22 日，以银行存款支付本月电费，增值税专用发票上注明，价款 15 000 元，增值税额 1 950 元，其中，生产车间负担 70%，厂部负担 30%。

14. 22 日，以银行存款支付排污费 1 500 元。

15. 25 日，开出转账支票 25 000 元，支付职工外出培训费。

16. 31 日，根据仓库发料单汇总得知，本月生产 #101 产品领用 A 种材料为 14 400 元，生产 #102 产品领用 B 材料 13 600 元。车间修理设备领用 A 材料 1 500 元。

17. 31 日银行存款支付销售产品运输费 1 600 元。

18. 31 日，分配本月应付职工工资为 30 000 元。其中：制造 #101 产品生产工人工资 15 000 元，制造 #102 产品生产工人工资 5 000 元。生产车间管理人员工资 5 000 元。厂部行政管理人员工资 5 000 元。

19. 31 日，按规定计提本月职工福利费，按上述工资额的 14% 计算。

20. 31 日，计提固定资产折旧，其中生产车间应提取折旧 2 100 元，厂部应提折旧 1 200 元。

21. 31 日，职工张明报销医药费 3 500 元，以现金支付。

22. 31 日，结转售出的 A 种材料的成本每千克 41 元，B 材料的成本每千克 55 元。

23. 31 日，收到银行通知结算存款利息收入 200 元。

24. 31 日，计算本月发生的制造费用。（发生的制造费用按生产工时比例分配，#101 产品生产工时为 6 000 工时，#102 产品生产工时 4 000 工时）

25. 31 日，结转本月份完工入库产成品的实际成本。其中，#101 产品完工 1 000 件，总成本 35 000 元，#102 产品完工 1 000 件，总成本 43 500 元。

26. 31 日，计算结转本月已售出的 #101 产品成本 56 000 元，#102 产品成本 30 000 元。

27. 31 日，结转本月应交增值税 65 000 元。

28. 31 日，按本月交纳增值税额的 7% 和 3% 计算本月应交纳的城市维护建设税和教育费附加。

29. 31 日，结转损益类账户。

30. 31 日，按 25% 计算本月应交的所得税。

31. 31 日，用以前年度提取的盈余公积弥补当年亏损 52 000 元。

要求：根据以上经济业务，编制会计分录。

第七章 财产清查

考纲要求

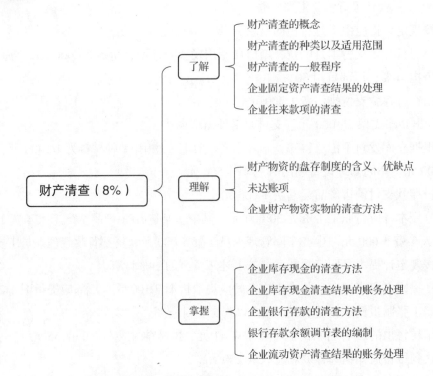

第一节 财产清查概述

一、财产清查的概念 ■了解

财产清查是指通过对货币资金、实物资产和往来款项的盘点或核对,确定其实存数,查明账存数与实存数是否相符的一种专门方法。

账实不符的原因:

1. 检验、计量不准确;

2. 自然损耗、自然灾害、意外损失、保管不善；

3. 贪污、盗窃；

4. 账簿中错记、漏记、重记；

5. 存在未达账项。

二、财产清查的种类和适用范围 ■了解

(一)财产清查的种类

1. 按财产清查的范围和对象分为全面清查和局部清查，如表7-1所示。

表7-1 全面清查和局部清查

种类	全面清查	局部清查
概念	对全部资产和权益进行盘点和核对	对某一部分资产、权益进行清点和核对
特点	内容多、范围广、工作量大	内容少、范围小，针对性强
适用范围	(1)年终决算前 (2)单位发生撤销、改组、合并以及改变隶属关系前 (3)开展全面的资产评估、清产核资前 (4)单位主要负责人调离工作前 (5)企业股份制改制前	各种存货、贵重物品、货币资金、债权、债务等 有关保管人员调动时

注：(1)库存现金：出纳员在每日业务终了时清点，做到日清月结。

(2)银行存款：出纳员每月至少同银行核对一次。

(3)原材料、在产品和库存商品：每月应有计划地重点抽查。

(4)对于贵重的财产物资，应每月清查盘点一次。

(5)债权债务每年至少核对一至两次。

2. 按财产清查的时间分为定期清查和不定期清查，如表7-2所示。

表7-2 定期清查和不定期清查

种类	定期清查	不定期清查
概念	按照预先安排好的具体时间，对资产、权益进行的清查	根据实际情况进行的随机、临时性的清查
特点	一般定于月末、季末、年末结账前	不规定好具体时间，如果工作需要，可随时进行
适用范围	需要全面清查或局部清查时	①发生自然灾害或意外损失时 ②财政、税收、审计等部门进行的突击会计检查

3. 按照清查的执行系统分为内部清查和外部清查。

(1)内部清查：是指由本单位内部自行组织清查工作小组所进行的财产清查工作，大多数财产清查都是内部清查。

(2)外部清查：是指由上级主管部门、审计机关、司法部门、注册会计师根据国家有关规定或情况需要对本单位所进行的财产清查，一般来讲，进行外部清查时应有本单位相关人员参加。

三、财产清查的范围

1. 货币资金：主要是对库存现金和银行存款的清查。

2. 各种存货：主要包括对原材料、燃料、包装物、低值易耗品、库存商品、在产品、自制半成品、外购商品等的清查。

3. 固定资产：主要包括机器、厂房、办公设备、汽车以及在建工程物资等的清查。

4. 委托加工或受托加工的材料，以及租赁的固定资产、包装物的清查。

5. 各种往来款项：应收、应付，预收、预付等各种往来款项的清查。

典型例题

【例题1·多项选择题·2019年真题】 按清查的时间不同，财产清查分为（　　）。

A. 定期清查　　　　B. 不定期清查　　　　C. 局部清查　　　　D. 全面清查

答案：AB

解析：按清查的时间不同，财产清查分为定期清查和不定期清查。

【例题2·多项选择题·2020年真题】 财产清查按清查的范围可分为（　　）。

A. 内部清查　　　　B. 外部清查　　　　C. 全面清查　　　　D. 局部清查

答案：CD

解析：财产清查按范围可分为全面清查和局部清查。

【例题3·单项选择题·2020年真题】 财产清查中的盘盈指的是（　　）。

A. 账存数小于实存数　　　　　　　　B. 账存数大于实存数

C. 借方数小于贷方数　　　　　　　　D. 借方数大于贷方数

答案：A

解析：盘盈指的是账存数小于实存数，若账存数大于实存数则为盘亏。

【例题4·多项选择题·2020年真题】 下列选项中，属于企业应该进行全面清查的（　　）。

A. 保管人员调离　　　　　　　　　　B. 会计人员调离

C. 单位负责人调离　　　　　　　　　D. 单位撤销、合并或改变隶属关系

答案：CD

解析：A、B选项需进行局部清查。

【例题5·单项选择题·2020年真题】 下列选项中，属于财产清查目的的是（　　）。

A. 账账相符　　　　B. 账证相符　　　　C. 账实相符　　　　D. 账表相等

答案：C

解析：财产清查目的是查明账存数与实存数是否相符，即账实是否相符。

【例题6·单项选择题·2021年真题】 按清查范围划分，由于仓库保管人员变动所进行的财产清查属于（　　）。

A. 全面清查　　　　B. 局部清查　　　　C. 定期清查　　　　D. 不定期清查

答案：B

解析：有关保管人员调动时，对其所保管的财产进行清查，属于局部清查。

【例题7·多项选择题·2023年真题】 全面清查的具体对象包括（　　）。

A. 货币资金　　　　　B. 存货　　　　　　C. 固定资产　　　　D. 往来款项

答案：ABCD

解析：全面清查指的是企业对全部资产和权益进行盘点和核对，清查范围有货币资金、实物资产和往来款项。

【例题8·单项选择题·2023年真题】 仓库被盗按清查范围属于(　　)。

A. 局部清查　　　　　B. 全面清查　　　　C. 不定期清查　　　D. 定期清查。

答案：A

解析：财产清查按清查范围分为全面清查和局部清查，仓库被盗属于局部清查。

【例题9·多项选择题·2023年真题】 下列属于全面清查的是(　　)。

A. 年终决算前　　　　　　　　　　　B. 会计主管调离岗位
C. 单位负责人调离岗位　　　　　　　D. 单位发生合并、改组、撤销

答案：ACD

解析：B选项属于局部清查。

【例题10·多项选择题·2023年真题】 待处理财产损溢的对应账户有(　　)。

A. 管理费用　　　　　B. 固定资产　　　　C. 累计折旧　　　　D. 营业外支出

答案：ABD

解析：

1. 盘亏固定资产，审批前：

借：待处理财产损溢
　　累计折旧
　　贷：固定资产

此分录待处理财产损溢的对应账户是固定资产。

2. 盘亏固定资产，审批后：

借：营业外支出
　　贷：待处理财产损溢

此分录待处理财产损溢的对应账户是营业外支出。

3. 盘亏原材料，审批后：

借：管理费用
　　贷：待处理财产损溢

此分录待处理财产损溢的对应账户是管理费用。

第二节　财产清查的方法

一、财产物资的盘存制度　◆理解

财产物资的盘存制度有两种，即永续盘存制和实地盘存制，如表7-3所示。

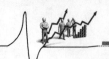

表 7-3 永续盘存制和实地盘存制

种类	永续盘存制	实地盘存制
概念	又称账面盘存制,是指在日常生产经营活动中,必须根据会计凭证对财产物资的增加数和减少数在有关账簿中进行逐日逐笔的登记,随时结出账面结存数额的一种盘存制度	指在日常生产经营活动中,根据会计凭证对财产物资的增加数在有关账簿中进行逐笔登记,但不登记日常的减少数,期末结账时,根据实地盘点的实存数额倒挤出本期的减少数,并据此登记入账的一种盘存制度
计算公式	期末账面余额=期初账面余额+本期账面增加数合计-本期账面减少数	本期减少数=期初账面余额+本期账面增加数合计-本期盘点实存数
优点	可以及时记录和了解财产物资的账面结存数,有利于加强管理,被广泛采用	核算工作简单
缺点	会计核算工作量大	不能及时了解和掌握日常财产物资的账面结存额和财产物资的溢缺情况,且手续不严密,不利于管理,一般不宜采用

注意:(1)永续盘存制和实地盘存制都需要进行财产清查。

(2)两者的区别:①登记的方法不同:永续盘存制平时对各项财产物资既登记增加数又登记减少数,随时结出账面余额;实地盘存制平时只登记增加数,不登记减少数,月末根据实地盘点的实际结存数,倒挤出本期减少数。②财产清查的目的不同:永续盘存制下财产清查的目的是与账簿记录进行核对;实地盘存制下财产清查的目的是计算期末财产的结存数。

二、财产清查的一般程序 ■了解

1. 成立财产清查小组;
2. 组织清查人员学习有关政策规定,掌握有关法律、法规和相关业务知识,以提高财产清查工作的质量;
3. 确定清查对象、范围,明确清查任务;
4. 制定清查方案,具体安排清查内容、时间、步骤、方法,以及必要的清查前准备;
5. 清查时本着先清查数量、核对有关账簿记录等,后认定质量的原则进行;
6. 填制盘存清单;
7. 根据盘存清单填制实物、往来账项清查结果报告表。

三、财产清查的方法

(一)货币资金的清查方法

1. 库存现金的清查。

(1)清查方法(●掌握):库存现金的清查,是采用实地盘点法确定库存现金的实存数,然后与库存现金日记账的账面余额相核对,确定账实是否相符。

(2)清查人员:库存现金清查一般由主管会计或财务负责人和出纳人员共同清点,并填制库存现金盘点报告表。

注意:对库存现金进行清点时,出纳人员必须在场,有关业务必须在库存现金日记账中全部登记完毕，清点时，一方面要注意账实是否相符，另一方面还要检查现金管理制度的遵守情况，如库存现金有无超过其限额、有无白条抵库、坐支现金、挪用舞弊等情况。盘点结束后，应填制"库存现金盘点报告表"，作为重要原始凭证。

2. 银行存款的清查。

(1)清查方法(●掌握)：银行存款的清查，是采用与开户银行核对账目的方法进行的，即将本单位银行存款日记账的账簿记录与开户银行转来的对账单逐笔进行核对，查明银行存款的实有数额。银行存款的清查一般在月末进行。

(2)二者余额不相符的原因：①企业或银行一方或双方记账错误；②存在未达账项。

(3)未达账项(◆理解)：是指企业与其开户银行之间，一方收到凭证并已入账，另一方未收到凭证因而未能入账的账项。未达账项一般分为以下四种情况：①企业已收款记账，银行未收款未记账的款项。②企业已付款记账，银行未付款未记账的款项。③银行已收款记账，企业未收款记账的款项。④银行已付款记账，企业未付款未记账的款项。

上述任何一种未达账项的存在，都会使企业银行存款日记账的余额与银行开出的对账单的余额不符，所以，在与银行对账时首先应查明是否存在未达账项，如果存在未达账项，就应当编制"银行存款余额调节表"，据以确定企业银行存款实有数。

(4)银行存款余额调节表的编制(●掌握)：银行存款余额调节表的编制，是以企业银行存款日记账余额和银行对账单余额为基础，各自分别加上对方已收款入账而己方尚未入账的数额，减去对方已付款入账而己方尚未入账的数额，其计算公式如下：

企业银行存款日记账余额+银行已收企业未收款−银行已付企业未付款=银行对账单存款余额+企业已收银行未收款−企业已付银行未付款。

注意：(1)"银行存款余额调节表"只是为了核对账目，不能作为调整企业银行存款账面记录的记账依据。只有收到有关凭证后，才能据以作账务处理。(2)调节后的余额如果相等，则表示双方账簿记录一般没错误，该余额即为企业实际可动用的银行存款的实有金额。

(二)财产物资实物的清查

实物资产主要包括固定资产、存货等。实物资产的清查就是对实物资产数量和质量进行的清查。

清查方法(◆理解)。

(1)实地盘点法：通过点数、过磅、量尺等方法来确定实物资产的实有数量。实地盘点法适用范围较广，在多数财产物资清查中都可以采用。

(2)技术推算法：利用一定的技术方法对财产物资的实存数进行推算。采用这种方法，对于财产物资不是逐一清点计数，而是通过量方、计尺等技术推算财产物资的结存数量。技术推算法只适用于成堆量大而价值不高，逐一清点的工作量和难度较大的财产物资的清查，例如，露天堆放的煤炭、沙石等。

在实物清查过程中，实物保管人员和盘点人员必须同时在场。对于盘点结果，应如实登记盘存单，并由盘点人和实物保管人签字或盖章，以明确经济责任。盘存单既是记录盘点结果的书面证明，也是反映财产物资实存数的原始凭证。

为了查明实存数与账存数是否一致，确定盘盈或盘亏情况，应根据盘存单和有关账簿记录，编制实存账存对比表。实存账存对比表是用以调整账簿记录的重要原始凭证，也是分析产生差异的原因、明确经济责任的依据。

注意："实存账存对比表"是调整账簿记录的原始凭证，"盘存单"不是调整账簿记录的原始凭证。

(三)往来款项的清查 ■了解

1. 清查方法：往来款项的清查一般采用发函询证的方法进行核对。
2. 清查步骤：往来单位填制"往来款项对账单"一式两联，其中一联送交对方单位核对账目，另一联作为回单联。对方单位经过核对相符后，在回单联上加盖公章退回，表示已核对。如有数字不符，对方单位应在对账单中注明情况退回本单位，本单位进一步查明原因，再行核对。
3. 清查记录：往来款项清查以后，将清查结果编制"往来款项清查报告单"，填列各项债权、债务的余额。

注意："往来款项对账单""往来款项清查报告单"均不作为调整账面记录的记账依据。

典型例题

【例题1·单项选择题·2019年真题】 下列各选项中，可随时了解各种财产物资的收入、发出和结存情况的制度是( )。

A. 权责发生制　　　B. 收付实现制　　　C. 永续盘存制　　　D. 实地盘存制

答案：C

解析：永续盘存制对各项财产物资的收入数和发出数都进行连续登记，并随时结出账面余额，可随时了解各种财产物资的收入、发出和结存情况。

【例题2·多项选择题·2020年真题】 下列选项中，属于财产物资的盘存制度有( )。

A. 权责发生制　　　B. 收付实现制　　　C. 永续盘存制　　　D. 实地盘存制

答案：CD

解析：C、D选项是指财产物资的盘存制度；A、B选项是会计核算基础。

【例题3·单项选择题·2019年真题】 下列选项中，用于清查库存现金的方法是( )。

A. 问询法　　　B. 实地盘点法　　　C. 技术测算法　　　D. 外调核对法

答案：B

解析：库存现金采用实地盘点的方法来确定库存现金的实存数。

【例题4·单项选择题·2019年真题】 若某企业月末银行存款日记账余额60 000元，银行对账单余额68 785元，经未达账项调节后余额为88 735元，则企业在银行可以支用的实有存款数为( )。

A. 60 000元　　　B. 68 785元　　　C. 79 950元　　　D. 88 735元

答案：D

解析：经未达账项调节后的余额为企业可以支用的银行存款实有数。

【例题5·多项选择题·2019年真题】 下列选项中，会造成企业银行存款日记账余额小于银行对账单余额的有( )。

A. 企业已收款入账，而银行尚未入账　　　B. 企业已付款入账，而银行尚未入账
C. 银行已收款入账，而企业尚未入账　　　D. 银行已付款入账，而企业尚未入账

答案：BC

解析：BC这两种情况会造成企业银行存款日记账余额小于银行对账单余额。

【例题6·单项选择题·2020年真题】 在实物资产的清查中，盘点后应及时将盘点的结果如实地记载在( )。

A. 对账单　　　B. 盘存单　　　C. 盘盈盘亏报告表　　　D. 实存账存对比表

答案：B

解析：实物清查时，应当根据实际清查结果及时填写盘存单。盘存单既是记录盘点结果的书面证明，也是反映财产物资实存数的原始凭证。

【例题7·判断题·2020年真题】在进行实物清查时，实物保管人员与清查人员必须同时在场。（　　）

答案：√

解析：在进行实物清查时，实物保管人员与清查人员必须同时在场，对于盘点结果，应如实登记盘存单，并由盘点人和实物保管人签字或盖章，以明确经济责任。

【例题8·单项选择题·2021年真题】某企业银行对账单的余额为240万元，经与银行存款日记账余额核对，发现未达账项如下，企业已收款26万元，银行未收；企业已付款6万元，银行未付，调整后的银行对账单余额应为(　　)万元。

A. 220　　　　　　　B. 234　　　　　　　C. 260　　　　　　　D. 266

答案：C

解析：240+26-6=260（万元）。

【例题9·单项选择题·2021年真题】产生未达账项的原因是(　　)。

A. 双方记账人员不一致　　　　　　B. 双方记账金额不一致

C. 双方记账地点不一致　　　　　　D. 双方记账时间不一致

答案：D

解析：未账达项是指企业与其开户银行之间，一方收到凭证并已入账，另一方未收到凭证因而未能入账的账项。

【例题10·单项选择题·2021年真题】库存现金清查的主要方法是(　　)。

A. 先进先出法　　B. 技术推算法　　C. 加权平均法　　D. 实地盘点法

答案：D

解析：库存现金的清查，是采用实地盘点去确定库存现金的实存数，然后与库存现金日记账的账面余额相核对，确定账实是否相符。

【例题11·单项选择题·2021年真题】下列选项中，属于永续盘存制计算公式的是(　　)。

A. 期初结存数+本期收入数-期末实存数=本期发出数

B. 期初结存数+本期收入数-本期发出数=期末结存数

C. 期初结存数-本期收入数+本期发出数=期末结存数

D. 期初结存数+期末实存数-本期收入数=本期发出数

答案：B

解析：永续盘存制的计算是：期末账面余额=期初账面余额+本期账面增加数合计-本期减少数。

【例题12·多项选择题·2022年真题】下列选项中，应作为财产请查结果账务处理的原始凭证有(　　)。

A. 银行对账单　　B. 账存实存对比表　　C. 往来款项对账单　　D. 库存现金盘点报告表

答案：BD

解析："库存现金盘点报告表"，实存账存对比表是用以调整账簿记录的重要原始凭证，明确经济责任的依据。

【例题13·多项选择题·2022年真题】在编制"银行存款余额调节表"时，应调整银行方即银行对账单余额的项目有(　　)。

A. 企业已收，银行未收	B. 企业已付，银行未付
C. 银行已收，企业未收	D. 银行已付，企业未付

答案：AB

解析：银行对账单余额加上企业已收，银行未收减去企业已付，银行未付＝调整后的余额。

【例题14·单项选择题·2023年真题】 沙石的清查方法是(　　)。

A. 实地盘点法　　　B. 技术推算法　　　C. 核对账目法　　　D. 发函询证法

答案：B

解析：技术推算法适用于成堆量大而价值不高，逐一清点的工作量和难度较大的财产物资的清查，例如，露天堆放的煤炭、沙石等。

【例题15·判断题·2022年真题】 采用实地盘存制，期末应通过实地盘点来确定财产物资的结存数。(　　)。

答案：√

解析：实地盘存制是根据会计凭证对财产物资的增加数在有关账簿中进行逐笔登记，但不登记日常的减少数，期末结账时，根据实地盘点的实存数额倒挤出本期的减少数，并据此登记入账的一种盘存制度。

第三节　财产清查结果的处理

一、财产清查结果处理的步骤和方法

（一）审批之前的处理

对于财产清查中发现的问题，如财产物资的盘盈、盘亏、毁损或其他各种损失，应核实情况，调查分析产生的原因，根据"清查结果报告表""盘点报告表"等，填制记账凭证，记入有关账簿，使账簿记录与实际盘存数相符，同时根据管理权限，将处理建议报股东大会或董事会，或经理（厂长）会议或类似机构批准。

（二）审批之后的处理

财产清查产生的损溢，企业应于期末前查明原因，并根据企业的管理权限，经股东大会或董事会，或经理（厂长）会议或类似机构批准后，在期末结账前处理完毕。如果在期末结账前尚未经批准，在对外提供财务报表时，先按相关规定进行相应账务处理，并在附注中作出说明，其后如果批准处理的金额与已处理金额不一致的，调整财务报表相关项目的期初数。

二、账户设置

"待处理财产损溢"：该账户属资产类账户，用来核算企业在清查财产过程中查明的各种财产盘盈、盘亏和毁损的价值。借方登记已发现但尚未处理的财产物资的盘亏或毁损数额，以及经批准转销的盘盈数额；贷方登记已发现但尚未处理的财产物资的盘盈数额，以及经批准转销的盘亏或毁损数额。该账户应按照"待处理流动资产损溢"和"待处理非流动资产损溢"进行明细核算。

注意：企业清查的各种财产的损溢，应于期末前查明原因，并经相关机构或部门批准后，在期末结账前处理完毕。处理后，"待处理财产损溢"科目应无余额。

三、账务处理

(一) 货币资金清查的处理 ●掌握

1. 现金长款的处理。

(1) 发生长款，审批前：

借：库存现金
　　贷：待处理财产损溢——待处理流动资产损溢

(2) 查明原因，审批后：

借：待处理财产损溢——待处理流动资产损溢
　　贷：营业外收入(无法查明原因)

借：待处理财产损溢——待处理流动资产损溢
　　贷：其他应付款——××(应付或应退给某人的款项)

2. 现金短款的处理。

(1) 发生短款，审批前：

借：待处理财产损溢——待处理流动资产损溢
　　贷：库存现金

(2) 查明原因，审批后：

借：其他应收款——××(相关责任人赔偿)
　　营业外支出(非正常损失，如盗窃)
　　管理费用(无法查明原因)
　　　贷：待处理财产损溢——待处理流动资产损溢

(二) 存货盘盈盘亏的处理 ●掌握

1. 盘盈材料的处理。

(1) 发生盘盈，审批前：

借：原材料——××材料
　　贷：待处理财产损溢——待处理流动资产损溢

(2) 查明原因，批准后：

借：待处理财产损溢——待处理流动资产损溢
　　贷：管理费用(计量不准确)

2. 盘亏材料的处理。

(1) 发生盘亏，审批前：

借：待处理财产损溢——待处理流动资产损溢
　　贷：原材料——××材料

(2) 查明原因，审批后：

借：管理费用(计量不准确、定额内损耗、管理不善原因)
　　其他应收款——××(保险公司或相关责任人赔偿)
　　营业外支出(自然灾害净损失)

贷：待处理财产损溢——待处理流动资产损溢

　　注意：非正常损失，是指因管理不善造成货物被盗、丢失、霉烂变质，以及因违反法律法规造成货物或者不动产被依法没收、销毁、拆除的情形。在审批前，其进项税额应按规定的税率转出。

　　借：待处理财产损溢——待处理流动资产损溢
　　　　贷：原材料
　　　　　　应交税费——应交增值税（进项税额转出）

　　自然灾害造成的损失，如地质灾害、天气灾害等不属于非正常损失，其进项税额可以正常抵扣。

（三）固定资产清查的处理　■了解

（1）企业发生盘盈的固定资产在"以前年度损益调整"账户中核算，不在"待处理财产损溢"账户核算。

①借：固定资产
　　贷：以前年度损益调整

②借：以前年度损益调整
　　贷：应交税费——应交所得税

③借：以前年度损益调整
　　贷：盈余公积——法定盈余公积
　　　　利润分配——未分配利润

（2）固定资产盘亏的处理。

①发生盘亏，审批前：

借：待处理财产损溢——待处理非流动资产损溢
　　累计折旧
　　贷：固定资产

②查明原因，审批后：

借：其他应收款——××（保险公司或相关责任人赔偿）
　　营业外支出（盘亏毁损净损失）
　　贷：待处理财产损溢——待处理非流动资产损溢

（四）往来款项清查的处理　■了解

1. 对于查明确实无法支付的应付账款报经批准后，转为营业外收入。

借：应付账款
　　贷：营业外收入

2. 对于无法收回的应收款则作为坏账损失冲减坏账准备。

借：坏账准备
　　贷：应收账款

（1）坏账是指企业无法收回或收回的可能性极小的应收款项。由于发生坏账而产生的损失，称为坏账损失。

（2）企业通常应将符合下列条件之一的应收款项确认为坏账：

①债务人死亡，以其遗产清偿后仍然无法收回；

②债务人破产，以其破产财产清偿后仍然无法收回；

③债务人较长时间内未履行其偿债义务，并有足够的证据表明无法收回或者收回的可能性极小。

注意：对于已确认为坏账的应收款项，并不意味着企业放弃了追索权，一旦重新收回，应及时入账。

典型例题

【例题1·单项选择题·2019年真题】 盘亏及毁损财产物资的数额中属于责任者个人赔偿的，应记入( )。

A. "其他应收款"账户的借方　　　　B. "营业外支出"账户的借方

C. "管理费用"账户的借方　　　　　D. "其他应收款"账户的贷方

答案：A

解析：盘亏及毁损财产物资的数额中属于责任者个人赔偿的，应记入"其他应收款"账户的借方。

【例题2·单项选择题·2020年真题】 企业因管理不善导致库存商品盘亏，经批准后应计入( )。

A. 管理费用　　　B. 其他应收款　　　C. 营业外支出　　　D. 主营业务成本

答案：A

解析：企业因管理不善导致库存商品盘亏，经批准后应计入管理费用。自然灾害净损失记入营业外支出。

【例题3·业务题·2020年真题】 财产清查中，发现盘亏M产品6 000元。

解析：

借：待处理财产损溢——待处理流动资产损溢　　　　　　　　　　　　　　6 000

　　贷：库存商品——M产品　　　　　　　　　　　　　　　　　　　　　　　　6 000

【例题4·分录题·2020年真题】 乙公司将确实无法偿付的应付Q公司的货24 000元予以核销。

解析：

借：应付账款——Q公司　　　　　　　　　　　　　　　　　　　　　　　24 000

　　贷：营业外收入　　　　　　　　　　　　　　　　　　　　　　　　　　　　24 000

【例题5·单项选择题·2022年真题】 企业在财产清查中，发现盘亏设备一台，账面原值40 000元，已计提折旧20 000元。在报经批准后，企业编制会计分录的贷方账户及金额是( )。

A. 待处理财产损溢40 000元　　　　B. 营业外支出20 000元

C. 固定资产40 000元　　　　　　　D. 待处理财产损溢20 000元

答案：D

解析：

借：营业外支出　　　　　　　　　　　　　　　　　　　　　　　　　　　20 000

　　贷：待处理财产损溢——待处理非流动资产损溢　　　　　　　　　　　　　　20 000

【例题6·单项选择题·2023年真题】 无法查明原因的现金短缺计入( )。

A. 管理费用　　　B. 营业外收入　　　C. 其他应收款　　　D. 营业外支出

答案：A

解析：

借：其他应收款——××(相关责任人赔偿)

　　营业外支出(非正常损失，如盗窃)

　　管理费用(无法查明原因)

　　贷：待处理财产损溢——待处理流动资产损溢

【例题7·单项选择题·2023年真题】 无法支付的应付账款应记入( )。

A. 其他业务收入　　B. 营业外收入　　C. 营业外支出　　D. 主营业务收入

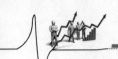

答案：B

解析：无法支付的应付账款记入营业外收入。

习题精选

一、单项选择题

1. 对现金进行清查应采用的方法是( )。
   A. 实地盘点法　　B. 抽查检验法　　C. 查询核对法　　D. 技术推算法
2. 对于财产清查中所发现的财产物资盘盈、盘亏和毁损，财会部门进行账务处理依据的原始凭证是( )。
   A. 银行存款余额调节表　B. 实存账存对比表　C. 出库单　　D. 入库单
3. 财产物资的盘存制度有( )。
   A. 权责发生制　　　　　　　　　　B. 收付实现制
   C. 永续盘存制、实地盘存制　　　　D. 应计制、现金制
4. 银行存款的清查一般采用的方法是( )。
   A. 实地盘点　　B. 技术推算　　C. 核对账目　　D. 抽查盘点
5. "待处理财产损溢"账户属于( )账户。
   A. 损益类　　B. 资产类　　C. 成本类　　D. 所有者权益类
6. 某企业期末银行存款日记账余额为 80 000 元，银行送来的对账单余额为 82 425 元，经对未达账项调节后的余额为 83 925 元，则该企业在银行的实有存款是( )元。
   A. 82 425　　B. 80 000　　C. 83 925　　D. 24 250
7. 在记账无误的情况下，银行对账单与银行存款日记账账面余额不一致的原因是( )。
   A. 存在应付账款　　B. 存在应收账款　　C. 存在外埠存款　　D. 存在未达账项
8. 采用向有关单位发函证通过对账单核对账目的方法进行清查的项目是( )。
   A. 原材料　　B. 应收账款　　C. 实收资本　　D. 货币资金
9. 可以采用技术推算法进行清查的财产物资是( )。
   A. 现金　　B. 固定资产　　C. 煤炭等大宗物资　　D. 应收账款
10. 适合采用局部清查的方法进行财产清查的情况是( )。
    A. 年终决算时　　　　　　　　B. 企业合并时
    C. 进行清产核资时　　　　　　D. 现金和银行存款的清查
11. 财产物资的盘亏是指( )。
    A. 账存数大于实存数　　　　　　B. 实存数大于账存数
    C. 由于记账差错多记的金额　　　D. 由于记账差错少记的金额
12. 企业银行存款日记账与银行对账单的核对，属于( )。
    A. 账实核对　　B. 账证核对　　C. 账账核对　　D. 账表核对
13. 采用实地盘存制，平时对财产物资( )。
    A. 只登记增加数，不登记减少数　　B. 只登记减少数，不登记增加数
    C. 先登记增加数，后登记减少数　　D. 先登记减少数，后登记增加数

14. 通常在年终决算前,要( )。
A. 对企业所有财产进行技术推算盘点　　B. 对企业所有财产进行全面清查
C. 对企业一部分财产进行局部清查　　　D. 对企业流动性大的财产进行全面清查

15. 采用实地盘存制时,财产物资的期末结存数就是( )。
A. 账面结存数　　B. 实地盘存数　　C. 收支抵减数　　D. 滚存结余数

16. 银行存款的清查是将( )核对。
A. 银行存款日记账与总账
B. 银行存款日记账与银行存款收、付款凭证
C. 银行存款日记账与银行对账单
D. 银行存款总账与银行存款收、付款凭证

17. "未达账项"是指企业与银行由于核算时间不同而形成的( )。
A. 一方已入账,另一方尚未入账的账项　　B. 错误、使双方登账出现错误的账项
C. 完全一致,造成一方重复登记入账的账项　D. 均未入账的账项

18. 发现某种材料盘亏时,在报经批准前,作会计分录应为( )。
A. 借：管理费用
　　贷：待处理财产损溢
B. 借：原材料
　　贷：待处理财产损溢
C. 借：待处理财产损溢
　　贷：管理费用
D. 借：待处理财产损溢
　　贷：原材料

19. 若上题盘亏的材料属一般经营损失,则账务处理为( )。
A. 借：管理费用
　　贷：待处理财产损溢
B. 借：原材料
　　贷：待处理财产损溢
C. 借：待处理财产损溢
　　贷：管理费用
D. 借：待处理财产损溢
　　贷：原材料

20. 在财产清查中,如果发现财产盘盈,应当( )。
A. 保持账面记录不变　　B. 减少账面记录
C. 增加账面记录　　　　D. 查明原因后再调整账面记录

21. 对库存现金的清查应采用的方法是( )。
A. 实地盘点法　　B. 检查现金日记账　　C. 倒挤法　　D. 技术推算法

22. 现金清查中,无法查明原因的现金长款,应记入( )账户核算。
A. 其他应付款　　B. 其他应收款　　C. 管理费用　　D. 营业外收入

23. 对应收账款进行清查时,应采用的方法是( )。

A. 实地盘点法 B. 函证法 C. 技术推算法 D. 询问业务人员

24. 在企业进行财产清查时，发现存货盘亏，在报批前正确的账务处理方法为（　　）。

A. 借：库存商品
　　贷：待处理财产损溢

B. 借：待处理财产损溢
　　贷：管理费用

C. 借：管理费用
　　贷：待处理财产损溢

D. 借：待处理财产损溢
　　贷：库存商品

25. 在企业进行财产清查时，发现存货盘亏，经批准核销，正确的账务处理方法为（　　）。

A. 借：库存商品
　　贷：待处理财产损溢

B. 借：待处理财产损溢
　　贷：管理费用

C. 借：管理费用
　　贷：待处理财产损溢

D. 借：营业外支出
　　贷：待处理财产损溢

26. 期末，某公司在全面清查中发现盘亏一台机器设备，其账面原值为 150 000 元，已提折旧 40 000 元，则该企业计入"待处理财产损溢"账户的金额为（　　）元。

A. 150 000 B. 40 000 C. 110 000 D. 190 000

27. 对于盘盈的固定资产一般应计入（　　）账户核算。

A. 管理费用 B. 本年利润 C. 以前年度损益调整 D. 其他业务收入

28. 企业在进行库存现金清查盘点时，（　　）必须在场。

A. 主办会计 B. 出纳人员 C. 总经理 D. 财务总监

29. 银行存款双方余额调节相符后，对未达账项进行账务处理的时间是（　　）。

A. 做好银行存款余额调节表时 B. 查明未达账项
C. 收到银行对账单时 D. 收到银行转来的有关原始凭证

30. 某单位银行存款日记账余额为 83 000 元，调整前银行已收、企业未收的款项为 3 500 元，企业已收、银行未收款项为 2 200 元，银行已付、企业未付款项为 4 000 元。则调整后银行存款余额为（　　）元。

A. 84 700 B. 82 500 C. 73 300 D. 83 500

31. 出纳人员每天工作结束前都要将库存现金日记账结清，同时清点库存现金实有数，并与现金日记账余额相核对。这属于（　　）。

A. 账实核对 B. 账表核对 C. 账证核对 D. 账账核对

32. 某公司领导决定对仓库临时检查，属于（　　）。

A. 全面清查和定期清查 B. 局部清查和定期清查
C. 局部清查和不定期清查 D. 全面清查和不定期清查

33. 企业在财产清查中发生短缺设备一台，该设备原值20 000元，已提折旧9 000元，该企业在批准处理前应做的会计分录(不考虑明细科目)是(   )。

    A. 借：待处理财产损溢   20 000
        贷：固定资产   20 000
    B. 借：待处理财产损溢   11 000
        贷：固定资产   11 000
    C. 借：待处理财产损溢   20 000
        贷：固定资产   11 000
            累计折旧   9 000
    D. 借：待处理财产损溢   11 000
            累计折旧   9 000
        贷：固定资产   20 000

34. 企业在财产清查中，发现盘盈一台机器设备，其市场价格为100 000元，估计还有八成新，该固定资产的入账价值为(   )。

    A. 20 000元   B. 60 000元   C. 80 000元   D. 100 000元

35. 一般来说，企业在进行撤销、合并、改变隶属关系时，从财产清查范围的角度应对财产进行(   )。

    A. 不定期清查   B. 局部清查   C. 全面清查   D. 定期清查

36. 财产清查中发现的实物资产盘盈和盘亏，财会部门进行账务处理所依据的原始凭证是(   )。

    A. 银行存款余额调节表 B. 实存账存对比表   C. 出库单   D. 入库单

37. 某企业盘亏固定资产一项，账面原价为50 000元，累计折旧为23 000元，则经批准后记入"营业外支出"账户的金额应为(   )元。

    A. 27 000   B. 50 000   C. 23 000   D. 0

38. 对于各项财产物资的增减，平时只登记收入数，在月末倒挤出本期发出数是(   )。

    A. 永续盘存制   B. 应收应付制   C. 权责发生制   D. 实地盘存制

39. 下列内容属于企业财物的是(   )。

    A. 银行存款   B. 库存现金   C. 原材料   D. 专利技术

40. 年终结算前，企业应(   )。

    A. 对所有财产进行实物盘点   B. 对重要财产进行局部清查
    C. 对所有财产进行全面清查   D. 对货币性财产进行重点清查

41. 企业无法支付的应付款项，经批准应转入企业的(   )。

    A. 营业外支出   B. 营业外收入   C. 坏账准备   D. 冲减管理费用

42. 盘盈的固定资产，按照(   )减去根据其新旧程度估计的已提折旧后的余额作为入账价值。

    A. 现值   B. 账面价值
    C. 同类或类似资产的市场价格   D. 公允价值

43. 企业在进行现金清查时，查出现金溢余，并将溢余数计入"待处理财产损溢"科目。后经进一步核查，无法查明原因，经批准后，对该现金溢余正确的会计处理方法是(   )。

    A. 将其从"待处理财产损溢"科目转入"管理费用"科目
    B. 将其从"待处理财产损溢"科目转入"营业外收入"科目

C. 将其从"待处理财产损益"科目转入"其他应付款"科目

D. 将其从"待处理财产损益"科目转入"其他应收款"科目

44. 财产清查是对( )进行盘点和核对，确定其实存数，并查明其账存数与实存数是否相符的一种专门方法。

  A. 存货   B. 固定资产   C. 货币资金   D. 各项财产

45. 银行存款清查的方法是( )。

  A. 定期盘存法   B. 和往来单位核对账目的方法

  C. 实地盘存法   D. 与银行核对账目的方法

46. 按照清查的时间分类，企业在进行合并或撤销时，需要对其财产物资进行( )。

  A. 定期清查   B. 不定期清查   C. 全面清查   D. 局部清查

47. 在企业现金清查中，经检查仍无法查明原因的现金短款，经批准后应计入( )。

  A. "其他应付款"   B. "营业外收入"   C. "管理费用"   D. "财务费用"

48. 盘存单是一张反映企业财产物资实有数的( )。

  A. 记账凭证   B. 汇总凭证   C. 累计凭证   D. 自制原始凭证

49. 财产清查中，盘亏是由于自然灾害造成的，扣除保险公司赔偿部分后应计入( )。

  A. 其他应收款   B. 管理费用   C. 营业外支出   D. 其他业务成本

50. 对贵重物资一般要经常进行( )清查，至少应每月清查盘点一次。

  A. 局部   B. 全面   C. 不定期   D. 非重点

51. 企业年终在固定资产清查中发现一台七成新未入账的设备，其类似设备市场上的售价为 50 000 元，盘盈该台设备时，入账价值为( )元。

  A. 50 000   B. 35 000   C. 15 000   D. 不能确定

52. 企业每期期末对库存现金进行清查盘点。按清查时间分，该项财产清查属于( )。

  A. 定期清查   B. 不定期清查   C. 全面清查   D. 局部清查

53. 实物资产的清查方法使用错误的是( )。

  A. 对于成堆、包装完整的财产物资，可以采取分处盘点，必要时可以抽查清点

  B. 对于散装、分散的物资，可以采取移位盘点，防止漏盘或重盘

  C. 对于大量成堆、难以清点的物资，可以采取量方、计尺等技术推算盘点的方法

  D. 对房屋及机器设备等，不仅要盘点其数量和附属部件，而且要查明其使用情况，以发现其使用和保管上存在的问题

54. 在财产清查中填制的"账存实存对比表"是( )。

  A. 登记总分类账的直接依据   B. 调整账面记录的原始凭证

  C. 调整账面记录的记账凭证   D. 登记日记账的直接依据

55. 通过设置存货明细分类账，根据会计凭证在有关账簿中进行连续登记，并随时结出账面余额的盘存制度是( )。

  A. 永续盘存制   B. 以存计耗制   C. 实地盘存制   D. 权责发生制

56. 单位在进行资产重组时，一般应进行( )。

  A. 局部清查   B. 全面清查   C. 重点清查   D. 抽查

57. 在财产清查中，对货币资金清查后，应编制( )。

  A. 库存现金盘点报告表   B. 银行存款余额调节表

C. 实物清查结果报告表　　　　　　　　　D. 往来款项清查结果报告表

58. 为了满足单位资产管理的需要，在资产类账户用来反映资产价值损耗的账户是(　　)。
   A. 累计折旧　　　B. 固定资产　　　C. 在建工程　　　D. 应收账款

59. 关于对库存现金的清查，下列说法中错误的是(　　)。
   A. 库存现金清查主要是采用永续盘存制进行
   B. 库存现金盘点报告表是调整账簿记录的原始凭证
   C. 清查库存现金时要检查账务处理是否合理合法
   D. 对库存现金可以进行定期或不定期清查

60. 银行存款的清查方法应采用(　　)。
   A. 实地盘点法　　B. 技术推算法　　C. 对账单法　　D. 发函询证

61. 下列项目中不是财产清查的基本程序的是(　　)。
   A. 清查前的准备工作　　　　　　　　B. 账项核对和实地盘点
   C. 清查结果处理　　　　　　　　　　D. 实施财产清查

62. 企业的存货由于计量、收发错误导致的盘亏，由企业承担的部分应作为(　　)处理。
   A. 营业外支出　　B. 其他业务支出　　C. 坏账损失　　D. 管理费用

63. 存货发生定额内损耗，在批准处理前，应计入(　　)账户。
   A. 待处理财产损溢　　B. 管理费用　　C. 营业外支出　　D. 其他应收款

64. 盘点各项实物资产的方法有(　　)。
   A. 经验估计法　　B. 实地盘点法　　C. 发函询证法　　D. 核对账目法

65. 某企业本期期末盘亏原材料一批，已经查明原因属于自然损耗。经批准后，会计人员应编制的会计分录为(　　)。
   A. 借：待处理财产损溢
      贷：原材料
   B. 借：待处理财产损溢
      贷：管理费用
   C. 借：管理费用
      贷：待处理财产损溢
   D. 借：营业外支出
      贷：待处理财产损溢

66. 31日，公司编制的银行存款余额调节表显示，调节后的余额均为2 596 000元，企业和银行均不存在记账错误。但经逐笔勾对，发现3月份存在以下两笔未达账项：①公司购买原材料开出支票支付货款25 000元，并已登记入账，但持票人尚未向银行办理进账手续，银行尚未记账；②银行已为企业收取货款60 000元，但公司尚未收到收款通知，尚未记账。2023年3月31日，公司账面存款余额和银行对账单存款余额分别是(　　)。
   A. 2 561 000元、2 656 000元　　　　B. 2 536 000元、2 621 000元
   C. 2 571 000元、2 656 000元　　　　D. 2 656 000元、2 621 000元

67. 某企业2023年12月31日银行存款日记账余额为217 300元，开户分行送来的对账单所列本企业存款余额为254 690元，经核对，发现未达账项如下：银行已收，企业未收款42 100元；银行已付，企业未付款5 000元；企业已收，银行未收款21 600元；企业已付，银行未付款21 890元，则该企业可动用

的银行存款实有数是(　　)。

A. 217 300元　　　B. 254 690元　　　C. 254 400元　　　D. 276 290元

68. 企业财产清查时,发现存货账实不符。下列会计处理中,正确的是(　　)。

A. 直接计入管理费用　　　　　　　　B. 先调整账面结存数

C. 不作任何调整,继续查明原因　　　D. 直接计入营业外支出

69. 企业进行盘点,发现账实不符。下列会计处理中,正确的是(　　)。

A. 不作任何调整,继续查明原因

B. 直接做损益处理,计入当期损益

C. 按账面数进行调整,然后根据查明的原因及管理层的批示做出相关处理

D. 按盘点的实有数进行调整,然后根据查明的原因及管理层的指示做出相关处理

二、多项选择题

1. 需要进行全面财产清查的情况有(　　)。

A. 年终决算之前　　　　　　　　　B. 清产核资

C. 单位撤销、合并　　　　　　　　D. 资产重组或改变隶属关系

2. 财产清查按清查时间可分为(　　)。

A. 定期清查　　　B. 全面清查　　　C. 不定期清查　　　D. 局部清查

3. 财产清查中查明的各种流动资产盘亏或毁损数,根据不同的原因,报经批准后可能列入的账户有(　　)。

A. 管理费用　　　B. 营业外收入　　　C. 营业外支出　　　D. 其他应收款

4. 未达账项通常有(　　)。

A. 企业已记存款增加而银行尚未记账　　B. 企业已记存款减少而银行尚未记账

C. 银行已记存款增加而企业尚未记账　　D. 银行已记存款减少而企业尚未记账

5. 不定期清查一般是在(　　)时进行。

A. 年末结账

B. 月末结账

C. 更换财产物资保管人员　　　　　D. 发生非常损失

6. 可以作为原始凭证并据以调整账簿记录的凭证有(　　)。

A. 现金盘点报告表　　　　　　　　B. 银行存款余额调节表

C. 盘存单　　　　　　　　　　　　D. 实存账存对比表

7. 财产清查按清查的范围可分为(　　)。

A. 定期清查　　　B. 全面清查　　　C. 不定期清查　　　D. 局部清查

8. 采用实地盘点法进行清查的财产有(　　)。

A. 固定资产　　　B. 库存商品　　　C. 银行存款　　　D. 现金

9. 对于在财产清查中,经查实盘盈的原材料属计量不准造成的,在按规定程序报经批准后作(　　)。

A. 借:待处理财产损溢　　　　　　B. 贷:营业外收入

C. 贷:管理费用　　　　　　　　　D. 贷:原材料

10. 与外单位核对账目的方法适用于(　　)。

A. 现金的清查　　B. 银行存款清查　　C. 往来款项的清查　　D. 材料的清查

11. 月末企业银行存款日记账与银行对账单不一致,造成企业账面存款余额大于银行对账单存款余额的原因有(　　)。

A. 企业已收款入账,而银行尚未入账　　B. 企业已付款入账,而银行尚未入账
C. 银行已收款入账,而企业尚未入账　　D. 银行已付款入账,而企业尚未入账

12. 财产物资的盘存制度有(　　)两种。
A. 永续盘存制　　B. 实地盘存制　　C. 实地盘点法　　D. 核对账目法

13. 属于不定期清查的事项有(　　)。
A. 单位更换财产物资的经管人员　　B. 发生非常损失时
C. 上级对企业财产抽查时　　D. 企业合并时

14. 实物清查工作一般分几步进行?(　　)
A. 盘点实物　　B. 填写"盘存表"
C. 编制"实存账存对比表"　　D. 编制会计分录

15. 清点现金后,将清查结果填入"库存现金盘点表",由(　　)签章。
A. 会计主管　　B. 出纳人员　　C. 单位负责人　　D. 盘点人员

16. 当出现未达账项时,应通过编制银行存款余额调节表(　　)。
A. 检验企业与银行双方银行存款结余数是否一致
B. 作为企业调整账面记录的依据
C. 了解企业可以支用的银行存款实有数
D. 作为银行调整账面记录的依据

17. 对于盘亏、毁损的财产物资,经批准后进行账务处理时,有可能使用到的借方账户有(　　)。
A. 管理费用　　B. 其他应收款　　C. 库存商品　　D. 营业外支出

18. 进行局部清查时,正确的做法是(　　)。
A. 现金每日清点一次　　B. 银行存款每月至少同银行核对一次
C. 贵重物品每月清查一次　　D. 债权债务每年至少核对一、两次

19. 银行存款日记账余额与银行对账单余额不一致,原因可能有(　　)。
A. 银行存款日记账有误　　B. 银行记账有误
C. 存在未达账项　　D. 存在企业与银行均未付的同一笔款项

20. 使企业银行存款日记账的余额小于银行对账单余额的未达账项有(　　)。
A. 企业已收款记账而银行尚未收款记账　　B. 企业已付款记账而银行尚未付款记账
C. 银行已收款记账而企业尚未收款记账　　D. 银行已付款记账而企业尚未付款记账

21. 下列项目中,属于不定期,并且全面清查的是(　　)。
A. 单位合并、撤销以及改变隶属关系　　B. 年终决算之前
C. 企业股份制改制前　　D. 单位主要领导调离时

22. 对财产清查的结果,具体要求包括(　　)。
A. 分析盘盈盘亏发生的原因和性质　　B. 清理往来款项
C. 建立健全各项管理制度　　D. 对财产盘盈盘亏及时调整账簿纪律

23. 银行存款日记账余额与开户银行转来的对账单余额不一致的原因有(　　)。
A. 企业银行存款日记账有误　　B. 银行方面记账有误
C. 存在企业与银行均未收的款项　　D. 存在未达账项

24. 下列关于银行存款余额调节表的选项中正确的有(　　)。
A. 只是为核对银行存款余额而编制的一个工作底稿,不能作为实际记账的凭证

B. 是通知银行更正错误的凭证

C. 是更正本企业银行存款日记账记录的凭证

D. 调解后的余额表示企业实际可使用的存款数额

25. "待处理财产损溢"账户贷方登记的有(　　)。

A. 等待批准处理的财产盘亏　　　　　　B. 根据批准的处理意见结转待处理的财产盘亏

C. 等待批准处理的财产盘盈　　　　　　D. 根据批准的处理意见结转待处理的财产盘盈

26. 造成账实不符的原因主要有(　　)。

A. 财产物资的自然损耗　　　　　　　　B. 财产物资收发计量错误

C. 财产物资的毁损、被盗　　　　　　　D. 会计账簿漏记、重记、错记

27. 对具有实物形态的财产物资,常用的清查方法有(　　)。

A. 实地盘点　　　B. 核对账目法　　　C. 发函询证法　　　D. 技术推算法

28. 下列关于全面清查的说法,正确的有(　　)。

A. 年终决算前,为了确保年终决算会计资料真实、正确需进行一次全面清查

B. 单位成立、撤销、分立、合并或改变隶属关系,需进行全面清查

C. 开展清产核资需要进行全面清查

D. 单位财务负责人调离工作岗位,需要进行全面清查

29. 编制"银行存款余额调整表"时,应调整企业银行存款日记账余额的业务有(　　)。

A. 企业已收,银行未收　　　　　　　　B. 企业已付,银行未付

C. 银行已收,企业未收　　　　　　　　D. 银行已付,企业未付

30. 银行存款日记账与银行对账单不一致,可能是(　　)。

A. 银行记账有错误　　　　　　　　　　B. 企业记账有错误

C. 双方记账均有错误　　　　　　　　　D. 存在未达账项

31. 下列关于财产清查的表述正确的有(　　)。

A. 财产清查的根据是记账凭证

B. 财产清查要求通过对企业的货币资金、存货、固定资产等实物资产的盘点或核对,确定其实存数

C. 财产清查是查明实存数与账面结存数是否相符的一种专门方法

D. 财产清查要求通过对企业的债权债务等往来款项的核对,确定其实存数

32. "待处理财产损溢"账户借方核算的内容有(　　)。

A. 发生待处理财产的盘亏数或毁损数

B. 结转已批准处理的财产盘盈数

C. 发生待处理财产的盘盈数

D. 结转已批准处理的财产盘亏数或毁损数

33. 财产清查按照清查的对象和范围可以分为(　　)。

A. 定期清查　　　B. 局部清查　　　C. 不定期清查　　　D. 全面清查

34. 对于企业发生现金长款,在批准前应(　　)。

A. 借记"营业外收入"科目　　　　　　B. 借记"库存现金"科目

C. 贷记"库存现金"科目　　　　　　　D. 贷记"待处理财产损溢"科目

35. 企业存货发生盘盈盘亏,应先计入"待处理财产损溢"科目,待查明原因后分别转入(　　)。

A. 营业外支出　　B. 营业外收入　　C. 管理费用　　D. 其他应收款

36. 盘亏的存货,报经批准处理后,进行账务处理时,应该分别各种情况计入( )。
   A. "管理费用"　　B. "销售费用"　　C. "营业外支出"　　D. "其他应收款"

37. 在下列各项中,会导致企业银行存款日记账余额小于银行对账单余额的事项有( )。
   A. 企业开出支票,收款方尚未到银行兑现
   B. 银行误将其他企业的存款计入本企业存款户
   C. 银行代扣本企业水电费,企业尚未接到付款通知
   D. 银行收到委托收款结算方式下的结算款项,企业尚未收到收款通知

38. ( ),企业需要进行不定期清查。
   A. 企业被兼并、破产时　　　　　　　　B. 发生自然灾害或盗窃时
   C. 财产保管人员发生变动时　　　　　　D. 每期期末时

39. 采用实地盘点法进行清查的项目有( )。
   A. 固定资产　　B. 库存商品　　C. 银行存款　　D. 往来款项

40. 由于物资仓库保管员工作调动而对其保管的物资进行盘点,按照清查的对象和范围划分属于( )。
   A. 定期清查　　B. 不定期清查　　C. 全面清查　　D. 局部清查

41. 往来账款清查的步骤主要是( )。
   A. 将本单位的往来账款核对清楚,确认总分类账与明细分类账的余额相等
   B. 向对方单位填发对账单
   C. 收到对方单位的回单联后,应据以编制"往来款项清查表"
   D. 在"往来款项清查表"上注明核对相符或不符的款项

42. 下列关于银行存款余额调节表的表述中,不正确的有( )。
   A. 调节后的余额表示企业可以实际动用的银行存款数额
   B. 该表是通知银行更正错误的依据
   C. 可以作为调整本单位银行存款日记账记录的原始凭证
   D. 是更正本单位银行存款日记账记录的原始凭证

43. 下列情况中,需要进行定期局部财产清查的有( )。
   A. 贵重的财产物资　　　　　　　　B. 企业进行股份制改制前
   C. 企业债权债务　　　　　　　　　D. 单位主要负责人调离

44. 以下情况中,可能造成账实不符的有( )。
   A. 财产收发计量或检验不准　　　　B. 管理不善
   C. 未达账项　　　　　　　　　　　D. 账簿记录发生差错

45. 下列业务中属于要通过"待处理财产损溢"账户核算的有( )。
   A. 库存现金丢失　　　　　　　　　B. 原材料盘亏
   C. 发现账外固定资产　　　　　　　D. 应收账款无法收回

46. 全面清查是指对企业的全部财产进行盘点和核对,包括属于本单位和存放在本单位的所有财产物资、货币资金和各项债权债务,其中的财产物资包括( )。
   A. 在本单位的所有固定资产、库存商品、原材料、包装物、低值易耗品、在产品等
   B. 属于本单位但在途中的各种在途物资
   C. 委托其他单位加工保管的材料物资

D. 存放在本单位的代销商品材料物资等

47. 财产清查结果的处理包括(　　)。
    A. 查明盘盈盘亏产生的原因　　　　B. 建立和健全财产管理制度
    C. 积极处理积压物资　　　　　　　D. 对财产盘盈盘亏做账务处理

48. 与"待处理财产损溢"账户发生额有对应关系的账户可能有(　　)。
    A. 原材料　　　B. 固定资产　　　C. 应收账款　　　D. 库存商品

49. 固定资产盘亏的核算业务涉及的账户有(　　)。
    A. 营业外收入　　B. 待处理财产损溢　　C. 累计折旧　　D. 其他应付款

50. 下列有关企业进行库存现金盘点清查时,正确的做法是(　　)。
    A. 库存现金的清查方法采用实地盘点法　　B. 盘点库存现金时,出纳人员必须在场
    C. 代保管现金可计入库存现金的实有数　　D. 现金盘点报告表由出纳人员签章生效

51. 下列关于实物资产清查的表述中,正确的有(　　)。
    A. 要从数量上和质量上进行严格的清查
    B. 绝大部分实物资产都可以采用实地盘点法进行清查
    C. 在对实物资产的清查中,实物保管人员应自始至终在场
    D 清查结果报告表,是用于调整账簿记录的原始凭证

52. 对银行存款进行清查的方法是将企业银行存款日记账与银行对账单相核对。如果两者不符,其可能的原因有(　　)。
    A. 企业账务记录有误　　　　　　B. 银行账务记录有误
    C. 企业已记账,银行未记账　　　D. 银行已记账,企业未记账

53. 关于往来款项和库存现金的清查,下列说法正确的有(　　)。
    A. 往来款项的清查一般采用实地盘点法
    B. 往来款项的清查要按每一个经济往来单位填制"往来款项对账单"
    C. 有关债权债务账面余额与有关债权债务单位的账簿记录核对是账实核对
    D. "现金盘点报告表"不能作为调整账簿记录的原始凭证,不能根据"现金盘点报告表"进行账务处理

54. 下列业务不需要通过"待处理财产损溢"账户核算的是(　　)。
    A. 原材料盘亏　　　　　　　B. 应收账款无法收回
    C. 发现账外固定资产　　　　D. 库存现金丢失

三、判断题

1. 一般情况下,全面清查是定期清查,局部清查是不定期清查。(　　)
2. 对于未达账项应编制银行存款余额调节表进行调节,同时将未达账项编制记账凭证登记入账。(　　)
3. 对于财产清查结果的账务处理一般分两步进行,即审批前先调整有关账面记录,审批后转入有关账户。(　　)
4. 企业在银行的实有存款应是银行对账单上列明的余额。(　　)
5. "待处理财产损溢"账户是损益类账户。(　　)
6. 财产清查就是对各种实物财产进行的清查盘点。(　　)
7. 现金和银行存款的清查均应采用实地盘点的方法进行。(　　)
8. 未达账项是指银行已经记账,而企业因未接到有关凭证而尚未记账的款项。(　　)

9. 清查盘点现金时，出纳员必须回避。( )
10. 对实物财产清查时，既要清查数量又要检验质量。( )
11. 财产清查结果的处理即指账务处理。( )
12. 现金清查结束后，应填写"库存现金盘点表"，并由盘点人签名或盖章。( )
13. "银行存款余额调节表"不能作为调整银行存款账面余额的原始凭证。( )
14. 实物财产的"账存实存对比表"可以作为记账和登记账簿的原始凭证。( )
15. 银行存款的清查，主要是将银行存款日记账与总账进行核对。( )
16. 未达账项是造成企业银行存款日记账与银行对账单余额不等的唯一原因。( )
17. 产生未达账项的原因是记账错误，应采用适当的方法予以更正。( )
18. 月末应根据"银行存款余额调节表"中调整后的余额进行账务处理，使企业银行存款账的余额与调整后的余额一致。( )
19. 从财产清查的对象和范围看，年终决算前对企业财产物资所进行的清查一般属于全面清查。( )
20. 在清查盘点实物时，由盘点人员单方面清点即可，保管人员不需在场。( )
21. 经"银行存款余额调节表"调节后的银行存款余额，就是企业可以动用的银行存款实有数，因此企业应根据"银行存款余额调节表"登记企业的银行存款日记账，调整企业的银行存款账面余额。( )
22. 固定资产盘亏，应先转入"待处理资产损溢"账户，批准处理后根据具体原因分别转入"管理费用""营业外支出"等账户。( )
23. 企业在财产清查中，查明应付外单位的货款，已无法归还，经上报审批后，可以将其转作"营业外收入"账户。( )
24. 月末应根据"银行存款余额调节表"中调整后的余额进行账务处理，使企业银行存款账的余额与调整后的余额一致。( )
25. 财产清查是指通过对货币资金的盘点，确定其实存数，以查明账存数与实存数是否相符的一种专门方法。( )
26. 固定资产盘盈，批准处理后应当转入"营业外收入"账户。( )
27. 由过失人或保险公司赔偿的财产损失，报经批准后由"待处理资产损溢"账户转入"其他应收款"账户。( )
28. 未达账项是企业与银行之间，由于凭证的传递时间不同造成的银行存款日记账和对账单之间的差异。( )
29. 银行存款余额调节表、对账单是会计档案，不是原始凭证。( )
30. 企业存款金额及于当日送开户银行，当日送存有困难的，由人民银行确定送存时间。( )
31. 提前处置的固定资产，经单位领导批准后，可以补足尚未计提的折旧。( )
32. 对流动性较大的材料等，除全面清查外，一般在年中还要进行轮流盘点或重点清查。( )
33. 财产清查中，各种财产物资的盘盈盘亏和毁损都应通过"待处理财产损溢"账户核算。( )
34. 对企业的债权债务每年至少核对1~2次，现金应每日清点一次。( )
35. 企业在财产清查中发现的1台账外固定资产，应当直接增加资本。( )
36. 实地盘存制是指企业对各项财产物资的收入和发出的数量和金额，都必须根据原始凭证和记账凭证在有关账簿中进行连续登记，并随时结出余额的一种盘存制度。( )
37. 实施财产清查盘点实物资产时，为了明确责任，单位负责人必须在场。( )
38. 从财产清查的对象和范围看全面清查只有在年终进行。( )

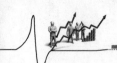

39. 企业在现金清查中，经检查仍然无法查明原因的现金溢余，批准后应该冲减管理费用。（   ）

40. 企业的未达账项不能根据编制的银行存款余额调节表进行任何的账务处理，因此不属于会计档案的内容。（   ）

41. 企业盘盈的固定资产，应先通过"以前年度损益调整"账户核算。（   ）

42. 无法查明原因造成的现金短款应记入"营业外支出"账户。（   ）

43. 银行已经付款记账而企业尚未付款记账，会使企业银行存款日记账账面余额大于银行对账单的账面余额。（   ）

44. 若银行和企业双方账目没有差错，经过调整后的银行存款调节表的金额表示企业可以动用的银行存款实有数额。（   ）

45. 财产定期清查和不定期清查对象的范围均既可以是全面清查，也可以是局部清查。（   ）

46. 企业财产物资的清查都应采用实地盘点法。（   ）

47. "现金盘点报告表"应由盘点人员和会计机构负责人共同签章方能生效。（   ）

48. 固定资产报废、毁损以及盘亏，均应通过"待处理财产损溢"科目核算。（   ）

49. 财产清查中的盘盈、盘亏及损毁，在没有查清原因时先不登记入账。（   ）

50. 对于未达账项应编制银行存款余额调节表进行调节，但不能根据银行对账单将未达账项编制记账凭证登记入账。（   ）

51. 企业的定期清查一般在期末进行，可以是全面清查，也可以是局部清查。（   ）

52. 银行已收款入账，企业由于未收到相关凭证，这会造成企业银行存款日记账的余额小于银行对账单的余额（   ）。

53. 年终结算前，为了确保年终结算会计资料的真实和正确，所进行的财产清查既是全面清查又是定期清查。（   ）

54. 不定期清查是指根据实际需要对财产进行的临时性清查，只适用于局部清查。（   ）

55. 银行存款日记账账面余额与银行对账单余额不一致，则说明单位与银行之间必定有一方存在账面记录错误。（   ）

四、业务题

资料

大洋公司 2023 年 12 月份清查业务如下：

1. 发生现金盘亏 225 元，其中 105 元为出纳人员保管不善造成，要求其赔偿。其余未能查明原因。

2. 发现现金盘盈 108 元，盘盈的现金无法查明原因，经批准予以转销。

3. 盘盈 B 材料一批，成本为 10 000 元，经查是计量不准确造成，经批准予以处理。

4. 因管理不善毁损 A 材料一批，实际成本为 30 000 元，原抵加的进项税额为 3 900 元，保险公司认定可赔偿 16 000 元，收回残料 250 元。

5. 发现账外设备一台，重置成本为 50 000 元，企业所得税税率为 25%。公司分别按净利润的 10% 和 15% 计提法定盈余公积和任意盈余公积，考虑所得税。

6. 盘亏设备一台，原值为 20 000 元，已提折旧 2 000 元。

7. 根据"账存实存对比表"，发现 C 材料账上余额比实有数少 280 元，原因待查。

五、编制银行存款余额调节表

(一)资料一

某公司2023年10月31日银行存款日记账余额为117 150元,银行对账单上的余额为108 000元,经日记账与对账单逐笔核对,双方记账过程没有错误,只发现下列未达账项。

1. 10月29日企业开出支票购买办公用品1 620元,企业已记账,但商店尚未到银行办理转账。
2. 10月30日银行代企业支付当月水电费4 800元,银行已记账,但付款通知尚未到达企业。
3. 10月30日银行代企业收回销货款3 000元并记账,但尚未通知企业。
4. 10月31日企业收到客户交来的购货支票8 970元并送存银行,企业根据进账单等已记账,但银行未记账。

银行存款余额调节表

年　月　日　　　　　　　　　　　　　　　　　　　　　　　　　　　　元

项目	金额	项目	金额
企业银行存款日记账余额		银行对账单余额	
加:银行已收,企业未收		加:企业已收,银行未收	
减:银行已付,企业未付		减:企业已付,银行未付	
调节后的存款余额		调节后的存款余额	

(二)资料二

晋江鸿光公司2023年3月份银行存款日记账和银行对账单如下:

银行存款日记账

存款种类:基本存款户　　　　　　　　　　　　　　　　　　　　　　　　　　　　元

2023年		凭证编号	摘要	结算方式		借方	贷方	借或贷	结余
月	日			种类	号码				
3	24	银收7	销售产品	托收	650 432	30 000		借	100 000
3	25	银付12	采购材料	转	108 903		14 000	借	86 000
3	26	银付13	材料采购运费	转	108 905		1 000	借	85 000
3	27	银付14	提现	现	101 129		30 180	借	54 820
3	27	银付15	支付办公费	转	108 915		520	借	54 300
3	28	银收8	收到东升货款	电汇	2 934 507	12 200		借	66 500
3	29	银收9	销售产品	转	832 008	11 600		借	78 100
3	30	银付16	支付保险费	现	101 130		7 400	借	70 700

中国建设银行客户存款对账单

账号：35050165625600000069　　户名：晋江鸿光公司　　币种：人民币(本位币)　　　　　　　　元

2023年		摘要	结算方式		借方	贷方	余额
月	日		类	号码			
3	24	销售产品	托收	650 432		30 000	100 000
3	25	采购材料	转支	108 903	14 000		86 000
3	26	材料采购运费	转支	108 905	1 000		85 000
3	27	提现	现支	101 129	30 180		54 820
3	27	支付办公费	转支	108 915	520		54 300
3	28	收到投资款	转支	425 005		27 000	81 300
3	28	收到东升货款	电汇	2 934 507		12 200	93 500
3	30	支付电费	托收	650 519	13 500		80 000

银行存款余额调节表

年　月　日　　　　　　　　　　　　　　　　　　　　元

项目	金额	项目	金额
企业银行存款日记账余额		银行对账单余额	
加：银行已收，企业未收		加：企业已收，银行未收	
减：银行已付，企业未付		减：企业已付，银行未付	
调节后的存款余额		调节后的存款余额	

(三)资料三

某公司2023年5月31日，银行存款日记账余额为41 953元，银行对账单的余额为43 835元。月末对账，发现一笔错误，一笔支付上月应付款6 600元，银行存款日记账登记为6 000元，记账凭证无误。

(1)企业已送存银行转账支票一张，面额1 765元，开户银行尚未入账。

(2)银行代企业支付水费183元，银行已入账，企业尚未接到通知。

(3)银行代企业收销货款3 950元，银行已入账，增加企业银行存款，企业未接到通知，没有入账。

(4)企业开出转账支票一张，购买办公物品计金额480元，银行尚未入账。

要求：

(1)指出错账应采用的更正方法。

(2)编制5月份的银行存款余额调节表。

银行存款余额调节表

年　月　日　　　　　　　　　　　　　　　　　　　　元

项目	金额	项目	金额
企业银行存款日记账余额		银行对账单余额	
加：银行已收，企业未收		加：企业已收，银行未收	
减：银行已付，企业未付		减：企业已付，银行未付	
调节后的存款余额		调节后的存款余额	

第八章 会计核算程序

考纲要求

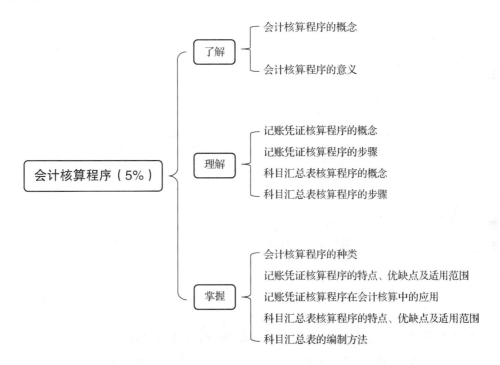

第一节 会计核算程序的概念与选择

一、会计核算程序的概念　■了解

会计核算程序又称会计核算组织形式，是指在会计核算中，账簿组织、记账程序与财务报表有机结合的形式。

账簿组织是指会计凭证，账簿的种类、格式及其相互之间的关系；记账程序是指从填制审核会计凭证，登记各种账簿，直到编制财务报表的整个会计处理程序。

二、会计核算程序的意义 ■了解

科学合理地选择会计核算程序，对于正确组织会计核算工作，保证会计工作质量，提高会计核算效率，充分发挥会计的职能作用，具有重要意义。

三、会计核算程序的选择

由于各个单位的规模大小不同，业务性质不同，管理要求各异，它们的凭证和账簿设置以及记账程序和方法也随之有所区别，因此，在实际工作中便形成了各种不同的会计核算程序，单位在选择会计核算程序时，应符合以下要求：

1. 会计核算程序要与本单位经济活动的性质、经营管理的特点、生产规模的大小以及经济业务的繁简相适应。

2. 会计核算程序要在能够正确、及时和完整地提供会计信息，保证会计工作质量的前提下，力求简化核算手续，提高核算工作的效率。

四、会计核算程序的种类 ●掌握

目前我国采用的会计核算程序主要有：记账凭证核算程序、科目汇总表核算程序、汇总记账凭证核算程序、多栏式日记账核算程序、日记总账核算程序等。

各种核算程序的主要区别在于登记总分类账的依据和方法不同。

注意：企业实现电算化以后，不存在会计核算程序选择问题。

典型例题

【例题1·单项选择题·2020年真题】 各种会计账务处理程序的主要区别在于( )。

A. 采用的账页格式不同 B. 登记总账的依据不同
C. 采用的凭证格式不同 D. 登记明细账的依据不同

答案：B

解析：各种核算程序的主要区别在于登记总分类账的依据和方法不同。

【例题2·多项选择题·2020年真题】 在各种不同的账务处理程序中，共同的工作步骤有( )。

A. 填制和审核会计凭证 B. 编制科目汇总表
C. 登记总账和明细账 D. 编制财务会计报告

答案：ACD

解析：编制科目汇总表是科目汇总表账务处理程序特有的工作步骤。

【例题3·多项选择题·2023年真题】 会计核算程序中步骤一致的是( )。

A. 登记明细账的依据相同 B. 登记总账的依据相同
C. 登记会计报表的依据相同 D. 登记记账凭证的依据相同

答案：ACD

解析：各种核算程序的主要区别在于登记总分类账的依据和方法不同，其余的步骤都是相同的。

第二节 记账凭证核算程序

一、记账凭证核算程序的概念及特点

(一) 概念

记账凭证核算程序是指对发生的经济业务,先根据原始凭证或汇总原始凭证填制记账凭证,再根据记账凭证登记总分类账的一种账务处理程序。 ◆理解

(二) 特点

记账凭证核算程序的主要特点是直接根据记账凭证逐笔登记总分类账。 ●掌握

记账凭证核算程序是最基本的会计核算程序,其他各种会计核算程序都是在此基础上,根据经营管理的要求发展而成的。

在记账凭证核算程序下,记账凭证一般采用收款凭证、付款凭证和转账凭证三种(或通用记账凭证),总分类账、现金日记账和银行存款日记账均采用三栏式,明细分类账则根据管理的需要设置,分别采用三栏式、数量金额式和多栏式。

二、记账凭证核算程序的记账程序

记账程序如图 8-1 所示。

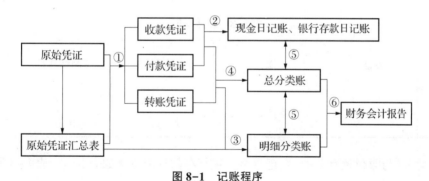

图 8-1 记账程序

步骤:◆理解

①根据原始凭证或原始凭证汇总表编制收、付、转凭证。

②根据收款凭证和付款凭证登记现金、银行存款日记账。

③根据原始凭证、原始凭证汇总表和记账凭证登记各种明细分类账。

④根据记账凭证登记总分类账。

⑤根据对账的要求,月末,将现金日记账、银行存款日记账和各种明细分类账的余额与总分类账的有关账户的余额核对。

⑥月末,根据总分类账和明细分类账编制财务会计报告。

三、记账凭证核算程序的应用 ●掌握

例：鸿光公司2023年5月发生如下业务：

1. 5日，业务员李明出差预借差旅费1 000元，以现金付讫。
2. 10日，接银行通知，收到启明公司前欠货款10 000元。
3. 15日，车间领用B材料300千克，单位成本10元，用于生产甲产品。

步骤如下：

1. 根据原始凭证或原始凭证汇总表编制记账凭证，如表8-1～表8-3所示。

表8-1 付款凭证

贷方科目：库存现金

2023		凭证号	摘要	借方科目	明细科目	金额
月	日					
5	5	付字1	预借差旅费	其他应收款	李明	1 000

表8-2 收款凭证

借方科目：银行存款

2023		凭证号	摘要	贷方科目	明细科目	金额
月	日					
5	10	收字1	收回欠款	应收账款	启明公司	10 000

表8-3 转账凭证

2023		凭证号	摘要	总账科目	明细科目	金额
月	日					
5	15	转字1	生产领料	生产成本	甲产品	3 000
				原材料	B材料	3 000

2. 根据记账凭证(与收付款有关的)登记现金、银行存款日记账，如表8-4、表8-5所示。

表8-4 银行存款日记账

2023		凭证号	摘要	对方科目	借方	贷方	借或贷	余额
月	日							
5	1		月初余额				借	150 000
	10	收字1	收回欠款	应收账款	10 000		借	160 000
			本日合计		10 000		借	160 000
	31		本月合计		10 000		借	160 000

表 8-5　现金日记账

2023		凭证号	摘要	对方科目	借方	贷方	借或贷	余额
月	日							
5	1		月初余额				借	10 000
	5	付字1	预借差旅费	其他应收款		1 000	借	9 000
			本日合计			1 000	借	9 000
	31		本月合计			1 000	借	9 000

3. 根据原始凭证、原始凭证汇总表和记账凭证登记各种明细分类账，如表 8-6~表 8-9 所示。

表 8-6　其他应收款明细账

户名：李明

2023		凭证号	摘要	借方	贷方	借或贷	余额
月	日						
5	5	付字1	预借差旅费	1 000		借	1 000
	31		本月合计	1 000		借	1 000

表 8-7　应收账款明细账

户名：启明公司

2023		凭证号	摘要	借方	贷方	借或贷	余额
月	日						
5	1		月初余额			借	10 000
5	10	付字1	收回欠款		10 000	平	0
	31		本月合计		10 000	平	0

表 8-8　生产成本明细账

产品名称：甲产品

2023		凭证号	摘要	借方发生额	成本项目		
月	日				直接材料	直接人工	制造费用
5	15	转字1	生产领料	3 000	3 000		

表 8-9　原材料明细账

材料名称：B 材料

2023		凭证号	摘要	收入			发出			结存		
月	日			数量	单价	金额	数量	单价	金额	数量/个	单价	金额
5	1		月初余额							5 000	10	50 000
5	15	转字1					300	10	3 000	4 700	10	47 000

4. 根据记账凭证登记总分类账。如表 8-10～表 8-15 所示。

表 8-10　银行存款总账

2023		凭证号	摘要	借方	贷方	借或贷	余额
月	日						
5	1		月初余额			借	150 000
	10	收字1	收回欠款	10 000		借	160 000
	31		本月合计	10 000		借	160 000

表 8-11　现金总账

2023		凭证号	摘要	借方	贷方	借或贷	余额
月	日						
5	1		月初余额			借	10 000
	5	付字1	预借差旅费		1 000	借	9 000
	31		本月合计		1 000	借	9 000

表 8-12　其他应收款总账

2023		凭证号	摘要	借方	贷方	借或贷	余额
月	日						
5	5	付字1	预借差旅费	1 000		借	1 000
	31		本月合计	1 000		借	1 000

表 8-13　应收账款总账

2023		凭证号	摘要	借方	贷方	借或贷	余额
月	日						
5	1		月初余额			借	10 000
5	10	付字1	收回欠款		10 000	平	0
	31		本月合计		10 000	平	0

表 8-14　生产成本总账

2023		凭证号	摘要	借方	贷方	借或贷	余额
月	日						
5	15	转字1	生产领料	3 000		借	3 000
	31		本月合计	3 000		借	3 000

第八章 会计核算程序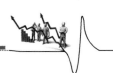

表 8-15 原材料总账

2023		凭证号	摘要	借方	贷方	借或贷	余额
月	日						
5	1		月初余额			借	50 000
5	15	转字 1	生产领料		3 000	贷	47 000
	31		本月合计		3 000	借	47 000

5. 根据对账的要求，月末，将现金日记账、银行存款日记账和各种明细分类账的余额与总分类账的有关账户的余额核对。(略)

6. 月末，根据总分类账和明细分类账编制财务会计报告。(略)

四、记账凭证核算程序的优缺点及适用范围 ●掌握

(一) 优缺点

记账凭证核算程序的优点是简单明了，易于掌握，能够反映账户的对应关系。缺点是由于总分类账直接根据记账凭证逐笔登记，所以登记总分类账的工作量较大。

(二) 适用范围

这种会计核算程序一般只适用于规模小、业务量少的单位。

典型例题

【例题 1·单项选择题·2019 年真题】记账凭证核算程序下登记总分类账的依据是( )。
A. 科目汇总表　　　B. 原始凭证　　　C. 记账凭证　　　D. 汇总记账凭证
答案：C
解析：记账凭证核算程序下登记总分类账的依据是记账凭证。

【例题 2·多项选择题·2019 年真题】下列各选项中，适用于记账凭证核算程序的单位有( )。
A. 经营规模较小的单位
B. 经营规模较大的单位
C. 经济业务较少的单位
D. 经济业务较多的单位
答案：AC
解析：记账凭证核算程序只适用于规模小、业务量少的单位。

【例题 3·单项选择题·2019 年真题】下列各项中，属于最基本的会计核算程序的是( )。
A. 记账凭证核算程序
B. 汇总记账凭证核算程序
C. 科目汇总表核算程序
D. 日记总账核算程序
答案：A
解析：记账凭证核算程序是最基本的会计核算程序，其他各种会计核算程序都是在此基础上，根据经营管理的要求发展而成的。

【例题 4·单项选择题·2021 年真题】下列选项中，适合采用记账凭证核算程序的是( )。
A. 经营规模小且业务量少的企业
B. 经营规模较大的企业
C. 经济业务量较多的企业
D. 经济业务复杂且凭证较多的企业
答案：A

解析：记账凭证核算程序只适用于规模小、业务量少的单位。

【例题 5 · 单项选择题 · 2023 年真题】记账凭证核算程序的优点是(　　)。

A. 记账工作量大　　　　　　　　　　B. 适用业务量多的企业

C. 记账工作量小　　　　　　　　　　D. 可以反映对应关系

答案：D

解析：记账凭证核算程序的优点是简单明了、易于掌握，能够反映账户的对应关系。

第三节　科目汇总表核算程序

一、科目汇总表核算程序的概念及特点

(一)概念

科目汇总表核算程序，又称记账凭证汇总表核算程序，是指根据记账凭证定期编制科目汇总表，再根据科目汇总表登记总分类账的一种账务处理程序。　◆理解

(二)特点

科目汇总表核算程序的主要特点是根据记账凭证定期编制科目汇总表，再根据科目汇总表登记总分类账。　●掌握

在科目汇总表核算程序下，凭证及账簿的设置与记账凭证核算程序基本相同，只是需定期根据记账凭证编制科目汇总表作为登记总账的依据。

二、科目汇总表核算程序的记账程序

核算程序如图 8-2 所示。

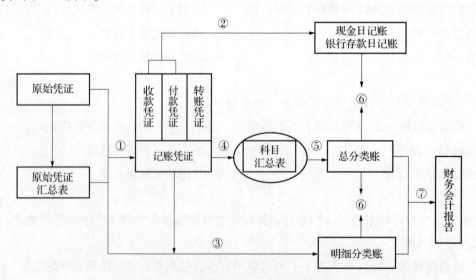

图 8-2　科目汇总表核算程序流程图

步骤：◆理解

①根据原始凭证或原始凭证汇总表编制收、付、转凭证。
②根据收款凭证和付款凭证登记现金、银行存款日记账。
③根据原始凭证、原始凭证汇总表和记账凭证登记各种明细分类账。
④根据记账凭证编科目汇总表。
⑤根据科目汇总表登记总分类账。
⑥月末将现金日记账、银行存款日记账和各种明细分类账的余额与总分类账的有关账户的余额核对。
⑦根据总分类账和明细分类账编制财务会计报告。

四、科目汇总表的编制方法 ●掌握

1. 科目汇总表，又称记账凭证汇总表，是企业定期对全部记账凭证进行汇总后，按照不同的会计科目分别列示各账户借方发生额和贷方发生额的一种汇总凭证。
2. 科目汇总表的编制分为全部汇总和分类汇总。
(1)全部汇总是将一定时期内的全部收、付、转记账凭证汇总在一张科目汇总表上，据以登记总分类账。
(2)分类汇总是将一定时期的收、付、转记账凭证分别汇总，编制成三张科目汇总表，据以登记总分类账。
(3)汇总的时间应根据业务量大小确定，一般可5天、10天或15天、一个月汇总一次。

例：以第二节经济业务为例，采用科目汇总表核算程序进行账务处理。
步骤如下：
(1)~(3)同记账凭证核算程序。
(4)根据记账凭证编制科目汇总表(每月汇总一次)，如表8-16所示。

表8-16 科目汇总表

2023年5月1至31日　　　　　　　　　　　　　　　　　　　汇字第1号

会计科目	借方发生额/元	贷方发生额/元
库存现金		1 000
银行存款	10 000	
其他应收款	1 000	
应收账款		10 000
生产成本	3 000	
原材料		3 000
合计	14 000	14 000

(5)根据科目汇总表登记总分类账(以库存现金为例,其余略),如表8-17所示。

表8-17 现金总账

2023 月	2023 日	凭证号	摘要	借方	贷方/元	借或贷	余额/元
5	1		月初余额			借	10 000
	31	汇1	1—31日汇入		1 000	借	9 000
	31		本月合计		1 000	借	9 000

(6)根据对账的要求,月末,将现金日记账、银行存款日记账和各种明细分类账的余额与总分类账的有关账户的余额核对。(略)

(7)月末,根据总分类账和明细分类账编制财务会计报告。(略)

五、科目汇总表核算程序的优缺点及适用范围　●掌握

(一)优缺点

登记总账工作量小,并可利用科目汇总表进行发生额试算平衡,但不能反映账户之间的对应关系。

(二)适用范围

适用于规模大、业务量多的单位。

典型例题

【例题1·判断题·2019真题】科目汇总表核算程序适用于规模较大、经济业务量较多的单位。(　　)

答案:√

解析:科目汇总表核算程序适用于规模大、业务量多的单位。

【例题2·判断题·2020年真题】科目汇总表既可以起到试算平衡的作用,也能反映账户之间的对应关系。(　　)

答案:×

解析:可利用科目汇总表进行发生额试算平衡,但不能反映账户之间的对应关系。

【例题3·单项选择题·2020年真题】科目汇总表账务处理程序适用于(　　)。

A. 规模较小、业务量较少的单位　　B. 规模较小、业务量较多的单位

C. 规模较大、业务量较多的单位　　D. 规模较大、业务量较少的单位

答案:C

解析:科目汇总表核算程序可以减少登记总账的工作量,适用于规模较大、经济业务量较多的单位。

【例题4·单项选择题·2023年真题】下列属于科目汇总表的特点是(　　)。

A. 根据科目汇总表登总账　　B. 根据科目汇总表登明细账

C. 根据记账凭证登总账　　D. 根据记账凭证登明细账

答案:A

解析:科目汇总表核算程序的主要特点是根据记账凭证定期编制科目汇总表,再根据科目汇总表登记总分类账。

习题精选

一、单项选择题

1. 在会计核算中账簿组织、记账程序、会计报表的有机结合的形式称为（   ）。
   A. 账簿组织　　　　　B. 会计核算程序　　　C. 记账工作步骤　　　D. 会计组织形式

2. 记账凭证核算程序的主要特点是（   ）。
   A. 根据各种记账凭证编制汇总记账凭证
   B. 根据各种记账凭证逐笔登记总分类账
   C. 根据各种记账凭证编制科目汇总表
   D. 根据各种汇总记账凭证登记总分类账

3. 记账凭证核算程序的适用范围是（   ）。
   A. 规模大、业务量多的单位　　　　　B. 采用单式记账的单位
   C. 规模小、业务量少的单位　　　　　D. 会计基础工作薄弱的单位

4. 各种会计核算程序的主要区别是（   ）。
   A. 登记明细分类账的依据和方法不同　　B. 登记总分类账的依据和方法不同
   C. 总账的格式不同　　　　　　　　　　D. 编制会计报表的依据不同

5. 直接根据记账凭证逐笔登记总分类账，这种核算程序是（   ）。
   A. 记账凭证核算程序　　　　　B. 科目汇总表核算程序
   C. 汇总记账凭证核算程序　　　D. 日记总账核算程序

6. 会计凭证方面，科目汇总表核算程序比记账凭证核算程序增设了（   ）。
   A. 原始凭证汇总表　　B. 汇总原始凭证　　C. 科目汇总表　　D. 汇总记账凭证

7. 科目汇总表核算程序下，会计凭证方面除设置收款凭证、付款凭证、转账凭证外，还应设置（   ）。
   A. 科目汇总表　　　B. 汇总收款凭证　　　C. 汇总付款凭证　　　D. 汇总转账凭证

8. 科目汇总表是根据一定时期内的全部记账凭证按（   ）进行汇总的。
   A. 总账科目　　　　B. 明细科目　　　　　C. 记账凭证　　　　　D. 原始凭证

9. 下列各项中，属于最基本的会计核算程序的是（   ）。
   A. 记账凭证核算程序　　　　　B. 汇总记账凭证核算程序
   C. 科目汇总表核算程序　　　　D. 日记总账核算程序

10. 记账凭证核算程序的缺点是（   ）。
    A. 不便于分工记账　　　　　B. 程序复杂、不易掌握
    C. 不便于查对账目　　　　　D. 登记总分类账的工作量大

11. 会计报表是根据（   ）资料编制的。
    A. 日记账、总账和明细账　　　　B. 日记账和明细分类账
    C. 日记账和总分类账　　　　　　D. 明细分类账和总分类账

12. 规模较小、业务量小而单一的单位，一般采用的核算程序是（   ）。
    A. 记账凭证核算程序　　　　　　B. 科目汇总表核算程序

C. 汇总记账凭证核算程序　　　　　　　　D. 多栏式日记账核算程序

13. 科目汇总表所汇总的范围是(　　)。
A. 全部科目的借方发生额　　　　　　　　B. 全部科目的贷方发生额
C. 全部科目的借方、贷方发生额　　　　　D. 全部科目的借方、贷方余额

14. 科目汇总表核算程序是根据(　　)登记总账。
A. 收款凭证、付款凭证、转账凭证　　　　B. 汇总原始凭证
C. 科目汇总表　　　　　　　　　　　　　D. 日记账

15. 一般地，科目汇总表核算程序适用于(　　)。
A. 规模大、业务量多的单位　　　　　　　B. 采用单式记账的单位
C. 规模小、业务量少的单位　　　　　　　D. 会计基础工作薄弱的单位

16. 科学合理地选择账务处理程序的意义不包括(　　)。
A. 有利于规范会计工作，保证会计信息加工过程的严密性，提高会计信息质量
B. 有利于保证会计记录的完整性和正确性，增强会计信息的可靠性
C. 有利于减少不必要的会计核算环节，提高会计工作效率，保证会计信息的及时性
D. 有利于全面反映经济业务内容和资金运动的来龙去脉

17. 生产经营规模大、收付款业务较多的单位，适用于(　　)。
A. 科目汇总表账务处理程序　　　　　　　B. 日记总账账务处理程序
C. 汇总记账凭证账务处理程序　　　　　　D. 记账凭证账务处理程序

18. 以下项目中，属于科目汇总表账务处理程序缺点的是(　　)。
A. 不便于理解　　　　　　　　　　　　　B. 增加了登记总分类账的工作量
C. 不便于检查核对账目　　　　　　　　　D. 不便于进行试算平衡

19. 记账凭证账务处理程序下，不能作为登记明细分类账依据的是(　　)。
A. 原始凭证　　　B. 汇总原始凭证　　　C. 记账凭证　　　D. 记账凭证汇总表

20. 记账凭证账务处理程序是指对发生的经济业务事项，先根据原始凭证或汇总原始凭证填制记账凭证，再直接根据(　　)逐笔登记总分类账的一种账务处理程序。
A. 原始凭证　　　B. 原始凭证汇总表　　C. 记账凭证　　　D. 会计凭证

21. 规模较小、业务量较少的单位适用于(　　)。
A. 记账凭证账务处理程序　　　　　　　　B. 汇总记账凭证账务处理程序
C. 多栏式日记账账务处理程序　　　　　　D. 科目汇总表账务处理程序

22. 汇总记账凭证账务处理程序和科目汇总表账务处理程序的主要不同点是(　　)。
A. 登记日记账的依据不同　　　　　　　　B. 编制记账凭证的依据不同
C. 登记总分类账的依据不同　　　　　　　D. 编制汇总记账凭证的依据不同

23. 下列各项中，(　　)不属于汇总记账凭证账务处理程序步骤。
A. 根据原始凭证编制汇总原始凭证
B. 根据各种记账凭证编制有关汇总记账凭证
C. 根据各种汇总记账凭证登记总分类账
D. 根据各种记账凭证编制科目汇总表

24. 汇总收款凭证是按科目的(　　)进行设置的。
A. 借方　　　　　B. 贷方　　　　　　　C. 借方或贷方　　　D. 借方和贷方

25. 编制科目汇总表的依据是( )。
A. 资产=负债+所有者权益   B. 有借必有贷，借贷必相等
C. 收入-费用=利润   D. 科目=账户

26. 在各种不同账务处理程序中，不能作为登记总账依据的是( )。
A. 记账凭证   B. 汇总记账凭证   C. 汇总原始凭证   D. 科目汇总表

27. 下列关于记账凭证账务处理程序、科目汇总表账务处理程序一般步骤的表述中，不是两者都有的步骤是( )。
A. 根据记账凭证登记总分类账
B. 根据原始凭证、汇总原始凭证和记账凭证，登记各种明细分类账
C. 期末现金日记账、银行存款日记账和明细分类账的余额同有关总分类账的余额核对相符
D. 期末根据总分类账和明细分类账的记录，编制财务报表

28. 下列各项中，( )不属于科目汇总表账务处理程序步骤。
A. 根据原始凭证、汇总原始凭证和记账凭证，登记各种明细分类账
B. 根据各种记账凭证编制汇总记账凭证
C. 根据科目汇总表登记总分类账
D. 期末根据总分类账和明细分类账的记录，编制会计报表

29. 根据科目汇总表登记总分类账，在能够进行发生额试算平衡的同时也起到了( )的作用。
A. 简化报表的编制   B. 简化明细分类账工作
C. 清晰反映科目之间的对应关系   D. 简化登记总分类账工作

30. 科目汇总表是依据( )编制的。
A. 记账凭证   B. 原始凭证   C. 原始凭证汇总表   D. 各种总账

31. 在汇总记账凭证账务处理中，登记总账的直接依据是( )。
A. 付款凭证   B. 汇总记账凭证   C. 记账凭证   D. 收款凭证

32. 记账凭证核算程序的主要特点是直接根据记账凭证( )。
A. 逐笔登记总账   B. 编制科目汇总表登记总账
C. 汇总登记总账   D. 编制汇总记账凭证登记总账

33. 科目汇总表账务处理程序与汇总记账凭证账务处理程序的共同优点是( )。
A. 保持科目之间的对应关系   B. 简化总分类账登记工作
C. 进行了所有科目余额的试算平衡   D. 总括反映同类经济业务

34. 区分各种会计核算程序的根本标准是( )。
A. 编制汇总原始凭证的依据不同   B. 编制会计报表的依据不同
C. 编制记账凭证的依据不同   D. 登记总分类账的依据不同

35. 科目汇总表账务处理程序的主要缺点是( )。
A. 不能反映经济业务的全貌   B. 不能反映会计账户的对应关系
C. 不利于会计分工   D. 不能简化总分类账的登记工作

36. 关于科目汇总表会计核算组织程序，下列说法正确的是( )。
A. 比记账凭证会计核算程序增设了一道编制汇总记账凭证的程序
B. 编制会计报表的直接依据是科目汇总表
C. 登记总账的直接依据是记账凭证
D. 登记总账的直接依据是科目汇总表

37. 以下不属于科目汇总表账务处理程序与记账凭证账务处理程序同时具有的凭证是( )。

A. 汇总原始凭证　　　B. 原始凭证　　　C. 科目汇总表　　　D. 记账凭证

38. 下列各项中，对科目汇总表账务处理程序表述不正确的是（　　）。

A. 减轻了记账的工作量　　　　　　　B. 可以对余额进行试算平衡，及时发现错误
C. 不能反映账户的对应关系　　　　　D. 不便于分析和检查经济业务的过程

二、多项选择题

1. 记账凭证核算程序的优点有（　　）。

A. 登记总分类账的工作量较小　　　　B. 核算程序简单明了，易于理解
C. 总分类账登记详细，便于查对账目　D. 适用于规模大、业务量多的单位

2. 关于科目汇总表核算程序，下列说法正确的有（　　）。

A. 科目汇总表核算程序可以大大减轻总账的登记工作
B. 科目汇总表核算程序可以对发生额进行试算平衡
C. 科目汇总表核算程序下总分类账能明确反映账户的对应关系
D. 科目汇总表核算程序适用于规模大、业务量多的单位

3. 在不同会计核算程序下，可以作为登记总分类账依据的有（　　）。

A. 记账凭证　　　B. 科目汇总表　　　C. 汇总记账凭证　　　D. 多栏式日记账

4. 记账凭证核算程序下，应设置的会计凭证有（　　）。

A. 科目汇总表　　　B. 收款凭证　　　C. 付款凭证　　　D. 转账凭证

5. 各种会计核算程序下，明细分类账可以根据（　　）登记。

A. 原始凭证　　　B. 原始凭证汇总表　　　C. 记账凭证　　　D. 科目汇总表

6. 在科目汇总表核算程序下，记账凭证是用来（　　）的依据。

A. 登记现金日记账　B. 登记银行存款日记账　C. 登记明细分类账　D. 登记总分类账

7. 我国采用的会计核算程序主要有（　　）。

A. 科目汇总表组织核算程序　　　　　B. 记账凭证核算程序
C. 汇总记账凭证核算程序　　　　　　D. 多栏式日记账核算程序
E. 日记总账核算程序

8. 科目汇总表是根据（　　）编制的。

A. 明细账和总账　　B. 收款凭证　　　C. 付款凭证　　　D. 转账凭证

9. 科目汇总表的编制方法有（　　）。

A. 全部汇总　　　B. 分月汇总　　　C. 按年汇总　　　D. 分类汇总

10. 以下关于科目汇总表账务处理程序的优缺点与适用范围的表述正确的有（　　）。

A. 将记账凭证通过科目汇总表汇总后登记总分类账，大大减轻了登记总账的工作量
B. 通过编制科目汇总表，可以对发生额进行试算平衡，从而及时发现错误，保证记账工作质量
C. 科目汇总表能反映账户之间的对应关系，有利于根据账簿记录检查和分析交易或事项的来龙去脉，便于查对账目
D. 适用于业务量多的大、中型企业

11. 根据总账的登记依据对账务处理程序进行分类，下列各项中正确的有（　　）。

A. 记账凭证账务处理程序　　　　　　B. 汇总记账凭证账务处理程序
C. 科目汇总表账务处理程序　　　　　D. 一般账务处理程序

12. 下列各项中，属于企业填制记账凭证依据的有（　　）。

A. 汇总记账凭证　　B. 科目汇总表　　C. 原始凭证　　D. 汇总原始凭证

13. 以下属于记账凭证账务处理程序优点的有（　　）。

A. 简单明了、易于理解　　　　　　　　B. 总分类账可较详细地记录经济业务发生情况
C. 便于进行会计科目的试算平衡　　　　D. 减轻了登记总分类账的工作量

14. 账簿组织包括(　　)。
A. 会计凭证、会计账簿的种类及格式　　B. 会计凭证与账簿之间的联系方法
C. 会计机构及会计岗位的设置　　　　　D. 会计工作人员的职责

15. 在科目汇总表账务处理程序下,月末应将(　　)与总分类账进行核对。
A. 现金日记账　　　B. 明细分类账　　　C. 银行存款日记账　　　D. 备查账

16. 下列各项中,(　　)属于记账凭证。
A. 转账凭证　　　　B. 收款凭证　　　　C. 科目汇总表　　　　D. 汇总记账凭证

17. 汇总记账凭证一般分为(　　)。
A. 汇总收款凭证　　B. 汇总付款凭证　　C. 原始凭证汇总表　　D. 汇总转账凭证

18. 下列有关科目汇总表账务处理程序的表述中,正确的有(　　)。
A. 减少了登记总分类账的工作量
B. 可做到试算平衡
C. 不能反映账户之间的对应关系,不便于查核账目
D. 是最简单的账务处理程序

19. 科目汇总表账务处理程序下不需要编制(　　)。
A. 科目汇总表　　　B. 汇总收款凭证　　C. 汇总付款凭证　　　D. 记账凭证

20. 下列说法正确的有(　　)。
A. 科目汇总表是根据记账凭证汇总编制的
B. 科目汇总表核算程序可以大大减少登记总账的工作量
C. 科目汇总表核算程序可清晰地反映账户间的对应关系
D. 科目汇总表核算程序是根据科目汇总表登记总账的

21. 在各种不同的账务处理程序中,共同的工作步骤有(　　)。
A. 填制和审核会计凭证　　　　　　　　B. 编制科目汇总表
C. 登记总账和明细账　　　　　　　　　D. 编制财务会计报告

22. 科目汇总表账务处理程序的特点主要表现在(　　)。
A. 根据记账凭证定期编制科目汇总表　　B. 根据编制的科目汇总表登记总分类账
C. 根据各种记账凭证编制汇总记账凭证　D. 根据记账凭证登记总分类账

23. 下列不属于科目汇总表账务处理程序优点的有(　　)。
A. 便于反映各账户间的对应关系　　　　B. 便于进行试算平衡
C. 便于检查核对账目　　　　　　　　　D. 简化登记总账的工作量

24. 与记账凭证账务处理程序相比较,科目汇总表账务处理程序的优缺点是(　　)。
A. 简化了登记总账的工作量
B. 总账能系统地反映某一经济业务的发生情况
C. 便于对经济业务进行分析检查
D. 总账不能系统地反映某一经济业务的发生情况

25. 下列各项中,属于科目汇总表账务处理程序一般程序的有(　　)。
A. 根据各种记账凭证编制科目汇总表
B. 根据原始凭证、汇总原始凭证和记账凭证,登记各种明细分类账
C. 根据收款凭证、付款凭证逐笔登记现金日记账和银行存款日记账

D. 根据原始凭证编制汇总原始凭证

26. 在科目汇总表核算形式下，记账凭证是用来（　　）的依据。
   A. 登记库存现金日记账　　　　　　　　B. 登记总分类账
   C. 登记明细分类账　　　　　　　　　　D. 编制科目汇总表

27. 下列各项中，属于各种账务处理程序相同之处的有（　　）。
   A. 现金日记账和银行存款日记账的登记　　B. 各种明细分类账的登记
   C. 对账的要求　　　　　　　　　　　　D. 会计报表的编制依据

28. 下列项目中，属于科学、合理地选择适用于本单位的账务处理程序的意义是（　　）。
   A. 有利于会计工作程序的规范化　　　　B. 有利于提高会计信息的质量
   C. 有利于增强会计信息可靠性　　　　　D. 有利于保证会计信息的及时性

29. 下列各项中，属于选择账务处理程序时应当考虑因素的有（　　）。
   A. 企业规模和经济业务量　　　　　　　B. 经济活动和财务收支的实际情况
   C. 会计核算手续　　　　　　　　　　　D. 经营管理的需要

30. 会计核算组织形式，也称（　　）。
   A. 会计核算程序　　B. 账务处理程序　　C. 会计核算方法　　D. 会计核算形式

31. 采用科目汇总表账务处理程序时，月末应将（　　）与总分类账进行核对。
   A. 现金日记账　　　B. 明细分类账　　　C. 汇总记账凭证　　D. 银行存款日记账

三、判断题

1. 汇总记账凭证核算程序是最基本的会计核算程序。（　　）
2. 科目汇总表程序可以简化总账的登记工作，所以适用于规模较大、经济业务较多的大中型企业单位。
（　　）
3. 记账凭证是登记各种账簿的唯一依据。（　　）
4. 各种会计核算程序之间的主要区别在于登记总账的依据和方法不同。（　　）
5. 科目汇总表可以采用全部汇总和分类汇总两种汇总方式，但任何格式的科目汇总表都不能反映账户之间的对应关系。（　　）
6. 采用科目汇总表会计核算程序，总分类账、明细账和日记账均应根据科目汇总表登记。（　　）
7. 不论采用哪种会计核算程序，都必须设置日记账、总分类账和明细分类账。（　　）
8. 科目汇总表核算程序的缺点是不便于查对账目。（　　）
9. 不同会计核算程序下，编制会计报表的依据是相同的。（　　）
10. 记账凭证核算程序是其他会计核算程序的基础。（　　）
11. 记账凭证核算程序适用于一切企业。（　　）
12. 科目汇总表核算程序不仅可以起到试算平衡的作用，而且可以反映账户之间的对应关系。（　　）
13. 利用科目汇总表可以进行本期发生额试算平衡。（　　）
14. 科目汇总表可以反映科目之间的对应关系。（　　）
15. 记账凭证核算程序一般适用于规模小，经济业务少的单位。（　　）
16. 采用记账凭证核算程序，总分类账、明细分类账和特种日记账应该根据记账凭证登记。（　　）
17. 科目汇总表核算程序可以大大减少登记总分类账户的工作量，并可以做到试算平衡。（　　）
18. 科目汇总表核算程序是最基本的会计核算程序。（　　）

19. 各种会计核算程序下采用的总分类账簿的账页格式一般为借、贷、余三栏式。（ ）
20. 企业不论采用哪种会计核算程序，都必须设置特种日记账、总分类账和明细分类账。（ ）
21. 科目汇总表账务处理程序是会计核算中最基本的账务处理程序，其他账务处理程序都是在这种账务处理程序的基础上发展、演变形成的。（ ）
22. 科目汇总表账务处理程序的优点之一是编制汇总记账凭证的程序比较简单。（ ）
23. 科目汇总表账务处理程序的缺点之一是，在科目汇总表，不反映各科目的对应关系。（ ）
24. 科目汇总表只反映各个会计科目的本期借方发生额和本期贷方发生额，不反映各个会计科目的对应关系。（ ）
25. 记账凭证账务处理程序是最基本的账务处理程序，其他账务处理程序都是在此基础上发展形成的，其优点就是登记账簿的工作量小。（ ）
26. 记账凭证账务处理程序的特点是直接根据记账凭证逐笔登记总分类账，是基本的账务处理程序。（ ）
27. 科学、合理地选择适合本单位的账务处理程序有利于保证会计记录的完整性和正确性，增强会计信息的可靠性。（ ）
28. 科目汇总表账务处理程序的优点之一是具有试算平衡的作用，有利于保证总账登记的正确性。（ ）
29. 记账凭证账务处理程序、汇总记账凭证账务处理程序和科目汇总表账务处理程序的一般步骤中都包括根据记账凭证编制科目汇总表。（ ）
30. 记账凭证核算程序的特点是直接根据汇总记账凭证逐笔登记总分类账和明细分类账，它是最基本的会计核算程序。（ ）
31. 在实际工作中，科目汇总表中所有科目本期借方发生额合计数可能不等于所有科目本期贷方发生额合计数。（ ）
32. 在科目汇总表账务处理程序下，根据原始凭证、汇总原始凭证和记账凭证汇总表，登记各种明细账。（ ）
33. 科目汇总表的编制方法是，根据一定时期内的全部记账凭证，按照相同的会计科目归类，定期汇总出每一个会计科目的借方本期余额和贷方本期余额。（ ）
34. 科目汇总表只能反映各个科目的借方本期余额和贷方本期余额，不反映各个会计科目之间的对应关系。（ ）
35. 会计凭证、会计账簿、会计报表之间的结合方式不同，构成不同的账务处理程序。（ ）
36. 记账程序是指会计凭证和会计账簿的种类、格式，会计凭证与账簿之间的联系方法。（ ）
37. 汇总记账凭证可以明确地反映账户科目之间的对应关系。（ ）
38. 汇总记账凭证按会计科目的对应关系归类汇总编制能够反应账户的对应关系，能考虑交易或事项的性质，有利于会计核算工作的分工。（ ）
39. 汇总记账凭证账务处理程序中的汇总转账凭证，在编制过程中贷方账户必须唯一。（ ）
40. 采用汇总记账凭证账务处理程序增加了填制汇总记账凭证的工作程序，增加了总账的登记工作量。（ ）
41. 科目汇总表账务处理程序不能反映各科目的对应关系，不便于查对账目，但汇总记账凭证账务处理程序可以克服科目汇总表账务处理程序的这个缺点。（ ）

第九章 财务会计报告

考纲要求

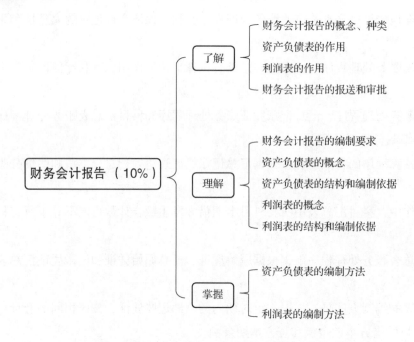

第一节 财务会计报告概述

一、财务会计报告的概念 ■了解

财务会计报告是指企业对外提供的反映企业某一特定日期的财务状况和某一会计期间的经营成果、现金流量等会计信息的文件。

1. 财务会计报告包括财务会计报表及其附注和其他应当在财务会计报告中披露的相关信息和资料。

2. 企业财务会计报表至少应包括资产负债表、利润表、现金流量表、所有者权益（股东权益）变动表和附注，即四表一注。

3. 小企业财务会计报表至少应包括资产负债表、利润表、现金流量表和附注，即三表一注。

二、财务会计报表种类 ■了解

财务会计报表种类如表 9-1 所示。

表 9-1 财务会计报表种类

划分标准	分类	说明
按编制时间	年度财务报表（年报）	包含资产负债表、利润表、现金流量表、所有者权益变动表。应于年度终了后的 4 个月内对外报送
	中期财务报表	中期分为月度、季度、半年度。至少应该包括资产负债表、利润表、现金流量表。月度报表应于月度终了后 6 天内对外提供；季度报表应于季度终了后 15 天内对外提供；半年度报表应于年度中期结束后 60 天内对外提供
按编制主体	个别财务报表	反映母公司所属子公司的财务数据
	合并财务报表	反映母公司和其全部子公司形成的企业集团整体的财务数据
按报送对象	外部财务报表	满足外部信息使用者需要，要求统一的格式、指标体系、编制时间等
	内部财务报表	满足企业内部管理需要，不要求统一格式、指标体系
按编制单位	单位财务报表	由独立核算的基层单位编制
	汇总财务报表	主管部门将下属单位数据汇总编制

三、财务会计报表的编制要求 ◆理解

财务会计报表应当依据国家统一会计制度要求，根据登记完整、核对无误的会计账簿记录和其他有关资料编制，做到数字真实、计算准确、内容完整、报送及时，如表 9-2 所示。

表 9-2 财务会计报表编制要求

总体要求	具体要求
数字真实	财务报表中的各项数据必须以调整、核实相符后的账簿记录为依据填列，不得使用估计或推算数字，更不得弄虚作假，以保证报表数字的真实性、客观性
计算准确	财务报表中的各项数据计算应准确无误
内容完整	在不同时期报送的财务报表必须按规定的要求编制齐全，各报表本身包括的各个项目及补充资料必须详细填列齐全
报送及时	按规定的时间和程序编制、报送财务报表，保证报表信息的时效性

典型例题

【例题 1·单项选择题·2019 年真题】下列选项中，不属于中期财务报表的是( )。

A. 月度财务报表   B. 季度财务报表   C. 半年度财务报表   D. 年度财务报表

答案：D

解析：中期财务报表包括月度财务报表、季度财务报表、半年度财务报表。

【例题2·多项选择题·2019年真题】会计报表的使用者包括(　　)。

A. 企业内部管理者　　　　　　　　B. 债权人

C. 投资者及潜在的投资者　　　　　D. 国家政府部门

答案：ABCD

解析：A选项为内部使用者，B、C、D选项为报表外部使用者。

【例题3·多项选择题·2020年真题】财务会计报告的编制要求有(　　)。

A. 真实可靠　　　B. 全面完整　　　C. 便于理解　　　D. 编报及时

答案：ABCD

解析：财务会计报表应当依据国家统一会计制度要求，根据登记完整、核对无误的会计账簿记录和其他有关资料编制，做到数字真实、计算准确、内容完整、报送及时。

【例题4·多项选择题·2023年真题】下列属于中期报表的是(　　)。

A. 月度　　　　　B. 季度　　　　　C. 半年度　　　　D. 年度

答案：ABC

解析：中期财务报表包括月度财务报表、季度财务报表、半年度财务报表。

第二节　资产负债表的编制

一、资产负债表的概念 ◆理解

资产负债表是反映企业在某一特定日期的财务状况的报表，是对企业特定日期的资产、负债和所有者权益的结构性表述。

二、资产负债表的结构和编制依据 ◆理解

资产负债表编制的理论依据是"资产＝负债＋所有者权益"这一平衡公式。

资产负债表主要由表首、表体两部分组成。表首部分应列明报表名称、编制单位名称、资产负债表日、报表编号和计量单位；表体部分是资产负债表的主体，列示了用以说明企业财务状况的各个项目。

资产负债表的表体格式一般有两种：报告式和账户式。我国企业的资产负债表采用账户式结构，分为左右两方，左方为资产项目，大体按资产的流动性强弱排列，右方为负债及所有者权益项目，一般按要求清偿期限长短的先后顺序排列。通过账户式资产负债表，可以反映资产、负债、所有者权益之间的内在关系，即"资产＝负债＋所有者权益"。

三、资产负债表的作用 ■了解

资产负债表可以反映企业在某一特定日期所拥有或控制的经济资源、所承担的现时义务和所有者对净资产的要求权，帮助财务报表使用者全面了解企业的财务状况、分析企业的偿债能力等情况，从而为其做出经济决策提供依据。

资产负债表样表如表9-3所示。

表 9-3 资产负债表

编制单位： 　　　　　　　　　　　年　月　日　　　　　　　　　　　　单位：元

资产	期末余额	上年年末余额	负债和所有者权益（或股东权益）	期末余额	上年年末余额
流动资产：			流动负债：		
货币资金			短期借款		
交易性金融资产			交易性金融负债		
衍生金融资产			衍生金融负债		
应收票据			应付票据		
应收账款			应付账款		
应收款项融资			预收账款		
预付账款			合同负债		
其他应收款			应付职工薪酬		
存货			应交税费		
合同资产			其他应付款		
持有待售资产			持有待售负债		
一年内到期的非流动资产			一年内到期的非流动负债		
其他流动资产			其他流动负债		
流动资产合计			流动负债合计		
非流动资产：			非流动负债：		
债权投资			长期借款		
其他债权投资			应付债券		
长期应收款			其中：优先股		
长期股权投资			永续股		
其他权益工具投资			租赁负债		
其他非流动金融资产			长期应付款		
投资性房地产			预计负债		
固定资产			递延收益		
在建工程			递延所得税负债		
生产性生物资产			其他非流动负债		
油气资产			非流动负债合计		
使用权资产			负债合计		
无形资产			所有者权益(或股东权益)		
开发支出			实收资本(或股本)		
商誉			其他权益工具		
长期待摊费用			其中：优先股		
递延所得税资产			永续股		

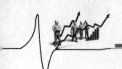

续表

资产	期末余额	上年年末余额	负债和所有者权益（或股东权益）	期末余额	上年年末余额
其他非流动资产			资本公积		
非流动资产合计			减：库存股		
			其他综合收益		
			专项储备		
			盈余公积		
			未分配利润		
			所有者权益(或股东权益)合计		
资产合计			负债和所有者权益(或股东权益)合计		

四、资产负债表的编制方法 ●掌握

(一) 准备工作

在正式编制资产负债表前应该做好准备工作。这些准备工作包括：

1. 编制有关资产、负债和所有者权益项目的期末调整会计分录，做好企业期末的转账工作。
2. 将本月所发生的会计事项和月末的调整事项依据会计分录登记入账。
3. 结算出各资产、负债和所有者权益科目的期末余额。

(二) 填列方法

资产负债表各项目均需填列"期末余额"和"上年年末余额"两栏。

资产负债表的"上年年末余额"栏内各项数字，应根据上年年末资产负债表的"期末余额"栏内所列数字填列。如果上年度资产负债表规定的各个项目的名称和内容与本年度不相一致，应按照本年度的规定对上年年末资产负债表各项目的名称和数字进行调整，填入"上年年末余额"栏内。

资产负债表的"期末余额"栏主要有以下几种填列方法：

1. 根据总账科目余额填列。

(1) "短期借款""应付票据""实收资本""资本公积""盈余公积"等根据总账科目期末余额直接填列。

(2) 根据几个总账期末余额分析计算填列：

①货币资金＝"库存现金"＋"银行存款"＋"其他货币资金"；

②其他应付款＝"应付利息"＋"应付股利"＋"其他应付款"；

③其他应收款＝"应收利息"＋"应收股利"＋"其他应收款"；

④未分配利润根据"本年利润"和"利润分配"期末余额分析计算填列，即本年利润(借方余额用负数表示)＋利润分配(借方余额用负数表示)。年终直接根据"利润分配"账户的余额填列(借方余额用负数表示)。

2. 根据明细科目余额计算填列。

(1) 应付账款："应付账款"所属明细账的贷方余额＋"预付账款"所属明细账的贷方余额。

(2) 预收账款："预收账款"所属明细账的贷方余额＋"应收账款"所属明细账的贷方余额。

(3) 开发支出：根据"研发支出"科目所属"资本化支出"明细科目期末余额计算填列。

(4)应付职工薪酬：根据"应付职工薪酬"科目的明细科目期末贷方余额计算填列。

(5)一年内到期的非流动负债：根据有关非流动负债的明细科目余额计算(如将于一年内偿还的长期借款)。

3. 根据总账科目和明细科目余额分析计算填列。

长期借款："长期借款"总账科目余额-"长期借款"科目所属明细科目中将在一年内到期且企业不能自主地将清偿义务展期的长期借款后的金额计算填列。

4. 根据有关科目余额减去其备抵科目余额后的净额填列。

(1)"应收账款""应收票据""预付账款""其他应收款"账户的期末余额-相关的"坏账准备"。

(2)在建工程="在建工程"+"工程物资"-"在建工程减值准备"-"工程物资减值准备"。

(3)固定资产="固定资产"-"累计折旧"-"固定资产减值准备"+"固定资产清理"借方余额(-"固定资产清理"贷方余额)。

(4)无形资产="无形资产"-"累计摊销"-"无形资产减值准备"。

5. 综合运用上述方法分析填列。

存货="原材料"+"库存商品"+"委托加工物资"+"周转材料"+"材料采购"+"生产成本"+"委托代销商品"+"在途物资"+"发出商品"+"受托代销商品"-"受托代销商品款"+"材料成本差异"借方余额(-"材料成本差异"贷方余额)-"存货跌价准备"。

典型例题

【例题1·单项选择题·2019年真题】资产负债表中各资产项目的排列顺序的依据是(   )。
A. 各项目的流动性   B. 各项目的重要性   C. 各项目的收益性   D. 各项目的时间性
答案：A
解析：资产项目按照流动性由强到弱排列。

【例题2·判断题·2019年真题】资产负债表是反映企业在某一期间财务状况的会计报表。   (   )
答案：×
解析：资产负债表是反映企业某一特定日期财务状况的报表。

【例题3·实务题·2020年真题】资料：某公司2019年11月30日部分总账和明细账的余额如下：

库存现金 4 000

银行存款 120 000

应付账款 38 000

——乙公司 90 000(贷方)

——丁公司 52 000(借方)

应收账款 65 000

——甲公司 100 000(借方)

——丙公司 35 000(贷方)

预收账款 6 000

——戊公司 6 000(贷方)

预付账款 8 000

——东方公司 8 000(借方)

原材料 64 000

生产成本 96 000

库存商品 30 000

在途物资 20 000

固定资产 500 000

利润分配 90 000(借方)

本年利润 150 000(贷方)

累计折旧 100 000

要求：根据以上资料计算该公司 2019 年 11 月 30 日资产负债表中下列八个项目的金额(请列出计算过程)：

(1)"货币资金"项目=

(2)"存货"项目=

(3)"应收账款"项目=

(4)"预收账款"项目=

(5)"应付账款"项目=

(6)"预付账款"项目=

(7)"固定资产"项目=

(8)"未分配利润"项目=

答案及解析：

(1)"货币资金"项目=库存现金+银行存款+其他货币资金=4 000+120 000+0=124 000(元)。

(2)"存货"项目=原材料+生产成本+库存商品+在途物资=64 000+96 000+30 000+20 000=210 000(元)。

(3)"应收账款"项目="应收账款"所属各明细账借方余额+"预收账款"所属各明细账借方余额-"坏账准备"贷方余额=100 000(元)。

(4)"预收账款"项目="预收账款"所属各明细账贷方余额+"应收账款"所属各明细账贷方余额=6 000+35 000=41 000(元)。

(5)"应付账款"项目="应付账款"所属各明细账贷方余额+"预付账款"所属各明细账贷方余额=90 000(元)。

(6)"预付账款"项目="预付账款"所属各明细账借方余额+"应付账款"所属各明细账借方余额=8 000+52 000=60 000(元)。

(7)"固定资产"项目=固定资产-累计折旧=500 000-100 000=400 000(元)。

(8)"未分配利润"项目=本年利润(借方余额用负数表示)+利润分配(借方余额用负数表示)=150 000-90 000=60 000(元)。

【例题 4·单项选择题·2021 年真题】下列选项中，作为编制资产负债表理论依据的是( )。

A. 利润=收入-费用 B. 资产=负债+所有者权益

C. 资产=负债+所有者权益+利润 D. 资产=负债+所有者权益+(收入-费用)

答案：B

解析：资产负债表编制的理论依据是"资产=负债+所有者权益"这一平衡公式。

【例题 5·单项选择题·2021 年真题】某企业于 2018 年 3 月 1 日借入一笔金额 300 000 元款项，借款期限3年,该企业在编制2020年12月31日的资产负债表时,该笔借款应填列的项目是( )。

 A. 短期借款   B. 一年内到期的非流动负债

 C. 长期借款   D. 一年内到期的非流动资产

 答案:B

 解析:一年内到期的非流动负债的填列应根据有关非流动负债的明细科目余额计算。(如将于一年内偿还的长期借款)

【例题6·单项选择题·2022年真题】资产负债表中的"应付账款"项目是根据( )。

 A. "应付账款"和"预收账款"两个总账账户所属明细账户期末借方余额之和填列

 B. "预付账款"和"应收账款"两个总账账户所属明细账户期末贷方余额之和填列

 C. "应付账款"和"预付账款"两个总账账户所属明细账户期末借方余额之和填列

 D. "应付账款"和"预付账款"两个总账账户所属明细账户期末贷方余额之和填列

 答案:D

 解析:应付账款的填列应根据"应付账款"所属明细账的贷方余额+"预付账款"所属明细账的贷方余额。

【例题7·多项选择题·2022年真题】下列资产负债表项目中,应根据有关账户余额相加或相减后填列的有( )。

 A. 盈余公积   B. 未分配利润   C. 短期借款   D. 货币资金

 答案:BD

 解析:A、C选项属于直接根据总账科目余额填列。

【例题8·多项选择题·2022年真题】下列选项中,属于资产负债表中流动资产项目的有( )。

 A. 其他应收款   B. 固定资产   C. 应收票据   D. 预付账款

 答案:ACD

 解析:B选项属于非流动资产项目。

【例题9·判断题·2022年真题】资产负债表表头部分应列明报表名称、编表单位名称、日期和金额计量单位。( )

 答案:√

 解析:资产负债表主要由表首、表体两部分组成。表首部分应列明报表名称、编制单位名称、资产负债表日、报表编号和计量单位。

【例题10·单项选择题·2023年真题】资产负债表中,所有者权益的排列顺序为( )。

 A. 实收资本、盈余公积、未分配利润 资本公积

 B. 实收资本、资本公积、盈余公积、未分配利润

 C. 资本公积、盈余公积、实收资本、未分配利润

 D. 资本公积、实收资本、盈余公积、未分配利润

 答案:B

 解析:资产负债表中,所有者权益的排列顺序依次是实收资本、资本公积、盈余公积、未分配利润。

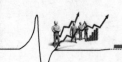

第三节 利润表的编制

一、利润表的概念　◆理解

利润表是反映企业在一定会计期间的经营成果的报表。

二、利润表的结构和编制依据　◆理解

利润表编制的理论依据是"收入-费用=利润"这一平衡公式。

利润表主要由表首、表体两部分组成。表首部分应列明报表名称、编制单位名称、资产负债表日、报表编号和计量单位；表体部分是利润表的主体，列示了形成经营成果的各个项目和计算过程。

利润表的表体格式一般有两种：单步式和多步式。我国企业的利润表采用多步式。

利润表的主要项目有营业收入、营业利润、利润总额、净利润。

利润表金额栏分为"本期金额"和"上期金额"。

三、利润表的作用　■了解

利润表的主要作用是有助于使用者分析判断企业净利润的质量及其风险，评价企业经营管理效率，有助于使用者预测企业净利润的持续性，从而作出正确的决策。

通过利润表，可以反映企业在一定会计期间的收入实现情况、费用耗费情况、净利润实现情况，分析判断企业受托责任的履行情况、企业资本的保值增值情况，为企业管理者解脱受托责任提供依据，反映企业运用其资源的能力和效率，便于分析判断企业资金周转情况及盈利能力和水平，进而判断企业未来的盈利增长和发展趋势，做出相应经济决策。

利润表样表如表9-4所示。

表9-4　利润表

编制单位：　　　　　　　　　　　　　　年　月　　　　　　　　　　　　　　单位：元

项目	本期金额	上期金额
一、营业收入		
减：营业成本		
税金及附加		
销售费用		
管理费用		
研发费用		
财务费用		
其中：利息费用		
利息收入		

续表

项目	本期金额	上期金额
加：其他收益		
投资收益(损失以"-"号填列)		
其中：对联营企业和合营企业的投资收益		
以摊余成本计量的金融资产终止确认收益(损失以"-"号填列)		
净敞口套期收益(损失以"-"号填列)		
公允价值变动收益(损失以"-"号填列)		
资产减值损失(损失以"-"号填列)		
信用减值损失(损失以"-"号填列)		
资产处置收益(损失以"-"号填列)		
二、营业利润(亏损以"-"号填列)		
加：营业外收入		
减：营业外支出		
三、利润总额(亏损总额以"-"号填列)		
减：所得税费用		
四、净利润(净亏损以"-"号填列)		
(一)持续经营净利润(净亏损以"-"号填列)		
(二)终止经营净利润(净亏损以"-"号填列)		
五、其他综合收益的税后净额		
(一)不能重分类进损益的其他综合收益		
1. 重新计量设定受益的计划变动额		
2. 权益法下不能转损益的其他综合收益		
3. 其他权益工具投资公允价值变动		
4. 企业自身信用风险公允价值变动		
(二)将重分类进损益的其他综合收益		
1. 权益法下可转损益的其他综合收益		
2. 其他债权投资公允价值变动		
3. 金融资产重分类计入其他综合收益的金额		
4. 其他债权投资信用减值准备		
5. 现金流量套期储备		
6. 外币财务报表折算差额		
六、综合收益总额		
七、每股收益		
(一)基本每股收益		
(二)稀释每股收益		

四、利润表的编制方法 ●掌握

(一) 本期金额的填列方法

"本期金额"栏的填列方法,一般应根据损益类有关科目的发生额填列。

1. 营业收入:"主营业务收入"+"其他业务收入"。

2. 营业成本:"主营业务成本"+"其他业务成本"。

3. 税金及附加:根据该科目的发生额分析填列。

4. 销售费用:根据该科目的发生额分析填列。

5. 管理费用:根据该科目的发生额分析填列。

6. 研发费用:反映企业进行研究与开发过程中发生的费用化支出以及计入管理费用的自行开发无形资产的摊销。该项目根据"管理费用"科目下的"研发费用"明细科目的发生额以及"管理费用"科目下"无形资产摊销"明细科目的发生额分析填列。

7. 财务费用:根据该科目的相关明细科目发生额分析填列。其中"利息费用"项目,反映企业为筹集生产经营所需资金等而发生的应予费用化的利息支出,本项目应根据"财务费用"科目的相关明细科目的发生额分析填列。"利息收入"项目,反映企业应冲减财务费用的利息收入,本项目应根据"财务费用"科目的相关明细科目的发生额分析填列。

注意:若"财务费用"为贷方发生额,即利息收入大于支出,应以负数填列。

8. 投资收益:根据该科目的发生额分析填列。

注意:若"投资收益"为借方发生额,即投资亏损,应以负数填列。

9. 营业利润:营业收入-营业成本-税金及附加-销售费用-管理费用-财务费用+投资收益。如有亏损用负数填列。

10. 营业外收入:根据该科目的发生额分析填列。

11. 营业外支出:根据该科目的发生额分析填列。

12. 利润总额:营业利润+营业外收入-营业外支出。

13. 所得税费用:根据该科目的发生额分析填列。

14. 净利润:利润总额-所得税费用。

(二) 上期金额的填列方法

"上期金额"应根据上年该期利润表的"本期金额"栏内所列数字填列。

1. 中期利润表,填列上年同期实际发生额。

2. 年度利润表,填列上年全年实际发生额。

如果上年度利润表规定的各个项目的名称和内容与本年度不相一致,应按照本年度的规定对上年年末利润表各项目的名称和数字进行调整,填入本表"上期金额"栏内。

典型例题

【例题1·判断题·2020年真题】利润表是反映企业某一特定日期经营成果的报表。( )

答案:×

解析:利润表是反映企业在一定会计期间的经营成果的报表。

【例题2·判断题·2023年真题】资产负债表根据有关账户期末余额填列,利润表根据有关账户本期发生额填列。( )

答案：√

解析：资产负债表根据有关账户期末余额计算填列，利润表根据损益类有关科目的发生额填列。

【例题3·实务题·2023年真题】（数据有改动）

某公司2023年损益类账户累计发生额资料如下，编制年度利润表。

损益类发生额资料

单位：元

账户名称	1—11月份累计发生额		12月份发生额	
	借方	贷方	借方	贷方
主营业务收入		500 000		68 000
主营业务成本	250 000		41 000	
税金及附加	75 000		7 000	
销售费用	26 000		1 500	
管理费用	53 000		2 400	
财务费用	8 000			2 000
其他业务收入		230 000		21 000
其他业务成本	180 000		17 000	
营业外收入		35 000		3 000
营业外支出	17 000		5 000	
投资收益	15 000		6 500	
所得税费用	30 000		8 000	

要求：根据上述资料，将下列利润表编制完整。

利润表

2021年度 元

项目	本期金额	上期金额
一、营业收入	819 000	
减：营业成本	488 000	
税金及附加	82 000	
销售费用	27 500	
管理费用	55 400	
财务费用	6 000	
加：投资收益（损失以"-"号填列）	-21 500	
二、营业利润（亏损以"-"号填列）	138 600	
加：营业外收入	38 000	
减：营业外支出	22 000	
三、利润总额（亏损总额以"-"号填列）	154 600	
减：所得税费用	38 000	
四、净利润（净亏损以"-"号填列）	116 600	

第四节 财务会计报告的报送和审批

一、财务会计报告的报送 ■了解

企业单位编制的财务会计报告,应按企业会计准则的要求经单位财务主管人员审核无误后,及时向有关部门上报。

为了确保财务会计报告的公正与真实,企业应建立财务会计报告的签证制度,我国《企业会计准则》规定了注册会计师签证制度。

企业应定期向当地财税机关、开户银行、企业的主管部门提供财务报告。为使企业出具的财务会计报告具有严肃性,企业向外部各有关部门提供的财务会计报告应依次编订页数,加具封面,装订成册,加盖公章,由单位负责人、主管会计工作的负责人(总会计师)和会计机构负责人(或会计主管人员)签名或盖章。

企业对外投资占被投资企业资本半数以上,或者实质上拥有被投资企业控制权的,应当编制合并会计报表。确属特殊行业的企业不宜合并的,可不予合并,但应将其财务会计报告一并报送。

二、财务会计报告的审批 ■了解

企业的主管机关、财税部门、银行等部门在收到所属单位提供的财务会计报告后,应根据国家的法令、法规及会计准则的要求进行认真的审核并提出批复意见。

1. 企业所出具的财务报表与国家现行会计准则的规定要求是否相符?
2. 审查财务报表反映的企业生产经营活动内容是否合理?

企业主管部门在对企业财务报表的审查过程中,发现问题应及时通知原编报单位进行改正。各基层企业对上级管理部门的批复,必须认真执行,并在账务处理上根据主管部门的批复意见进行调整。

典型例题

【例题1·判断题】企业财务报表,经单位负责人审核无误后,及时向有关部门报送。( )

答案:×

解析:企业单位编制的财务会计报告,应按企业会计准则的要求经单位财务主管人员审核无误后,及时向有关部门上报。

【例题2·多项选择题】企业向外部各有关部门提供的财务会计报告应由( )签名或盖章。

A. 单位负责人   B. 会计机构负责人   C. 总会计师   D. 开户银行

答案:ABC

解析:企业向外部各有关部门提供的财务会计报告应依次编订页数,加具封面,装订成册,加盖公章,由单位负责人、主管会计工作的负责人(总会计师)和会计机构负责人(或会计主管人员)签名或盖章。

【例题3·判断题】为确保企业财务报表的客观公正,财务报表应由中国注册会计师进行签证。( )

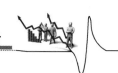

答案：√

解析：为了确保财务会计报告的公正与真实，企业应建立财务会计报告的签证制度，我国《企业会计准则》规定了注册会计师签证制度。

习题精选

一、单项选择题

1. 最关心企业的盈利能力和利润分配政策的会计报表使用者是（　　）。
   A. 投资者　　　　　B. 货物供应商　　　　C. 企业职工　　　　D. 债权人

2. 最关心企业的偿债能力和支付利息能力的会计报表使用者是（　　）。
   A. 政府机构　　　　B. 债权人　　　　　　C. 投资者　　　　　D. 企业职工

3. 反映企业在某一特定日期财务状况的会计报表是（　　）。
   A. 现金流量表　　　B. 利润表　　　　　　C. 资产负债表　　　D. 所有者权益变动表

4. 资产负债表中的负债和所有者权益是按（　　）排列的。
   A. 重要程度　　　　B. 偿还金额的大小　　C. 收益的大小　　　D. 偿还的先后顺序

5. 在利润表中，从利润总额中减去（　　），得出净利润。
   A. 应交所得税　　　B. 利润分配数　　　　C. 销售费用　　　　D. 所得税费用

6. 反映企业在一定会计期间经营成果的会计报表是（　　）。
   A. 资产负债表　　　B. 所有者权益变动表　C. 现金流量表　　　D. 利润表

7. 根据"资产＝负债＋所有者权益"填列的会计报表是（　　）。
   A. 现金流量表　　　B. 利润表　　　　　　C. 资产负债表　　　D. 所有者权益变动表

8. 月度报表应在月份终了后（　　）日内报出。
   A. 3　　　　　　　　B. 5　　　　　　　　C. 10　　　　　　　D. 6

9. 企业年报应当在年度终了后（　　）内报出。
   A. 30 天　　　　　　B. 4 个月　　　　　　C. 60 天　　　　　　D. 3 个月

10. 资产负债表编制中，可以根据有关账簿记录直接填列的项目有（　　）。
    A. 货币资金　　　　B. 存货　　　　　　　C. 短期借款　　　　D. 未分配利润

11. 资产负债表的理论依据是（　　）。
    A. 资产＝负债＋所有者权益　　　　　　　B. 收入－费用＝利润
    C. 借方余额＝贷方余额　　　　　　　　　D. 借贷记账法

12. 资产负债表中资产的排列顺序是资产的（　　）。
    A. 收益性　　　　　B. 重要性　　　　　　C. 流动性　　　　　D. 时间性

13. （　　）是企业对外披露会计信息最重要的手段。
    A. 会计报表　　　　B. 会计账簿　　　　　C. 财务情况说明书　D. 财务会计报告

14. 利润表中各项目的数据来源是（　　）。
    A. 资产、负债及所有者权益科目的本期发生额分析填列
    B. 各损益类科目的发生额分析填列
    C. 资产、负债及所有者权益科目的期末余额分析填列

D. 各损益类科目的期末余额分析填列

15. 半年报应于年度中期结束后( )日报出。
   A. 10   B. 15   C. 30   D. 60

16. 下列报表中，属于静态报表的是( )。
   A. 资产负债表   B. 利润表   C. 财务情况说明书   D. 现金流量表

17. 下列各账户的金额，不会影响营业利润金额的是( )。
   A. 资产减值损失   B. 销售费用   C. 营业外支出   D. 投资收益

18. 会计报表中各项目数字是根据( )的资料编制的。
   A. 科目汇总表   B. 日记账   C. 账簿记录   D. 记账凭证

19. 资产负债表中的"应付账款"项目，需要( )。
   A. 直接根据"应付账款"科目的期末贷方余额填列
   B. 根据"应付账款"和"预收账款"两个科目的期末借方余额计算填列
   C. 根据"应付账款"和"预付账款"两个科目分别所属的相关明细科目的期末贷方余额计算填列
   D. 根据"应付账款"和"预收账款"两个科目的期末贷方余额计算填列

20. 资产负债表中的"存货"项目，应根据( )。
   A. "包装物""原材料"账户的期末借方余额直接填列
   B. "库存商品"账户的期末借方余额直接填列
   C. 应根据"在途物资""原材料""周转材料""自制半成品""库存商品""生产成本"等科目的期末余额合计，减去"存货跌价准备"科目期末余额后的金额填列
   D. "原材料""在产品""库存商品"等账户期末借方余额之和填列

21. W企业年末"应收账款"科目的借方余额为200万元，"预收账款"科目贷方余额为180万元，其中，明细账的借方余额为30万元，贷方余额为210万元。"应收账款"对应的"坏账准备"期末余额为10万元，该企业年末资产负债表中"应收账款"项目的金额为( )万元。
   A. 230   B. 180   C. 380   D. 220

22. 下列项目中，可直接根据总账科目期末余额填列资产负债表的是( )。
   A. 应付债券   B. 应收账款   C. 存货   D. 预付账款

23. 资产负债表的数据来源是( )。
   A. 应根据有关科目的发生额填列
   B. 都根据有关总账科目期末余额直接填列
   C. 有的项目可以直接根据科目期末余额才能填列，有的项目需要根据总账科目和明细科目余额分析计算填列才能填列
   D. 必须对总账科目和明细科目余额分析计算填列才能填列

24. 本年度12月31日编制的年度利润表中"本期金额"一栏反映了( )。
   A. 12月累计利润或亏损的形成情况
   B. 第4季度利润或亏损的形成情况
   C. 自本年年初起至本年年末止累计利润或亏损的形成情况
   D. 12月31日利润或亏损的形成情况

25. "应收账款"科目所属明细科目期末如有贷方余额，应在资产负债表( )项目内填列。
   A. 预付账款   B. 应付账款   C. 应收账款   D. 预收账款

26. 编制会计报表时，以"收入-费用=利润"这一会计等式作为编制依据的会计报表是(　　)。
A. 资产负债表　　　B. 利润表　　　C. 现金流量表　　　D. 所有者权益变动表

27. 根据"收入-费用=利润"填列的会计报表是(　　)。
A. 现金流量表　　　B. 利润表　　　C. 资产负债表　　　D. 所有者权益变动表

28. 下列项目中，(　　)是会计核算的最终成果。
A. 登记会计账簿　　B. 登记总账　　C. 财务会计报告　　D. 考核经营业绩

29. 资产负债表编制中，下列可以根据总分类账户期末余额直接填列的项目是(　　)。
A. 固定资产　　　B. 存货　　　C. 应付票据　　　D. 未分配利润

30. 我国现行企业会计准则规定，企业编制的利润表正表部分采用的结构是(　　)。
A. 账户式　　　B. 报告式　　　C. 多步式　　　D. 单步式

31. 根据《企业会计准则》的规定，企业编制的资产负债表正表部分采用的结构是(　　)。
A. 账户式　　　B. 报告式　　　C. 单步式　　　D. 多步式

32. 在编制资产负债表时，企业的生产成本(在产品成本)应填列的项目是(　　)。
A. 存货　　　B. 固定资产　　　C. 无形资产　　　D. 实收资本

33. 下列会计报告中，不属于中期财务会计报告的是(　　)。
A. 月度财务会计报告　　　　　B. 季度财务会计报告
C. 半年度财务会计报告　　　　D. 年度财务会计报告

34. 编制企业财务会计报表的主要依据是(　　)。
A. 日记账、总分类账和明细分类账　　　B. 日记账和明细分类账
C. 日记账和总分类账　　　　　　　　　D. 明细分类账和总分类账

35. 某公司10月末"应收账款""预收账款"总账有关明细账余额情况："应收账款——甲"借方余额30 000元，"应收账款——乙"借方余额20 000元，"应收账款——丙"贷方余额4 000元，"预收账款——1#客户"贷方余额30 000元，"预收账款——2#客户"借方余额1 000元。应收账款计提的坏账准备为800元，该公司10月末资产负债表中"预收账款"项目应填列(　　)元。
A. 30 000　　　B. 29 000　　　C. 33 000　　　D. 34 000

36. 某企业期末相关资料如下："低值易耗品"借方余额200元，"委托代销商品"借方余额1 300元，"生产成本"借方余额500元，"坏账准备"贷方余额100元，"存货跌价准备"贷方余额200元，其余科目忽略不计，则期末资产负债表中"存货"项目金额应为(　　)元。
A. 1 300　　　B. 1 800　　　C. 2 000　　　D. 2 700

37. (　　)是企业财务报告不可或缺的重要组成部分，是对资产负债表、利润表、现金流量表和所有者权益变动表等报表中列式项目的文字描述或明细资料，以及未能在这些报表中列式项目的说明。
A. 会计报表的说明　　B. 会计报表附注　　C. 会计报表附表　　D. 财务情况说明书

38. 财务报表对会计主体财务状况、经营成果和现金流量的结构性表述是由(　　)组成的。
A. 资产负债表和利润表
B. 资产负债表、利润表和现金流量表
C. 资产负债表、利润表和现金流量表、所有者权益变动表以及附注
D. 资产负债表和现金流量表

39. 下列选项中，不属于财务报表编制要求的是(　　)。
A. 应当在财务报表的显著位置披露编制人员信息

B. 保持各个会计期间财务报表项目列报的一致性
C. 以持续经营为基础编制
D. 应当在财务报表的显著位置披露编报企业的名称

40. 以下项目中，不属于资产负债表中流动资产项目的是（　　）。
   A. 预付账款　　　　　　　　　　　B. 预收账款
   C. 一年内到期的非流动资产　　　　D. 存货

41. 某企业税前会计利润为2 000万元，其中营业外收入80万元，假设不存在纳税调整事项，所得税税率25%，则应交所得税为（　　）万元。
   A. 500　　　　B. 520　　　　C. 480　　　　D. 510

42. 某年12月31日编制的年度利润表中"本期金额"一栏反映了（　　）。
   A. 12月31日利润或亏损的形成情况　　　　B. 12月累计利润或亏损的形成情况
   C. 本年度利润或亏损的形成情况　　　　　D. 第四季度利润或亏损的形成情况

43. G公司2011年1月份利润表"本期金额"栏有关数字如下：营业利润32 000元，营业外收入5 000元，营业外支出50 000元。G公司1月份利润总额为（　　）元。
   A. -32 000　　　　B. 32 000　　　　C. 13 000　　　　D. -13 000

44. 年末资产负债表中"未分配利润"项目的填列依据是（　　）。
   A. "本年利润"科目的借方余额或贷方余额
   B. "利润分配"科目的借方余额或贷方余额
   C. "本年利润"科目的贷方余额加"利润分配"科目的贷方余额
   D. "本年利润"科目的借方余额加"利润分配"科目的借方余额

45. 利润表的主要作用之一是（　　）。
   A. 了解企业资产使用的合理性和效率
   B. 分析和评价企业的短期偿债能力
   C. 了解企业现有的投资者在企业资产总额中所占的份额
   D. 了解投资者投入资本的保值增值情况

46. 在利润表的表体中，全部指标均依据有关账簿的（　　）填写。
   A. 期末余额　　B. 本期数额　　C. 期末余额或发生额　　D. 发生额

47. 编制资产负债表时，需根据有关总账所属的明细账期末余额分析、计算填列的项目有（　　）。
   A. 固定资产清理　　B. 存货　　C. 长期借款　　D. 预付账款

48. （　　）指企业对外提供的反映企业某一特定日期财务状况和某一会计期间经营成果、现金流量情况的书面文件。
   A. 资产负债表　　B. 利润表　　C. 会计报表附注　　D. 财务会计报告

49. 某企业2021年6月1日从银行借入期限为3年的长期借款600万元，编制2023年12月31日资产负债表时，此项借款应填入的报表项目是（　　）。
   A. "短期借款"　　　　　　　　　　B. "长期借款"
   C. "其他长期负债"　　　　　　　　D. "一年内到期的非流动负债"

50. 鸿运公司2023年3月"主营业务成本"账户、"其他业务成本"账户、"营业外支出"账户的本期发生额分别为450 000元、150 000元和50 000元，则2023年3月利润表中"营业成本"项目的本期金额为（　　）元。

A. 600 000   B. 650 000   C. 500 000   D. 450 000

51. 某企业"应付账款"明细账期末余额情况如下："应付账款——甲企业"贷方余额为 300 000 元，"应付账款——乙企业"借方余额为 210 000 元，"应付账款——丙企业"贷方余额为 400 000 元。假如该企业"预付账款"明细账均为借方余额，则根据以上数据计算的反映在资产负债表上"应付账款"项目的数额为(   )元。

A. 910 000   B. 490 000   C. 700 000   D. 110 000

二、多项选择题

1. 资产负债表需要根据科目余额减去其备抵项目后的净额填列的项目是(   )。
   A. 应收账款   B. 预收账款   C. 固定资产   D. 实收资本

2. 利润表是企业的(   )。
   A. 主要会计报表   B. 静态报表   C. 动态报表   D. 经营成果报表

3. 利润表中根据表中相关项目计算填列的有(   )。
   A. 营业利润   B. 所得税费用   C. 利润总额   D. 净利润

4. 年度利润表，要求计算填列(   )。
   A. 本年累计金额   B. 本月金额   C. 上年金额   D. 上月金额

5. 按编制时期财务会计报告分为(   )。
   A. 年度财务报表   B. 中期财务报表   C. 半年度财务报表   D. 月度财务报表

6. 企业会计报表按其反映的经济内容分为(   )。
   A. 财务状况报表   B. 外部财务报表   C. 经营成果报表   D. 合并财务报表

7. 企业年末需要编制和报送的会计报表有(   )。
   A. 资产负债表   B. 利润表   C. 所有者权益变动表   D. 现金流量表

8. 财务会计报告包括(   )。
   A. 会计报表
   B. 附注
   C. 利润分配表
   D. 其他应当在财务会计报告中披露的相关信息和资料

9. 企业资产负债表所提供的信息主要包括(   )。
   A. 企业拥有或控制的资源及其分布情况
   B. 企业所承担的债务及其不同的偿还期限
   C. 企业利润的形成情况及影响利润增减变动的因素
   D. 企业所有者在企业资产中享有的经济利益份额及其结构

10. 我国企业的利润表采用多步式，分步计算的利润指标有(   )。
    A. 营业利润   B. 营业外收支   C. 利润总额   D. 净利润

11. 属于资产负债表中所有者权益的项目是(   )。
    A. 实收资本   B. 资本公积   C. 盈余公积   D. 未分配利润

12. 企业会计报表至少应当包括(   )。
    A. 资产负债表   B. 利润表   C. 现金流量表   D. 所有者权益变动表

13. 属于在资产负债表中分析计算后填列的项目有(   )。
    A. 货币资金   B. 未分配利润   C. 短期借款   D. 固定资产

14. 资产负债表左方包括( )等项目。
   A. 流动资产   B. 流动负债和非流动负债
   C. 非流动资产   D. 所有者权益

15. 应当在企业财务会计报告封面上签名或盖章的有( )。
   A. 单位负责人   B. 总会计师   C. 注册会计师   D. 会计主管人员

16. 填列资产负债表期末余额,可以分别采用的具体方法有( )。
   A. 根据有关账户的期末余额直接填列
   B. 根据有关账户的期初余额分析计算后填列
   C. 根据有关账户的本期发生额直接填列
   D. 根据有关账户的期末余额或明细资料进行分析计算后填列

17. 利润表中有关项目是根据( )分析填列的。
   A. 损益类有关总账账户的借方发生额   B. 损益类有关总账账户的借方余额
   C. 损益类有关总账账户的贷方发生额   D. 损益类有关总账账户的贷方余额

18. 编制资产负债表时,需根据几个总账科目的期末余额计算填列的项目有( )。
   A. 货币资金   B. 长期借款   C. 存货   D. 预收账款

19. 利润表中的"营业成本"项目是根据( )分析填列的。
   A. "资产减值损失"发生额   B. "其他业务成本"发生额
   C. "管理费用"发生额   D. "主营业务成本"发生额

20. 根据《企业会计制度》的规定,月份终了需编制和报送的会计报表至少包括( )。
   A. 资产负债表   B. 利润表   C. 利润分配表   D. 现金流量表

21. 下列报表中,属于动态报表的是( )。
   A. 资产负债表   B. 利润表   C. 财务情况说明书   D. 现金流量表

22. 下列各项中,会影响到资产负债表中"货币资金"项目填列的金额的是( )。
   A. 其他货币资金   B. 库存现金   C. 银行存款   D. 备用金

23. 下列项目中,属于资产负债表的数据来源的有( )。
   A. 记账凭证直接填列
   B. 几个总账科目的期末余额计算填列
   C. 根据总账科目和明细科目余额分析计算填列
   D. 根据科目余额减去备抵项目后的净额填列

24. 以下项目中,是资产负债表中流动负债项目的有( )。
   A. 预收账款   B. 短期借款   C. 应交税费   D. 应付账款

25. 下列各项中,小企业在编制年度财务会计报告时根据需要编制的是( )。
   A. 资产负债表   B. 利润表   C. 会计报表附注   D. 现金流量表

26. 属于在资产负债表中分析计算后填列的项目有( )。
   A. 货币资金   B. 未分配利润   C. 短期借款   D. 应收账款

27. 资产负债表中的"存货"项目应根据( )等项目的期末合计数填列。
   A. 在途物资   B. 原材料   C. 生产成本   D. 库存商品

28. 下列关于利润表中"本期金额"和"上期金额"的表述正确的是( )。
   A. 利润表中"本期金额"栏内的各项数据,一般应根据期末结转后各损益类账户本期发生额分析计算

填列

B. 利润表中"上期金额"栏根据上年该期利润表"本期金额"栏内所列数字填列

C. 如果上年该期利润表规定的各个项目的名称和内容同本期不相一致,应对上年该期利润表个项目的名称和数字按本期的规定进行调整,填入"上期金额"栏内

D. 在编报月度利润表时,"本期金额"栏反映各项目的本月实际发生数

29. 下列项目中,属于财务会计报告目标的主要内容有(   )。

A. 向财务会计报告使用者提供与企业财务状况有关的会计信息

B. 向财务会计报告使用者提供与企业经营成果有关的会计信息

C. 反映企业管理层受托责任履行情况

D. 反映国家宏观经济管理的需要

30. 资产负债表"期末数"的填列方法有(   )。

A. 根据总账余额直接填列　　　　　　　B. 根据总账余额计算填列

C. 根据明细账余额直接填列　　　　　　D. 根据总账余额和明细账余额分析计算填列

31. 利润表在形式上分为(   )。

A. 表头　　　　　B. 页眉　　　　　C. 表体　　　　　D. 页脚

32. 下列账户中,可能影响资产负债表"应收账款"项目金额的有(   )。

A. "应收账款"　　B. "预收账款"　　C. "预付账款"　　D. "坏账准备"

33. 下列账户中,其期末余额应作为资产负债表中"存货"项目填列依据的有(   )。

A. 存货跌价准备　B. 工程物资　　　C. 周转材料　　　D. 生产成本

34. 利润表中,"营业成本"项目的"本期金额",应根据(   )账户的本期发生额计算填列。

A. 生产成本　　　B. 主营业务成本　C. 其他业务成本　D. 劳务成本

35. 利润表中"营业收入"项目的本期金额,应根据(   )账户的本期发生额计算填列。

A. "主营业务收入"　B. "其他业务收入"　C. "营业外收入"　D. "补贴收入"

36. 编制资产负债表时按照明细账余额分析填列的项目包括(   )。

A. 应收账款　　　B. 其他应收款　　C. 其他应付款　　D. 预收账款

37. 资产负债表中"应收账款"项目应根据(   )之和减去"坏账准备"账户中有关应收账款计提的坏账准备期末余额填列。

A. "应收账款"科目所属明细科目的借方余额

B. "应收账款"科目所属明细科目的贷方余额

C. "应付账款"科目所属明细科目的贷方余额

D. "预收账款"科目所属明细科目的借方余额

38. 下列各项中,属于资产负债表中流动资产项目的有(   )。

A. 货币资金　　　B. 预收款项　　　C. 应收账款　　　D. 存货

39. 下列关于利润表的表述中,正确的有(   )。

A. 是企业的主要财务报表之一

B. 可据以分析、评价企业的盈利状况和工作业绩

C. 可据以分析企业的获利能力和利润的未来发展趋势

D. 表中各项是按照流动性排列的

40. 下列关于资产负债表作用的表述中,正确的有(   )。

A. 分析企业在某一日期所拥有的经济资源及其分布情况

B. 分析企业目前与未来需要支付的债务数额

C. 可以反映企业现有投资者在企业资产总额所占的份额

D. 可以反映企业的盈利能力

41. 未分配利润项目的填列方法是（　　）。

A. 本年利润贷方+利润分配贷方

B. 本年利润贷方-利润分配借方

C. 利润分配贷方-本年利润借方

D. 本年利润和利润分配借贷方合计，如借方余额，用"-"表示

42. 下列项目中，（　　）是根据总账和明细账期末余额分析填列的。

A. 应收账款　　　B. 长期借款　　　C. 长期应付款　　　D. 预收账款

43. 下列各项，影响当期利润表中利润总额的有（　　）。

A. 固定资产盘盈　　　　　　　　B. 确认所得税费用

C. 对外捐赠固定资产　　　　　　D. 无形资产出售利得

44. 财务报表按编报期间的不同，分为（　　）。

A. 年度财务报表　B. 季度财务报表　C. 月度财务报表　D. 中期财务报表

45. 财务报表是对企业的财务状况、经营成果和现金流量的结构性表述，小企业的财务报表包括（　　）。

A. 资产负债表　　B. 利润表　　C. 现金流量表　　D. 相关附注

46. 填列资产负债表中"一年内到期的非流动负债"项目依据的账户有（　　）。

A. 长期应收款　B. 长期应付款　C. 长期待摊费用　D. 长期借款

三、判断题

1. 资产负债表是反映企业在一定时期内财务状况的报表。（　　）

2. 会计报表应当根据经过审核的会计账簿记录和有关资料编制。（　　）

3. 资产负债表是以"资产=负债+所有者权益"的平衡等式为依据的。（　　）

4. 编制会计报表的主要目的就是为会计报表使用者决策提供信息。（　　）

5. 中期财务报表指企业于年度中期末、季末和月末编报的会计报表。（　　）

6. 根据利润表，可以分析、评价企业的盈利状况并预测企业未来的损益变化趋势及获利能力。（　　）

7. 半年度财务报表是指在每个会计年度的前六个月结束后对外提供的财务报表。（　　）

8. 资产负债表中的"流动资产"各项目是按照资产的流动性由弱到强排列的。（　　）

9. 企业主管部门审核报表时发现问题应在报表上及时进行纠正。（　　）

10. 按照《企业会计准则》的规定，我国企业的利润表采用单步式。（　　）

11. 企业的年报即决算报告。（　　）

12. 编制财务会计报告必须做到数字真实、计算准确、内容完整、报送及时。（　　）

13. "资产=负债+所有者权益"是编制会计报表的理论依据。（　　）

14. 资产负债表是静态报表，利润表是动态报表。（　　）

15. 企业单位编制的财务会计报告，应按企业会计准则的要求经单位财务主管人员审核无误后，及时向有关部门呈报。（　　）

16. 为了财务报表能够及时报送，企业可以根据估计的数据填列报表相关项目。（ ）
17. 中期财务会计报告是指以一年的中间日为截止日编制的财务报告。（ ）
18. 营业利润减去管理费用、销售费用、财务费用和所得税费用后得到利润总额。（ ）
19. 资产负债表中"固定资产"项目应当依据"固定资产"科目的期末余额减去"累计折旧""固定资产减值准备"后的净额填列。（ ）
20. 企业工作中，为使会计报表及时报送，会计人员可以提前结账。（ ）
21. 一套完整的财务报表至少应当包括：资产负债表、利润表、现金流量表、所有者权益变动表以及附注。（ ）
22. 利润表中各项目的数据来源主要是根据各损益类科目的发生额或余额分析计算填列。（ ）
23. 账户式资产负债表分左右两方，右方为负债及所有者权益项目，一般按求偿权先后顺序排列。（ ）
24. 利润表是反映企业在一定时期内发生的全部收入和费用情况。（ ）
25. 会计报表的使用人主要是企业内部管理部门。（ ）
26. 中期财务报表必须包括资产负债表、利润表、现金流量表和所有者权益变动表。（ ）
27. 资产负债表是反映企业在某一特定日期财务状况的动态报表，通过它可以了解企业的资产构成、资金的来源构成和企业债务的偿还能力。（ ）
28. 资产负债表的年初余额栏通常根据上年年末有关项目的期末余额填列，且与上年年末资产负债表年初余额栏一致。（ ）
29. 企业本期应交所得税等于利润总额乘以适用税率。（ ）
30. 年度资产负债表规定的项目名称及内容与上年度不一致时，应对上年年末资产负债表相关内容按本年度的规定进行调整，据此填写本年度资产负债表"年初数"栏。（ ）
31. 按照服务对象的不同，可分为月度会计报告、季度会计报告、半年度会计报告和年度会计报告。（ ）
32. 附注是对资产负债表、利润表、现金流量表等报表中列示项目所作的进一步说明，以及对未能在这些报表中列示项目的说明。（ ）
33. 会计报表包括资产负债表、利润表、现金流量表。（ ）
34. 资产负债表是反映企业某一特定时期财务状况的会计报表。（ ）
35. 会计报表是根据总分类账、明细分类账和日记账的记录定期编制的。（ ）
36. 资产负债表中"应付账款""预付款项"项目应直接根据该科目的总账余额填列。（ ）
37. 资产负债表中的"预收款项"项目应根据"预收账款"和"应收账款"科目所属各明细科目的期末贷方余额合计数填列。如"预收账款"科目所属各明细科目期末有借方余额，应在资产负债表"应付账款"项目内填列。（ ）
38. 资产负债表的格式分为单步式和多步式。（ ）
39. 资产负债表中确认的资产都是企业拥有的。（ ）
40. 资产负债表中的"在建工程"项目应根据"在建工程"科目的期末余额填列。（ ）
41. 资产负债表中的"应付账款"项目应根据"应付账款"和"预付账款"科目所属各明细科目的期末贷方余额合计数填列；如"应付账款"科目所属明细科目期末有借方余额的，应在资产负债表"预付款项"项目内填列。（ ）

42. 财务报表至少应当包括资产负债表、利润表、现金流量表、所有者权益变动表和附注等部分。
（ ）

43. 财务会计只是向外部关系人提供有关财务状况、经营成果和现金流量情况的信息；管理会计只是向内部管理者提供进行经营规划、经营管理、预测决策所需的相关信息。（ ）

44. 资产负债表是反映企业某一特定日期经营成果的会计报表。（ ）

45. 常见的利润表结构主要有多步式和单步式两种，我国企业采用的是多步式利润表。（ ）

46. 利润表中的"营业成本"根据"主营业务成本"科目的本期发生额加上"其他业务成本"科目的本期发生额计算填列。（ ）

47. 财务报表是综合反映企业某一特定日期的财务状况和某一会计期间的经营成果、现金流量的书面文件。（ ）

四、计算及填表题

（一）资料

启胜公司 2023 年 11 月 30 日部分总账和明细账的余额如下：

库存现金 4 000
银行存款 120 000
应收账款 65 000
　　——甲公司 100 000（借方）
　　——丙公司 35 000（贷方）
原材料 64 000
生产成本 96 000
库存商品 30 000
在途物资 20 000
固定资产 500 000
应收股利 1 200
应收利息 3 200
其他应收款 5 000
固定资产清理 5 000（借方）

应付账款 38 000
　　——乙公司 90 000（贷方）
　　——丁公司 52 000（借方）
预收账款 6 000
　　——戊公司 6 000（贷方）
预付账款 8 000
　　——东方公司 8 000（贷方）
利润分配 90 000（借方）
本年利润 150 000（贷方）
累计折旧 100 000
应付利息 2 500
应付股利 1 000
其他应付款 4 100
坏账准备 5 000（贷方）
实收资本 538 800
长期借款 150 000（其中将于 1 年内到期的借款 50 000）

要求 1：根据以上资料计算该公司 2023 年 11 月 30 日资产负债表中下列 11 个项目的金额（请列出计算过程）：

(1)"货币资金"项目 =

(2)"存货"项目 =

(3)"应收账款"项目 =

(4)"预收账款"项目 =

(5)"应付账款"项目 =

(6)"预付账款"项目 =

(7)"固定资产"项目 =

(8)"未分配利润"项目 =

(9)"其他应收款"项目＝

(10)"其他应付款"项目＝

(11)"长期借款"项目＝

要求2：根据资料一填制下列资产负债表：

资产负债表（简表）

编制单位：启胜公司　　　　　　　　　2023年11月30日　　　　　　　　　　　　　元

资产	期末余额	上年年末余额	负债和所有者权益	期末余额	上年年末余额
流动资产：			流动负债：		
货币资金			短期借款		
应收票据			应付票据		
应收账款			应付账款		
预付账款			预收账款		
其他应收款			应付职工薪酬		
存货			应交税费		
……			其他应付款		
一年内到期的非流动资产			一年内到期的非流动负债		
其他流动资产			其他流动负债		
流动资产合计			流动负债合计		
非流动资产：			非流动负债：		
固定资产			长期借款		
在建工程			……		
无形资产			非流动负债合计		
开发支出			负债合计		
长期待摊费用			所有者权益：		
……			实收资本		
其他非流动资产			资本公积		
			盈余公积		
			未分配利润		
非流动资产合计			所有者权益合计		
资产合计			负债和所有者权益合计		

(二)资料

东方公司2023年5月份结转损益类账户。其中，主营业务收入为258 000元，其他业务收入为12 000元，主营业务成本为158 000元，其他业务成本为2 000元，税金及附加为5 000元，投资损失为23 000元，财务费用2 000元，管理费用5 000元，营业外收入3 500元，营业外支出2 000元。要求：根据以上资料，编制利润表。

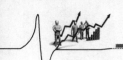

利润表

编制单位：东方公司　　　　　　　　　　2023 年 5 月　　　　　　　　　　　　元

项目	本期金额	上期金额
一、营业收入		
减：营业成本		
税金及附加		
销售费用		
管理费用		
财务费用		
加：投资收益（损失以"-"号填列）		
二、营业利润（亏损以"-"号填列）		
加：营业外收入		
减：营业外支出		
三、利润总额（亏损总额以"-"号填列）		
减：所得税费用		
四、净利润（净亏损以"-"号填列）		